国家社科基金资助项目"新时代长江经济带高质量发展与
(项目编号：18BJL063)
江苏省社科基金资助项目"协同推进长三角民营经济高质
(项目编号：20HQ013）

长江经济带
绿色高质量发展研究

RESEARCH ON GREEN AND HIGH-QUALITY

DEVELOPMENT IN YANGTZE RIVER ECONOMIC ZONE

陈晓雪　谢忠秋　陈鹏远◎著

经济管理出版社

ECONOMY & MANAGEMENT PUBLISHING HOUSE

图书在版编目（CIP）数据

长江经济带绿色高质量发展研究/陈晓雪，谢忠秋，陈鹏远著. —北京：经济管理出版社，2021.12

ISBN 978 - 7 - 5096 - 8282 - 1

Ⅰ.①长…　Ⅱ.①陈…②谢…③陈…　Ⅲ.①长江经济带—区域经济发展—研究　Ⅳ.①F127.5

中国版本图书馆 CIP 数据核字（2021）第 261198 号

组稿编辑：申桂萍
责任编辑：赵天宇
责任印制：黄章平
责任校对：张晓燕

出版发行：经济管理出版社
　　　　　（北京市海淀区北蜂窝 8 号中雅大厦 A 座 11 层　100038）
网　　　址：www. E - mp. com. cn
电　　　话：（010）51915602
印　　　刷：唐山昊达印刷有限公司
经　　　销：新华书店
开　　　本：720mm×1000mm/16
印　　　张：16.5
字　　　数：312 千字
版　　　次：2021 年 12 月第 1 版　　2021 年 12 月第 1 次印刷
书　　　号：ISBN 978 - 7 - 5096 - 8282 - 1
定　　　价：78.00 元

序

一

2016年1月5日，习近平总书记在推动长江经济带发展座谈会上强调：长江是中华民族的母亲河，也是中华民族发展的重要支撑；推动长江经济带发展必须从中华民族长远利益考虑，走生态优先、绿色发展之路，使绿水青山产生巨大生态效益、经济效益、社会效益，使母亲河永葆生机活力。

2018年4月26日，习近平总书记在深入推动长江经济带发展座谈会上又精辟地论述道："生态环境保护和经济发展不是矛盾对立的关系，而是辩证统一的关系。生态环境保护的成败归根到底取决于经济结构和经济发展方式。发展经济不能对资源和生态环境竭泽而渔，生态环境保护也不是舍弃经济发展而缘木求鱼，要坚持在发展中保护、在保护中发展，实现经济社会发展与人口、资源、环境相协调，使绿水青山产生巨大生态效益、经济效益、社会效益。"

2020年11月14日，习近平总书记在全面推动长江经济带发展座谈会上强调，要贯彻落实党的十九大和中共十九届二中、三中、四中、五中全会精神，坚定不移贯彻新发展理念，推动长江经济带高质量发展，谱写生态优先绿色发展新篇章，打造区域协调发展新样板，构筑高水平对外开放新高地，塑造创新驱动发展新优势，绘就山水人城和谐相融新画卷，使长江经济带成为我国生态优先绿色发展主战场、畅通国内国际双循环主动脉、引领经济高质量发展主力军。

三次座谈会，在地理坐标上——重庆、武汉、南京三座城市，横贯长江上中下游；在时间纵轴上——2016年、2018年、2020年，每次仅隔两年，而跨越五年；在题目上——也从"推动""深入推动"演进到"全面推动"；在使命上——"生力军"升级成了"主力军"……

三次座谈会，成为实施长江经济带发展重大国家战略的三座重要里程碑。

在这里，我们看到了总书记指点江山的伟岸：长江经济带要"共抓大保护，不搞大开发"。

在这里，我们悟到了总书记解放思想的深邃："推动长江经济带发展必须从中华民族长远利益考虑，走生态优先、绿色发展之路，使绿水青山产生巨大生态效益、经济效益、社会效益，使母亲河永葆生机活力。"

在这里，我们受到了总书记擘画宏图的鼓舞："要保持历史耐心和战略定力，一张蓝图绘到底，一茬接着一茬干，确保一江清水绵延后世、惠泽人民。"

长江经济带进入绿色高质量发展的新时代！

<h1 style="text-align:center">二</h1>

何谓绿色高质量发展？可以说，正是习近平总书记为此立了题。习近平总书记在推动长江经济带发展座谈会上和在深入推动长江经济带发展座谈会上的两次讲话中，都鲜明地指出："使绿水青山产生巨大生态效益、经济效益、社会效益，使母亲河永葆生机活力。"

其中，绿水青山就是绿色发展，而产生巨大生态效益、经济效益、社会效益就是高质量发展，两者融合在一起，即"使绿水青山产生巨大生态效益、经济效益、社会效益"，则是绿色高质量发展。

可见，所谓绿色高质量发展就是指生态优先、绿色发展下的高质量发展。"使绿水青山产生巨大生态效益、经济效益、社会效益"，将绿色发展和高质量发展辩证统一于绿色高质量发展之中。正是这一重要论述，深刻地揭示了绿色高质量发展的本质，也深刻地揭示了绿色高质量发展的规律。

在实践中，绿色高质量发展具体又表现为以下几大特征：

一是它的前提性，即绿色高质量发展的重要前提首先是绿色发展。

世界经济发展的历史表明，所有的发展都必须是以尊重自然规律为前提的发展，唯有如此，其发展才会顺利；否则，必会遭受惩罚。如果不是如此，也就不会有今天的可持续发展乃至绿色发展了。应该说，绿色发展正是在现代化发展进程中，遭遇到自然界客观存在的生态阈值或生态极限而难以逾越的情况下，经过痛定思痛的反思而选择的发展的正确之路，也是必由之路。从这个意义上说，高质量发展首先是绿色发展。一切脱离了生态优先、绿色发展的发展，都不是高质量发展，更谈不上绿色高质量发展了。也正因为如此，绿色发展构成高质量发展及绿色高质量发展的重要前提。

二是它的结构性，即绿色高质量发展的重要组成部分之一就是绿色发展。

一方面，在构成上，高质量发展是创新发展、协调发展、绿色发展、开放发展、共享发展的集合，以及在各个方面的综合运用。另一方面，在要求上，它既要求与传统意义上的高污染、高消耗、高排放的高破坏发展"脱钩"，又要求与节约、清洁、循环、低碳的可持续发展"挂钩"，"一脱一挂"进而在实现人与自然和谐共生的过程中谋求经济发展方式和经济结构的转型升级。也正因为如此，绿色发展又构成高质量发展及绿色高质量发展的重要组成部分。

三是它的耦合性，即绿色高质量发展是绿色发展和高质量发展的耦合协调发展。

绿色发展的核心要义是实现人与自然和谐共生，着力解决环境和发展的协调问题。而高质量发展是追求产生巨大生态效益、经济效益、社会效益的全面发展目标的发展，着力解决经济发展方式和经济结构的转型升级以及效益最大化的问题。将两者辩证统一于绿色高质量发展，就要有效地解决如何"使绿水青山产生巨大生态效益、经济效益、社会效益"这一深层次的问题。其路径只有一条，就是绿色发展和高质量发展耦合协调发展——以绿色发展促进高质量发展，以高质量发展促进绿色发展，进而真正实现绿色高质量发展。所以，从某种意义上说，绿色发展和高质量发展的耦合协调发展，即绿色高质量发展。由此规定，耦合性也就成为绿色高质量发展的基本特征之一，显现的是绿色高质量发展的实现方式。

三

本书在撰写过程中，力求体现以下特点：

（1）时代性。中国已进入绿色高质量发展的新时代。在这个时代，推动长江经济带发展，首要的一条就是"必须从中华民族长远利益考虑，走生态优先、绿色发展之路，使绿水青山产生巨大生态效益、经济效益、社会效益，使母亲河永葆生机活力"。这也构成了长江经济带绿色高质量发展的新时代内涵和特征。在这方面，本书无论是在理论上还是在实证上，都做了较好的展示。

（2）实证性。在全面构建长江经济带绿色发展和高质量发展的耦合协调发展评价体系的基础上，以长江经济带 11 个省市 2007～2017 年的数据资料为依据，对长江经济带绿色发展水平、长江经济带高质量发展水平和长江经济带绿色高质量发展水平进行了较为系统的实证研究，较好地从数量上刻画了长江经济带新时代绿色高质量发展的诸多特征。

（3）建议的可操作性。对长江经济带绿色发展水平、长江经济带高质量发展水平和长江经济带绿色高质量发展水平实证研究中所发现的不足，尽力提出了具有针对性的建设性建议。这些建议体现了可操作性的特征。

四

本书是"站在巨人的肩膀上"写成的。为此，要特别感谢在此书撰写过程中，被我们参阅和引用了许多资料而又未能——取得联系的各位作者。显然，是众多"巨人"的思想成就了我们。要特别感谢经济管理出版社的支持，它助力我们完成了"最后一公里"的赛程。

最后，诚如所有写书的一样，书中难免会有许多缺点乃至错误，而这些文责，当自负。

笔者

2021 年 8 月于龙城

前　言

本书以习近平总书记在推动长江经济带发展座谈会上的重要讲话为指导，深刻把握推动长江经济带发展必须从中华民族长远利益考虑，走生态优先、绿色发展之路，使绿水青山产生巨大生态效益、经济效益、社会效益，使母亲河永葆生机活力的精神实质，以绿色发展、高质量发展、绿色高质量发展的理论阐述为脉络，以绿色发展和高质量发展耦合协调发展的作用机理和两者交互耦合关系的系统论证为牵引，通过绿色发展和高质量发展耦合协调发展的评价体系的构建和耦合协调模型法、综合指数法等方法的运用，刻画长江经济带绿色高质量发展的各个方面，以揭示长江经济带绿色高质量发展规律，并在此基础上，提出全面推动长江经济带绿色高质量发展的若干政策建议。

本书共分七章，紧紧围绕以下三部分内容展开：

第一部分：理论和方法论研究。

第一章：绿色高质量发展内涵研究。本章较为系统地论述了绿色发展、高质量发展、绿色高质量发展的内涵和特征，并以此为理论基础，提出了绿色高质量发展的 PSR 分析框架。

第二章：绿色高质量发展机理研究。本章以绿色高质量发展即是绿色发展和高质量发展的耦合协调发展为出发点，较为深入地探讨了两者的耦合机理、耦合模式和实现路径。

第三章：长江经济带绿色高质量发展研究。本章以习近平总书记主持召开的三次长江经济带发展座谈会上的讲话精神为指引，较为系统地阐述了长江经济带绿色高质量发展理论所包含的一个坚持、两个要解决的问题、三个要深化的问题和五个要处理的关系的基本体系，为进一步研究长江经济带绿色高质量发展奠定了坚实的基础。此外，也讨论了长江经济带绿色高质量发展研究所采用的方法，主要包括：综合指标法，旨在构建绿色发展和高质量发展的耦合协调发展综合评价指标体系，为定量刻画绿色高质量发展水平提供载体；综合指数法，旨在定量掌握绿色高质量发展水平，为下一步分析做好准备；耦合协调度模型法，旨在计算出绿色发展和高质量发展耦合度和耦合协调度，并借用耦合协调等级标准，确定出长江经济带以及 11 省市的耦合协调等级，为全面分析提供数量方面的依据；

机制调整模型，旨在确定机制调整变量及其具体数值，为进行机制调整提供依据，有利于为全面推动长江经济带绿色高质量发展提出相关的政策建议。

第二部分：实证研究。

以 2007~2017 年的数据资料，分三个方面进行了实证研究，即：

第四章：长江经济带绿色发展水平实证研究。本章不仅实证了长江经济带11 省市的绿色发展水平，而且还实证了全国除西藏、香港、澳门、台湾以外的其他 19 个省（自治区、直辖市）的绿色发展水平，并进行了对比分析。

第五章：长江经济带高质量发展水平实证研究。本章不仅实证了长江经济带11 省市的高质量发展水平，而且还从全国、四大区域、高新技术产业以及江苏的视角进行了实证研究，更有利于掌握长江经济带 11 省市在高质量发展中的成就和存在问题。

第六章：长江经济带绿色高质量发展水平实证研究。本章实证了长江经济带11 省市的绿色高质量发展水平，结论是绝大多数省市水平不高，发展的不平衡性和不充分性依然是发展中的主要矛盾。

第三部分：发展机制研究。

第七章：长江经济带绿色高质量发展机制研究。本章以理论分析和实证分析为依据，较为详细地探讨了长江经济带绿色高质量发展的动力机制、协调机制和保障机制。机制调整研究方面，以 11 省市绿色高质量发展现状为基点，确定了各地区绿色高质量发展机制调整目标，构建了机制调整模型，计算了各地区机制调整的相对数值，为全面推动各地区绿色高质量发展提供依据。并且提出有关措施建议，认为：在思想层面，要以习近平总书记所提出的"推动长江经济带发展需要正确把握的五组关系"为统率，谱写长江经济带绿色高质量发展新篇章；在目标层面，要以"主战场""主动脉""主力军"为使命，谱写长江经济带绿色高质量发展发挥重要作用新篇章；在规划层面，要以全面对接上海为统揽，谱写长江经济带绿色高质量发展"一体化"新篇章；在路径层面，要以科技创新驱动为统领，谱写长江经济带绿色高质量发展动能转换新篇章；在工作层面，要以《长江经济带发展规划纲要》为统制，谱写长江经济带绿色高质量发展工作新篇章。

目　录

第一章

绿色高质量发展内涵研究

第一节　绿色发展

一、绿色发展的背景

（一）问题的提出

随着人类的工业化和现代化进程的启动与推进，新的社会问题也层出不穷地产生。伴随着日益加快的世界工业化进程，经济总产出持续增长，世界上的煤炭、石油、天然气等能源总量飞速下降，而二氧化碳、氟利昂、一氧化碳等有害气体排放量急剧增加，生产用地规模也在快速扩张，生物赖以生存的生态环境遭到严重破坏，致使大量物种濒危或灭绝。

时至今日，人类经济活动引发的全球气候变化使人类发展面临着新的机遇和挑战，气候变化使世界发展面临新的问题，同时世界发展也面临着新的发展机遇，在这种形势下，绿色工业革命悄然兴起。与前三次工业革命相比，此次工业革命最大的不同是不再依赖石化能源，其实质就是通过减少碳排放实现经济总产出提高，即经济发展的同时二氧化碳的排放并不随之增加，这是绿色工业的首次尝试，尤其是随着经济社会的快速发展，人们对传统工业的发展模式和生产生活方式进行了反思，其中就包含了绿色发展的理念。

（1）1962年，美国生态学家卡逊的《寂静的春天》对传统工业给生态环境造成的破坏等问题进行了研究。

（2）1966年，美国经济学家肯尼思·鲍尔丁提出了"宇宙飞船经济理论"，指出地球经济在不断消耗自身资源的同时，要实现资源的循环利用，才能使地球永存。

（3）1972年，罗马俱乐部的《增长的极限》对西方发达国家工业化进程中的高消耗和高污染发展模式的可持续性提出质疑。

（4）1987年，世界环境与发展委员会在《我们共同的未来》中提出，提高资源利用率的有效途径就是开发新资源和降低污染排放量。

（5）1989年，英国经济学家大卫·皮尔斯等首次描述"绿色经济"的蓝图，分析了环境与经济发展之间的关系，提出"将环境融入资本的投资中或许可以解决增长和环境之间的矛盾……实现经济发展和环境保护的统一，从而实现可持续发展"。

（6）1987年，世界环境与发展委员会提出既满足当代人发展的需求，又满足后代人发展的需要的"可持续发展"观。

（7）2005年，联合国亚洲及太平洋经济社会委员会召开的第五届环境与发展部长会议的文件中提出："绿色增长是强调环境可持续性的经济进步和增长，用以促进低碳的、具有社会包容性的发展"，这也是绿色增长最早出现在政治文件中。

（8）2010年，联合国环境规划署提出："绿色经济是一种能够改善人类福祉和社会公平，同时大大降低环境风险和生态稀缺的经济。"为了缓解金融危机造成的影响和解决全球气候变化带来的危机，世界各国开始较多地讨论和关注绿色经济。

（9）2011年，经济合作与发展组织（OECD）将绿色增长定义为："在促进经济增长和发展的同时要确保自然资产继续提供我们的福祉所依赖的资源和环境服务。"

（10）2012年以绿色经济为主题的"里约＋20"联合国可持续发展大会进一步提出："可持续发展和消除贫穷背景下的绿色经济是可以实现可持续发展的重要工具之一……这种绿色经济有助于消除贫穷，有助于经济持续增长，增进社会包容，改善人类福祉，为所有人创造就业和体面工作机会，同时维持地球生态系统的健康运转。"

（11）在实现经济复苏和应对气候变化的双重压力下，美国、欧盟、日本、韩国纷纷提出了绿色发展战略，实施"绿色新政"，绿色经济发展迅速，代表着国际经济发展的新趋势。中国同样在作出发展战略抉择。

（12）中国"十二五"规划中提出以科学发展观为统领，把实现绿色发展作为基本要求的经济建设、政治建设、文化建设、社会建设和生态环境建设五位一体的发展战略。

至此，我们可以看出，绿色发展不是空穴来风，它是世界经济发展过程中，每个国家在反思高耗能、高污染的传统发展模式带来的资源环境约束后提出的减少环境污染、降低碳排放、集约资源利用的新的经济发展模式，由此也引发了各个国家将绿色发展作为发展战略之一，使绿色发展成为新一轮经济增长的新动力、利润点和增长点，它也掀起了国内外学者对绿色发展研究的热潮。

（二）研究背景

1. 国际背景

在前两次的工业革命中，我国错失良机，而在第三次工业革命中，我国一开始是落伍者、边缘化者，直到后来才成为追赶者，在工业革命中的数次落后使中国付出了巨大的代价。当第四次工业革命——"绿色工业革命"的浪潮来临之时，我们应该积极迎接这次工业革命，并通过改变传统思想观念、改革传统发展模式积极主动地参与到"绿色工业革命"的浪潮中，为中国经济发展乃至世界经济发展做出应有的贡献。

从世界各国来看，在全球气候变化和经济进一步发展的双重压力下，世界各国面临着原有的发展模式难以为继、原有高排放的生产方式应予以改观的挑战，以美国、日本、韩国和欧盟为代表的发达国家和地区纷纷推行绿色发展战略，以摒弃原有的发展模式。从我国的现状来看，不仅面临着二氧化碳累计排放量居高不下、二氧化碳累计排放量仍居世界第二位的挑战，同时还面临着经济快速发展后带来的"三废"污染、资源紧缺、生态环境急剧恶化等压力。因此，我们在进一步发展中要将危机转化成机遇和挑战，从全球发展的大势思考问题、解决问题，与全球其他国家一同做出绿色发展的正确抉择，以绿色发展战略为基本国策，通过绿色发展缓解资源环境瓶颈制约，实现社会经济可持续发展。

2. 国内背景

党的十八大以来，习近平总书记在考量传统工业化发展带来严重的环境污染问题后，在多种场合、多次国内外重要会议上，着重强调走绿色发展之路，建设生态文明之国。中共十八届五中全会进一步统一思想，绿色发展成为党和国家执政的新理念，并在"十三五"规划中将生态文明建设作为重要的发展目标和任务，这表明我国开始从传统发展模式转向绿色发展模式。其背景主要表现在：

（1）传统的发展模式难以持续。改革开放以来，我国经济社会获得了高速发展，国内生产总值（GDP）从1978年的3678.7亿元到2020年的1015986亿元，城镇化率从1978年的17.9%到2020年末超过60%。在经济高速发展和工业化、城镇化发展快速推进的进程中，进一步发展面临着瓶颈制约和挑战。

一是资源约束趋紧。资源是自然物，作为生产要素之一，在经济发展中扮演着重要的角色。四十多年来，中国经济的高速增长所面临的资源约束日益趋紧。首先，国土资源严重不足。耕地面积只有1.22亿公顷，而且呈现持续减少的趋势，粮食供给等形势严峻。国土中荒漠等难以利用的土地面积达2.62亿公顷，占整个国土面积的27.53%。森林面积和草原面积分别占国土面积的24.8%和27.6%，但森林和草原退化趋势明显；矿产资源的特点是储量丰富、类型多样，但由于经济高速增长中资源需求的快速攀升，矿产资源仍然严重不足，尤其是原油、铁矿石等许多大宗矿产需要大量进口才能满足生产的需要，导致矿产的对外依存度高，使经济往往受制于人，价格受矿价格制约而摇摆不定等经济风险。我国水资源储量占世界水资源的6%，居世界第四位，但由于人口众多，人均水资源只有世界平均水平的 1/4，人均只有 2300 立方米，是全球人均水资源最低的国家之一。我国水资源区域性供需失衡的问题突出，由于我国水资源主要集中在南方和东部，西北、华北地区水资源承载力趋于枯竭，地下水超采非常严重，水资源严重不足，虽然南水北调工程可以缓解部分地区水资源不足的问题，但仍然不能完全改变北方地区缺水的现状。其次，"人口红利"走向枯竭。我国经历了总人口中适龄劳动人口相对丰富，低劳动力成本增强了企业的国际竞争力等的"人口红利"期，在一定程度上推动了中国经济的高速增长，但随着 20 世纪 70 年代计划生育政策的实施，我国人口出生率下降，总劳动人口减少，人口老龄化趋势加快，原有的"人口红利"走向枯竭，"人口红利"应尽快向"人才红利"转变。

二是环境污染严重。环境统计公报数据显示，虽然我国主要大气污染物排放量有所下降，但排放量依然巨大，各主要污染物排放量均居世界首位，并且远超自身环境容量。在大气污染方面，2018 年我国二氧化硫排放量为 1651.6 万吨，仅次于印度、俄罗斯，二氧化硫排放量居世界第三位。2018 年我国氮氧化物排放量为 1550.2 万吨，比上年仅降低了 3%，工业粉尘的排放量和挥发性有机化合物排放量仍然居高不下，距离专家测算的二氧化硫排放量要在现有基础上至少削减 40% 才能满足全国天气的环境容量的要求，我们的任务还十分艰巨。在水污染方面，江河湖海水质污染严重，从我国具有代表性的七大水系（长江、黄河、辽河、海河、淮河、松花江、珠江）来看，其中 42% 的河流水质超过Ⅲ类标准（不能做饮用水源）。从全国城市河段来看，污染也相当严重，城市河段中有 36% 的水质为劣Ⅴ类水质，丧失使用功能。从大型淡水湖泊（水库）和城市湖泊来看，75% 以上的湖泊都存在由氮、磷污染引起的富营养化污染，水质也普遍较差。

三是生态系统退化。工业化发展过程中，随着自然需求的增加和人们自然改造能力的增强，生态系统的自我平衡能力严重不足，生态系统退化严重。其一，水土流失加剧。中国是世界上水土流失最严重的国家之一，最为典型的是黄河流域，黄河由于流经黄土高原，其水土流失面积高达 46.5 万平方千米，占整个流域面积的 62%。其二，土地沙化严重。由于粗放经营、过度开发等，土地荒漠化、土地沙漠化面积逐年增加，全国现有的 165.3 万平方千米的沙漠中，人为因素导致的沙漠面积达到 37 万平方千米，占沙漠总面积的 22%，并且沙漠化的区域相对集中，形成一条西北—华北—东北的不连续的弧形分布带。其三，草地退化严重。过度放牧和过度开垦使我国草原质量持续退化，生态功能逐步退化，牲畜承载力持续下降，据不完全统计，我国 90% 以上的草场存在退化的问题，且以 200 万公顷/年的速度退化。其四，生物多样性退化。生物多样性退化是生态系统退化的直接反映，有数据显示，我国有近44%的野生动物数量下降，近233种脊椎动物濒临灭绝，野生植物濒危率也高达15%～20%。凡此种种，传统发展观的功利主义导致经济增长超越生态边界，我们前期的快速发展在生态环境建设方面已经欠了太多的账，如果不尽快把这个问题提到工作中心上来，我们后续的发展将会付出更大的代价，由此，绿色发展将是中国特色社会主义社会经济发展和生态文明建设的不二选择。

（2）绿色发展是国家治理能力的重要组成部分。解除生态环境危机是我国国家治理能力现代化的重要组成部分。党的十八大以来，虽然我国把生态环境保护放在国家发展的重要位置，通过不断完善生态环境治理体系，出台相关法律法规，治理能力进一步得到提高，治理效果逐步显现。但是从现实来看，生态环境危机的解除还存在与新目标和新要求不相适应的问题，还与人民群众日益增长的优美生态环境的需要存在一定的差距，这就需要我们切实把绿色发展纳入党的执政能力体系中来，通过制度体系的健全和完善，推进绿色转型，提升生态环境的绿色治理能力。

（3）绿色发展是世界各国新的发展战略。随着世界各国生态环境保护意识的形成，绿色发展成为全球高度认识的主流思潮，绿色经济引起全球的瞩目，成为世界各国取得新一轮发展的重要战略。新的时代，新的战略，新的竞争力，绿色发展已成为衡量各个国家竞争力的重要指标。中国作为世界上最大的发展中国家，在经济迅速崛起的同时，生态环境形势严峻，我国只有通过扎实地推进绿色发展，才能积极应对国际压力，走出一条符合时代潮流、解决中国生态环境实际的具有中国特色的绿色发展之路。

（4）新常态倒逼绿色发展。美国经济学家诺贝尔奖获得者库兹涅茨的"环境库兹涅茨曲线"认为，"一国经济发展水平较低时，环境污染的程度较轻，但随着以人均收入为指标的经济增长，环境污染由低趋高；当经济增长到达某个临界点后，主要排放物会达到峰值，之后经济增长与环境污染之间的关系呈现负相关性"。目前，从我国环境现状对标"环境库兹涅茨曲线"来看，中国仍处于倒"U"形曲线的左侧，环境污染严重、生态危机日益严峻。同时，中国经济正在进入经济新常态，增长速度由高速增长转向中高速增长，经济结构从增量扩能为主转向调整存量、做优增量并存的深度调整，发展方式由粗放的规模速度型转向集约的质量效率型，发展动力从传统增长点转向新的增长点，呈现增长速度换挡期、结构调整阵痛期和前期刺激政策消化期的"三期叠加"态势。这就决定中国必须抛弃之前粗放的经济增长方式，注重经济增长的"质"而非"量"，使环境质量趋于好转和经济增长之间呈现正相关性的临界点早日到来，因此，绿色发展成为中国经济成功转型的必然途径。

绿色发展是我国发展的现实需求。中国走绿色发展道路不仅是应对国际压力的反应，也是中国经济发展方式转型的内在要求。从可持续发展到科学发展再到绿色发展，中国发展理念在持续创新，这也是对世界发展理念的贡献。应对全球气候变化、实现绿色发展对中国来说是一个巨大挑战，但同时又是一个难得的发展契机，中国需要把握住"绿色工业革命"的机会，走出一条具有中国特色的绿色发展之路。

绿色发展是我国突破资源环境约束的必由之路。中国正处在工业化、城市化高速发展的阶段，需要消耗大量的资源能源，中国资源总量虽然丰富，但人均资源占有量低，水资源和耕地人均拥有量仅分别为世界平均水平的28%和43%，石油、天然气人均储量不到世界平均水平的10%。同时，工业废水、废气和固体废弃物排放量保持较高的增长速度，中国生态环境面临着巨大的压力。近年来，中国生态环境状况频出，江河湖泊水质恶化、水土流失、荒漠化严重、大规模矿产资源开采造成土地沉陷、水位下降、植被破坏等环境问题层出不穷，甚至环境问题损害群众健康的恶劣事件时有发生。

绿色发展是中国扩大内需的"另辟"蹊径。国际金融危机之后，全球经济结构正在经历重大调整，中国经济势必要摆脱对国际市场的过度依赖，而投资率偏高、消费率偏低的经济格局也必将难以持续，这就要求中国加大力度开拓国内市场，持续扩大内需，以此增强抵御国际市场风险的能力。如何在扩大内需拉动经济增长的同时兼顾资源环境问题，是最大的难题。综合考虑，只有走绿色发展之路，着重发展绿色产业才能统筹兼顾，才能实现内需扩大拉动经济增长的同时避免环境问题的出现。

绿色发展是我国加快经济发展方式转变、提高国际竞争力的重大战略。第三次工业革命之后，世界多数国家争相把新能源、新材料、生物医药、节能环保作为新一轮产业发展的重点，以此抢占未来经济发展制高点。我国也不逊色，在若干新技术领域和传统产业相比与发达国家的差距较小，已初步形成规模较大、体系相对完善的新能源产业，加上广阔的市场前景，有望形成具有成本优势和技术优势的独特竞争力。通过大力发展绿色经济，可以推动我国产业结构优化升级，以此形成新的经济增长点，力争在国际经济技术竞争中赢得主动。

绿色发展是我国应对气候变化的重大举措。2020年12月12日，中国国家主席习近平在气候雄心峰会上通过视频发表题为《继往开来，开启全球应对气候变化新征程》的重要讲话，宣布中国将提高国家自主贡献力度，采取更加有力的政策和措施，力争2030年前二氧化碳排放达到峰值，努力争取2060年前实现碳中和，并承诺：到2030年，中国单位国内生产总值二氧化碳排放将比2005年下降65%以上，非化石能源占一次能源消费比重将达到25%左右，森林蓄积量将比

2005 年增加 60 亿立方米,风电、太阳能发电总装机容量将达到 12 亿千瓦以上。而要实现这一目标,必须大力调整经济结构和能源结构,加快发展战略性新兴产业和现代服务业,使经济发展由主要依靠增加物质资源消耗向主要依靠科技进步、劳动者素质提高、管理创新转变,使经济变"绿"。

二、绿色发展的概念

(一) 基本概念

绿色发展是相对于传统发展模式的一种以效率、创新、环保、和谐、持续为发展目标的发展模式创新。从概念上讲,绿色发展是指以科技创新为主要手段,将环境保护和提高发展效率作为实现可持续发展的重要内容,通过"绿色化""生态化"的现实路径,缓解生态环境容量和资源承载力的压力,达到人与自然日趋和谐、绿色资源持续增加、绿色福祉不断提升的同时,实现经济社会、人与自然和谐、持续、协调发展。其内涵主要包括以下五个方面:其一,科技创新是实现绿色发展的主要手段;其二,提高经济、社会发展效率和实现环境的可持续发展是绿色发展的重要内容;其三,生态环境容量和资源承载力是绿色发展的内在基础;其四,"绿色化""生态化"是绿色发展的现实途径;其五,和谐、稳定、持续、协调是绿色发展的最终目标。

(二) 发展阶段

绿色发展是人类在对传统产业和生活方式进行不断的完善和改造过程中产生的,它不是一朝一夕就形成的,而是经历了漫长的时期,尤其是随着社会经济发展水平和人民生活水平的提高,为了不断满足人们不断增长的物质文化需要和高质量的环境需要。回顾中国绿色发展的思想形成过程,主要有三个阶段:

1. 萌芽阶段 (1970 ~ 1990 年):以环境保护为主要内容的绿色发展意识初步形成

20 世纪 70 年代,西方国家开始在发展过程中重视环境保护,把环境保护的议题纳入国家发展的主要议程,美国、日本、德国、韩国等国家通过组建专门的环境保护机构,制定专门的环境保护法律和政策,与此同时,国际组织和非政府组织也开始制定绿色发展制度,并通过多种形式尝试绿色发展制度的推行,由此,一场绿色发展的革命在发达国家悄然展开。中华人民共和国成立初始,由于我国工业正处在初期发展的阶段,工业文明极不发达,大家对环境保护、生态建设等基本上没有什么认识,只是延续传统观念中提倡的节约粮食、节约用水等。随着 1972 年联合国人类环境会议通过《联合国人类环境会议宣言》,中国才开始考虑环境保护的问题,1973 年,我国召开了第一次环境保护会议;1973 年出台了《关于保护和改善环境的若干规定 (试行草案)》,首次提出了经济发展与环境保护统筹兼顾的发展理念;1974 年国务院环境保护领导小组成立,各地区也紧随其后，相继成立了环保机构；1979 年 9 月，中国正式颁布了中国第一部关于保护环境和自然资源、防治污染和其他公害的综合性法律《中华人民共和国环境保护法（试行)》，从此结束了我国没有环境保护相关法律政策的时代。1983 年 12 月，召开了全国第二次环境保护会议，会议总结了中国环境保护工作中的经验教训，从战略上对环境保护工作在中国社会主义现代化建设中的重要位置做出了重大决策，将环境保护确定为基本国策，制定了环境保护与经济建设、城乡建设同步规划、同步实施、同步发展的方针政策，提出实现经济效益、社会效益、环境效益相统一的发展方针。1989 年，在吸取以往经验教训的基础上，重新修订和颁布了《中华人民共和国环境保护法》，明确规定了环境保护的基本方针、政策和原则，对自然资源的保护、对污染和其他公害的防治、对各种环境质量标准和排放标准、对违反环境保护法应承担的法律责任及执法机构和诉讼程序进行了明确的规定。这一阶段的主要特点是，虽然没有提出绿色发展的任何概念，但从环境保护相关政策制定及其实践，尤其是国民经济统计口径中每万元国民收入能耗、节能总量、工业主要污染物达标排放率等指标体系的设定来看，其中都有绿色发展之意，这也为今后绿色发展打下了基础。

2. 初创阶段（1990～2010 年）：以可持续发展为主要内容的绿色发展理念初步形成

进入 20 世纪 90 年代，随着我国工业化进程的加快，资源环境与经济增长之间的矛盾日益突出。1992 年 6 月联合国在巴西里约热内卢召开的环境与发展会议通过了《21 世纪议程》，我国在分析国内生态环境、资源供给与经济发展相互关系的基础上，有计划、有重点、分区域地摆脱传统的发展制约，实现经济发展逐步由粗放型到集约型的过渡，开创性地提出了《中国 21 世纪议程》，议程强调"我国东部和东南沿海地区经济相对比较发达，在经济继续保持稳定、快速增长的同时，重点提高增长的质量，提高效益，节约资源与能源，减少废物，改变传统的生产模式与消费模式，实施清洁生产和文明消费"。……"21 世纪要建立资源节约型经济体系，将水、土地、矿产、森林、草原、生物、海洋等各种自然资源的管理，纳入国民经济和社会发展计划，建立自然资源核算体系，运用市场机制和政府宏观调控相结合的手段，促进资源合理配置，充分运用经济、法律、行政手段实行资源的保护、利用与增值"等内容。随后国家出台了《中华人民共和国固体废物污染环境防治法》《中华人民共和国大气污染防治法》《中华人民共和国水污染防治法》《中华人民共和国环境噪声污染防治法》等诸多专业性的行业规范。1994 年中国环境标志产品认证委员会成立，1996 年国家环境保护局国家环境管理体系审核中心成立，使排污许可证制度、环境标志制度等在中国得到了尝试。进入 21 世纪，中共十六届五中全会提出了"资源节约型""环境友好型"的低碳、循环发展目标，国家先后出台了标志绿色发展的《中华人民共和国循环经济促进法》《中华人民共和国可再生能源法》等法律规范。为了刺激产业能够落实低碳经济与循环经济的相关政策，2008 年，面对经济下行和雾霾等环境压力，我国开始对可持续发展指导下的绿色发展制度进行了探讨，国家发展和改革委员会出台多项政策付诸于绿色发展的实践，如对节能和环保项目设备投资给予前三年免税的待遇；对低能耗企业进行奖励，对高耗能、高污染产业进行限制，通过奖惩刺激产业结构向绿色化转变；提出对煤炭、钢铁、纺织等高耗能、高污染行业进行特别能源审计和清洁生产行业审核，促进其绿色化转型等。2010 年，中央经济工作会议首次提出："要强化节能减排，应对气候变化，大力扶植绿色经济。"同时，国民经济统计中反映绿色发展的主要指标体系也不断完整，万元 GDP 能耗、工业废水处理率、废气处理率、固体废物综合利用率、森林覆盖率等统计成为常态，在每个五年计划实施中都规定了烟尘、工业粉尘、二氧化硫等主要污染物排放总量指标，并坚持经济社会协调发展，坚持资源开发与节约并举，把节约放在首位，把改善生态、保护环境作为经济发展和提高人民生活质量的主要内容。可见，这一阶段，随着可持续发展理念的推进，中国的绿色发展在推进可持续发展的过程中对绿色发展的道路进行了积极探索，使绿色发展的理论初步形成、绿色发展的制度逐步建立、绿色发展的评价体系逐步健全、绿色发展政策的设计和实施也更具可操作性。

3. 快速发展阶段（2011 年至今）：绿色发展成为基本国策

"十二五"规划中首次提出"绿色发展"，规划以科学发展观为统领，把实现绿色发展作为基本要求，提出经济建设、政治建设、文化建设、社会建设和生态环境建设是五位一体的，这"五个建设"要把生态环境建设摆到突出的地位，并作为发展的主要思路和遵循的基本原则，建设资源节约型社会、建设环境友好型社会、发展循环经济、建设气候适应型社会、实施国家综合防灾减灾战略，不断促进绿色发展，建设绿色中国。"十三五"规划提出"创新、协调、绿色、共享、开放"的发展新理念，清晰地勾画了改善生态环境、全面促进绿色发展的宏伟蓝图，强调通过加强环境综合治理、推进资源集约永续利用、强化生态环境保护和修复、积极应对全球气候变化、推进绿色环保产业发展实现和可持续发展。党的十九大报告提出"要加快生态文明体制改革"以"更好满足人民日益增长的生态需求"，再次强调通过绿色发展制度建设实现优良生态环境的战略方向。同时，这一时期国民经济统计中关于绿色发展的主要指标增加了空气质量和地表水质量等指标，扩大到十大类 13 个指标。这一阶段，随着党对生态文明建设的高度重视，绿色发展在国家规划中得到越来越充分的体现，国家规划对绿色发展的全面推进作用正在显现。绿色发展成为国家发展战略之一，成为新时代国家社会经济发展的重要目标，绿色发展指标作为约束性指标，得以更好地执行。绿色发展制度建设进一步完善和健全，创新性特点突出，政策灵活度高，根据现实的需要，能够迅速调整绿色发展新政，以快速解除经济发展与生态环境之间的矛盾。

三、绿色发展的基本理论

（一）产业生态学理论

产业经济生态化发展的理论思想来源于国外学者 Ayres 于 1984 年提出的"产业代谢"理论和 Frosch 于 1989 年提出的"产业生态系统"理论。产业生态系统理论催生了产业生态学。产业生态学旨在通过物质的减量化、生产的低碳化及生态的重构等方式，转变传统社会的生产方式和消费模式，以达到减轻对资源、环境压力，提高生态效益的目的。其中，物质减量化作为发展循环经济的主要内容，是指通过减少生产过程或服务过程中所消耗资源和废物的排放量，在最大限度地减少自然资源的消耗和利用以及废物排放的同时，为社会提供最好产品和最优服务。生产低碳化则是遵循可持续发展的理念，通过科技创新、产业转型、新能源开发利用等多种方式，尽可能多地减少煤炭、石油等高碳能源消耗，减少温室气体排放，建立低能耗、低污染、低排放的经济发展模式，实现经济社会发展与生态环境保护双赢的低碳化生产和生活方式。产业生态学中的生态重构则是指经济系统的生态化转型过程，在系统运行的基础上，通过生产结构、消费结构的转变，使经济社会发展过程中物质能量流动得以重新组合和安排，实现经济体系的演化与进一步升级。20 世纪 80 年代末期，世界各国开始关注可持续发展，随之产业生态学也发展了起来，尤其是 90 年代，产业生态学以快速发展之势，成为各国学者和相关工作者研究和关注的热点问题，且在理论研究和实践探索中多以跨学科、跨部门和跨行业的形式探索自然与产业、自然与经济发展之间的相互关系。

产业经济生态化发展是可持续发展理念的一种深度延伸，也是产业发展高级形态，国内外学者对产业经济生态化发展已有一些研究，并形成了若干基于不同角度的观点。早在 20 世纪 70 年代，美国土壤学家 W. Albrecthe 就提出了"生态农业"，将农业建立在生态学的基础上，在不断提高农业生产率的同时，实现农业生产与生态环境的协调。随后，我国学者叶谦吉和罗必良（1988）和马世骏（1987）等也从生态学的角度探讨了生态农业的内涵，提出生态农业是"遵循生态经济学规律进行经营和管理的集约化农业体系"，是"生态工程在农业上的应用。运用生态系统的生物共生和物质循环再生原理，合理组合农林牧渔加工等比例，实现经济效益、生态效益和社会效益三结合的农业生产体系"。在生态农业研究和实践的基础上，传统工业化生产方式引起人们的深刻反思，也受到了广泛的关注，由此基于"工业共生""工业生态系统"的工业生态化发展模式逐渐推开了。1991年，联合国工业发展组织提出"生态可持续性工业发展"的概念，强调"这是一种对环境无害或生态系统可以长期承受的工业发展模式"，"是一种环境与发展兼顾的模式"。由此，标志着传统工业发展模式向生态工业的可持续发展模式的转变。此后，关于产业经济生态化发展问题的研究和实践逐渐由生态农业—生态工业—生态旅游业—生态服务业—生态产业等领域全方位拓展。这其中，不论是农业的生态化发展，还是工业的生态化发展，抑或是服务业的生态化发展，其核心思想都是以生态学这一理论为基础，通过生态系统中的物质循环、能量转化与生物发展的原理，采用技术创新等方式，改造传统产业的生产方式，实现社会经济、人与自然等这个系统的动态平衡。国外关于产业生态学的研究成果比较丰硕，已形成了较为完整的研究体系，研究趋势已从单纯的理念、技术路径探讨逐步转向理念、技术、经济、制度和管理等综合考虑和系统研究（Graedel & Allenby，2002）。国内的研究虽然处于起步阶段，但是相关研究成果较多，其研究主要集中在：其一，对产业经济生态化发展概念及意义的研究。如郭守前（2002）的《产业生态化创新的理论与实践》；张厚美（2018）的《生态产业化　产业生态化》；伍国勇和段豫川（2014）的《论超循环经济——兼论生态经济、循环经济、低碳经济、绿色经济的异同》；廖瑞仲（2017）的《新型现代都市生态经济产业研究》；吕明元（2019）的著作《生态型产业结构研究》；吴清秀（2019）的《产业生态化与美丽乡村建设的互动发展思考》等。其二，关于产业生态化发展模式、成因及对策的研究。如柳晓玲和张晓芬（2015）的《产业集群生态化发展模式探索——以辽宁沈阳为例》；李光熙（2019）的《产业要生态化生态要产业化》；刘和东和陈雷（2019）的《高新技术产业集聚区生态系统演化机理研究》；耿焜（2006）的《产业集群生态化发展模式探讨——以苏南地区为例》；任海军和丁优佳（2019）的《生态产业发展与绿色国民经济核算关系研究——以西部欠发达地区为例》；李瑾（2019）的《基于循环经济的产业生态化建设的发展研究》；吴艳霞和罗恒（2018）的《高质量经济视角下文化产业生态系统安全发展研究》；郭佳（2018）的《长江经济带产业结构与生态环境协调发展研究》；殷杰和郑向敏（2017）的《长江经济带旅游产业生态系统安全评估与安全格局研究》；等等。其三，关于区域产业生态化衡量指标及发展水平的评价研究。如李娣等（2010）的《长株潭区域产业生态化发展评价与对策研究》；陆根尧等（2012）的《中国产业生态化水平的静态与动态分析——基于省际数据的实证研究》；敬艳丽（2019）的《中原经济区背景下的河南省产业生态化发展路径研究》；范育鹏等（2017）的《产业生态系统新型定量研究方法综述》；孙涛和周华川（2019）的《虚拟经济视角产业排污治理区域生态环境质量评价研究》；杨楠（2019）的《环渤海经济圈三省两市产业生态化与经济增长的关系——基于面板数据的实证研究》；等等。目前，对产业经济生态化发展的认识基本上达成了共识，但国内外对产业经济生态化发展的研究主要是基于理论层面，基于产业结构层面，分别从"生态农业""生态工业"和"生态服务业"等方面进行研究，概括而言，存在以下三方面的局限：一是重视分产业的生态化研究，缺乏基于产业结构层面的系统化研究；二是重视产业经济生态化发展水平的测评，建立了多套产业经济生态化发展评价指标体系，缺乏科学合理的产业经济生态化发展的评价体系；三是在产业发展模式上重视外生的环保产业的发展，而对耦合循环经济系统的研究偏弱。

（二）循环经济理论

循环经济理论是基于生态学的相关规律和法则，人们在经济生产和流通、消费等的社会活动过程中形成的一个反馈式流程，即从原材料供应到产品生产或流通、消费等社会活动提供相应的服务后，再通过又一次的回收和转化利用将前期社会经济活动过程中产生的废物转化为可用资源的依靠生态型资源循环来发展的经济模式。这种高效的生态型资源循环经济发展模式，不仅可以实现低开采和低排放，减少环境的污染，还可以通过节约资源，提高资源利用率，促进人与自然的和谐，实现社会经济又好又快地发展。

1. 循环经济理论的核心要义

高效利用资源是核心。循环经济是通过"资源开采—产品生产—商品流通—产品消费—资源回收再利用"的反馈式循环的方式实现资源循环利用的，在经济社会效益最大化目标的驱动下，为了有效降低资源消耗、提高资源的利用效率，就需要从原材料开采等源头方面减少废弃物的产生，使资源消耗量大幅度减少，环境保护等方面的成本逐步降低。也正是这种循环经济的发展模式，全面改变了传统社会经济发展中长期延续的高污染、高排放和高耗能的"三高"型的经济发展模式，使资源利用效率大大提高，大气、水、土地等环境污染逐步缓解，形成了低耗能、低排放、低污染的高效型的经济发展模式，实现经济社会发展系统与自然生态系统耦合发展的可持续发展的新模式。

资源利用的减量化和循环化是手段。循环经济发展过程就是以资源的合理开发和资源的重复利用为指导的通过减量化、再利用、再循环的手段实现可持续发展的过程。在产品和生产工艺设计的过程中将再利用和再循环的设计理念贯穿其中，不仅要考虑资源的多级利用，还要充分考虑生产工艺中的集成化和标准化问题。在产品的生产及销售过程中，要充分考虑生产—运输—销售过程的集成化和废物循环再利用的问题。在产品的流通和消费阶段要考虑如何延长产品生命周期，保持产品寿命，实现资源的重复利用和废物的再回收、再循环和再利用。

控制生态环境成本是目标。生态环境成本是指在社会经济发展过程中造成生态环境破坏以及给人们生产、社会造成生态环境困境后，进一步进行环境治理和环境修复所需要付出的成本和代价。循环经济不仅是可持续发展的形式之一，也是生态经济发展的基础，在循环经济发展过程中必然将自然生态系统纳入经济生产大系统中，成为经济发展系统的重要组成部分，因而在考虑经济生产发展成本时，就像考虑传统工业经济资本的投入一样，也要将生态系统投入成本、修复成本等考虑到经济生产成本中，尤其是人类在开发和利用自然资源时，就必须要考虑到生态环境系统的承载能力和自我修复能力，形成生态成本总量控制意识，通过生态成本总量控制，实现节约资源、减少消耗和环境成本最小化的生态化发展目标。

2. 循环经济 3R 原则及其内容

循环经济有三大原则，通常也称作"3R 原则"，即减量化（Reduce）原则、再利用（Reuse）原则及再循环（Recycle）原则。"3R 原则"是循环经济发展过程中实际操作的行为准则，它们从输入端—过程端—输出端三个不同的维度对循环经济发展从实际操作层面进行了规范，三者之间是相互联系的、缺一不可的统一整体，也只有通过三个方面的相互支撑与联系才能使循环经济中资源和能源得到最合理和持久的利用，并使经济活动对环境的不良影响尽可能降到最低。

减量化原则，是针对循环经济中市场的源头输入端提出来的，在循环经济发展中是最前端，也是最重要的一个原则，它对实现循环经济发展目标的作用是最为明显、最为直接的。减量化顾名思义就是在生产中通过减少物质流和能量流进入生产和消费过程中，通过对投入生产资料、资源最小化的要求，实现生产利益最大化的目标。主要是通过事前预防的方式，在前期就开始通过技术改进或者其他方法减少资源利用量，做到防患于未然，从源头上就开始节约资源和减少污染物的排放，转换破坏生态环境的粗放式的生产方式，杜绝一切不利于生态环境的生活和消费方式，通过对量的减少使资源消耗和废物排放等达到最小化。这种方式有两个明显的优势：一是可以确保资源利用的减量化和最小化的有效实施。由于能量流和物质流减量化和最小化的有效实施，生产活动中新生产的产品较之前的产品应该是包装简洁，轻巧便捷，绿色环保，实用性价比高。二是在减量化和最小化原则的要求下，企业将对生产源头成本进行控制。生产企业为了节约生产成本，满足客户需求，会淘汰掉不可再生能源，淘汰高耗能、高污染的技术和产品，通过技术创新和改良技术，采用高新技术、先进工艺等方法，促使企业节约资源、减少排放，实现既能节约资源和能源，减少对环境的污染，又能够满足消费者对产品在生态化、绿色化方面的要求。

再利用原则，是针对过程提出来的方法，再利用就是产品的使用是多次的，而不是仅用过一次就变成垃圾扔了的，也就是说，再利用关注的是延长产品和服务的时间长度，旨在通过提高产品和服务的利用效率，减少一次用品的污染。同时，能够被多次利用的产品性能也具有较高的性价比，能够被多次利用其折旧率也相对较低，不会被过早地丢弃而使其失去利用价值。在我们的日常生活中可以多次使用的产品应该有很多，但是由于各行业、各产品生产标准不一，很多可以通用的产品或可以被多次循环利用的产品都不能被多次利用，这个不仅需要生产者在产品设计和生产中摒弃一次性使用而追求利润的思维，尽可能使产品经久耐用和反复使用，还需要国家出台相关政策来加以规范，进而减少生态环境的过程性污染压力。

再循环原则，是针对循环经济输出端提出的方法，它突出垃圾也是资源的理念，强调产品完成使用功能后变废为宝，能够重新生产出新的产品或者是可以成为其他产品的半成品、其他产品的原材料进行再次利用的资源，这种方式的循环利用能够减少垃圾的产生，在很大程度上减少废弃物对环境的破坏。

四、绿色发展研究现状

在全球气候变化和国际金融危机的双重挑战下，"绿色发展"应运而生。世界各国将绿色发展提到国家发展战略的重要日程上，从 2009 年哥本哈根联合国气候变化大会到 2012 年的"里约＋20"峰会，绿色发展不断被赋予重要地位。

中国对绿色发展的认识，是一个由表及里、由浅入深、由自然自发到自觉自为的过程。改革开放以来，中国处理经济发展和环境保护之间矛盾的理念，历经了环境污染末端治理、可持续发展、科学发展观、生态文明建设和绿色发展等不同的阶段。相应的政策目标、立法体系、政策工具也随之调整，向着有利于弥合发展理念和政策行动之间鸿沟的方向演进，政府、企业、社会组织及公众在绿色发展进程中的责任格局不断优化，政策调整范围从生产领域向消费、流通领域扩展。当前激励约束并重的绿色发展政策体系已形成，环境保护优化经济发展真正实现了落地生根。

在国内学者层面，其特点是：①绿色发展内涵研究更加深入。不再局限于环境保护，而是一个有机整体，如廖小平（2015）、刘德海（2017）等认为，绿色发展还涉及绿色环境、绿色经济、绿色政治、绿色文化等领域的发展；夏光（2010）、任理轩（2015）等认为绿色发展应是技术、市场、消费、投资的绿色发展。②绿色发展研究视角更加多维。研究绿色发展制约因素的有之，如蓝庆新和韩晶（2012）、彭斯震和孙新章（2014）等认为全球化带来的外部压力、经济结构性特征、经济的快速增长，以及制度和监管障碍、核心技术缺乏、区域间的同质竞争和重复投资等是制约中国经济绿色发展的主要因素；研究绿色发展战略及对策的有之，如刘燕华（2010）、金鉴明（2015）提出绿色发展的根本途径是技术、制度、结构的绿色创新；研究绿色发展指标体系的有之，如顾海兵（2003）提出了中国经济绿色指数；李晓西和潘建成（2011）构建了中国绿色发展的指标体系并进行省际比较分析；卢强等（2013）引入脱钩理论构建了工业绿色发展指标体系。③绿色发展转型研究更加理性。在宏观层面，高红贵和刘忠超（2013）提出中国应该根据不同发展阶段、不同区域实际情况构建多元化的绿色经济发展模式；杨雪星（2015）建议通过完善绿色经济政策体系、加强绿色技术研发与创新等路径，倒逼中国经济实现绿色转型；薛澜等（2015）提出要推动国家绿色转型治理能力的全面提高。在中观层面，刘纯彬和张晨（2009）和龚小波（2015）等探索了中国城市、企业的绿色转型模式、机制及对策；王勇和刘厚莲（2015）认为，减少污染排放是中国工业绿色转型的关键和目的。④长江经济带绿色发展实践研究渐成热点。如李琳和张佳（2016）测度了长江经济带108个地级市工业绿色发展水平，提出着力构建长江经济带绿色工业走廊的对策；黄娟和程丙（2017）认为长江经济带可借鉴莱茵河流域的绿色发展经验，优先建成中国生态文明建设绿色示范带；任胜钢和袁宝龙（2016）提出应从构建长江经济带中上游绿色承接产业转移模式、依据资源环境承载力优化长江经济带产业布局、构建跨区域的横向生态补偿机制三方面着力推动长江经济带产业绿色发展。在国家层面，2012年党的十八大报告明确提出包括生态文明在内的五位一体新布局的战略构想；2015年《中共中央　国务院关于加快推进生态文明建设的意见》首次明确"绿色化"概念，绿色发展成为新发展理念，并成为中国实现可持续发展的战略选择。

　　在国外，其"绿色发展"的研究通常为"可持续发展""绿色经济""绿色增长""低碳经济"等。其背景是基于人类对日益恶劣的生态环境的反思。其中，罗马俱乐部（1972）首次提出"持续增长"口号；1972年6月，联合国人类环境会议发布《联合国人类环境会议宣言》和《只有一个地球》，唤起政府觉醒；1987年，世界环境与发展委员会发表《我们共同的未来》，倡导建立在生态承载力之上的经济、社会和生态全面、协调、同步的发展机制；1992年，世界环境与发展大会发布《里约宣言》和《21世纪议程》，呼吁国际社会妥善对待环境问题；2002年，约翰内斯堡世界高峰会议强调实行"全新绿色新政""迈向绿色经济"。至此，绿色浪潮席卷全世界。进入21世纪，其理论研究和实践更为积极。①绿色概念更加广泛。Reardon（2007）、联合国环境规划署（UNEP）（2008）首提绿色经济概念；英国政府（2003）首提低碳经济概念；联合国亚洲及太平洋经济社会委员会（UNESCAP）（2005）、经济合作与发展组织（OECD）（2009）提出绿色增长概念；Ekins（2002）提出持续发展概念。②绿色模式更加全面。Brujin（2004）提出将生态资源纳入经济体系的发展模式；Weaver

（2005）认为，可持续发展的核心内容是绿色创新；Barbier（2011）指出，绿色新政的提出是各国经济成功复苏的关键因素；Nataraja（2011）指出，发展中国家可以通过摒弃高污染、低效率的生产技术和能源转向，实现低碳高效发展。③绿色评价更加完善。著名的有绿色增长测度体系（OECD，2009）、绿色经济测度指标体系（UNEP，2012）、加州绿色创新测度体系（NEXT10，2012）、耶鲁大学环境绩效指数（Environmental Performance Index，EPI）（2012）等，从不同的角度测度绿色发展水平。

第二节　高质量发展

一、高质量发展作为一种新理念的提出

高质量发展作为一种新理念最早由习近平总书记提出，其思想形成的轨迹主要有以下七个时期：

（1）初步设想：2012年，党的十八大报告是由习近平总书记担任起草组组长完成的，报告中明确了关乎发展质量的重要理念，提出"要把推动发展的立足点转到提高质量和效益上来"，这是习近平高质量发展思想的初步设想。

（2）第一次会议：2012年底，在党的十八大以来的第一次中央经济工作会议上，习近平总书记在总结和分析我国经济发展面临的困难和挑战时提出要把推动我国经济发展的立足点转到提高质量和效益上来，把推动发展的着力点转到培育形成新活力、新动力、新体系、新优势上来，要以提高经济增长质量和效益为中心。

（3）"三个转变"的重要论述：2014年5月，习近平总书记在河南考察工作时首次提出的我国经济发展进入新常态的重要论断，同时也提出了"推动中国制造向中国创造转变，中国速度向中国质量转变，中国产品向中国品牌转变"的质量领域著名的"三个转变"论述，为我国的高质量发展指明了前进的方向。

（4）供给侧结构性改革：2015年11月，在中央财经领导小组第十一次会议上习近平总书记指出，"在适度扩大总需求的同时，着力加强供给侧结构性改革，着力提高供给体系质量和效率，增强经济持续增长动力，推动我国社会生产力水平实现整体跃升"。这是党中央确定的供给侧结构性改革的五大重点任务之一。

（5）推动经济朝着更高质量方向发展：2017年1月，习近平总书记在中央政治局第三十八次集体学习时强调："必须把改善供给侧结构作为主攻方向，从生产端入手，提高供给体系质量和效率，扩大有效和中高端供给，增强供给侧结构对需求变化的适应性，推动我国经济朝着更高质量、更有效率、更加公平、更

可持续的方向发展。"

（6）新的历史论断：2017年10月，习近平总书记在党的十九大报告中明确提出了"我国经济已由高速增长阶段转向高质量发展阶段"这一历史性论断。"高质量发展"成为发展方略，为中国经济再一次作出明确的路径选择。

（7）推动高质量发展是大前提、大逻辑：在2019年两会中，习近平总书记六次"到团组"，同各代表、各委员共同商讨的一个主题就是推动高质量发展。到内蒙古代表团，习近平总书记强调指出"在我国经济由高速增长阶段转向高质量发展阶段过程中，污染防治和环境治理是需要跨越的一道重要关口"。在河南代表团，习近平希望河南省贯彻落实党中央决策部署，按照高质量发展要求，统筹推进各项工作。不论是到哪个代表团，习近平总书记都会结合各地的资源禀赋和发展现状，就如何实现高质量发展做出精准的部署。

二、高质量发展的内涵

高质量发展是2017年在党的十九大报告中首次提出的，是针对中国经济发展速度过快后突破结构性矛盾和资源环境瓶颈制约而提出的减速换挡、调优结构、提高发展效率的发展战略。关于高质量发展的概念不论是在国家层面，还是在专家学者研究层面都有很多论述，概括起来分为广义和狭义两种，广义的高质量发展就是能够体现新发展理念的发展，是指能够更好满足人民日益增长的美好生活需要的宏观层面、中观层面和微观层面的全面发展。其包括三层含义：

（1）从宏观层面来看：宏观层面的高质量发展将是以环境的可持续性和绿色发展理念为指导，通过创新驱动，推动区域间、城乡之间的协调均衡发展，全社会公平发展和经济稳定增长的惠及全体人民的发展。其中，环境的可持续性和绿色发展是高质量发展的途径和手段。环境的可持续性和绿色发展主要是为了满足人民日益增长的对更多优质生态产品和优美生态环境的需要，这就要以绿色发展理念为指导，健全绿色发展的政策、体制机制，促进节能环保、清洁生产、垃圾的回收与利用、自然资源的修复与保护，发展绿色金融，倡导绿色出行等绿色消费方式，形成绿色低碳循环发展的经济体系，为人民群众提供更多优质生态产品、更高质量的生态环境。创新驱动发展是高质量发展的动力，就是要加强国家创新体系建设，深化科技体制改革，建立以企业为主体、市场为导向的产学研技术创新体系，强化知识产权保护和运用，引进和培育高水平的创新团队和科技人才，通过创新推动中国经济发展从粗放型发展向集约型增长、从规模速度型向质量效率型转变，使经济结构向更合理、附加值更高的阶段发展。推动区域间、城乡之间的协调均衡发展是高质量发展的内在要求。在高质量发展过程中通过转变经济发展方式、优化经济结构重塑经济增长动力，推动区域经济的互补效应和协同效应，增强经济发展的韧性和回旋余地，解决经济发展中"不但跑得快，还要相对跑得齐"的问题，改变经济结构中存在的区域经济发展不平衡、产业结构不优化、城乡发展不协调等问题，实现城乡之间、区域之间的均衡发展，全社会公平发展是高质量发展的根本目标，就是在社会经济发展中既要考虑生产发展、生活美好与生态优美，又要坚持一切发展是为了人民群众，发展还要依靠人民群众，更要注重一切发展成果都由人民群众共享，在高质量发展过程中把增进民生福祉作为长期追求的根本目标，推进并形成社会治理有效、社会秩序良好的公平正义的社会。经济稳定增长是高质量发展的形态。在高质量发展的过程中，既要保持发展速度和发展规模，提高发展质量和发展效益，还要减少经济发展的大起大落，保持经济的稳定增长，更要强调更宽领域上的协调发展的问题。

（2）从中观层面来看：高质量发展表现为产业布局的优化、产业结构的合理化、传统产业的转型升级和新兴产业的发展，这就要通过产业规模的扩大，不断完善现代农业、先进制造业和现代服务业的发展，形成健全的现代产业体系，通过产业结构不断优化，实现产业结构的合理搭配，通过转型升级提升传统产业的现代生产能力，提升传统产业的生产效率。

（3）从微观层面来看：高质量发展表现为高效益的企业和高质量的产品。企业效益不高，企业就难以为继，整个社会经济就会失去微观经济的基础，所以，让更多的企业活起来，让更多的企业"火"起来，产生较高的经济效益，企业员工就能获得较高收入，国家就能获得更多的税收，企业就能获得更大的利润，整个社会的创新、绿色、开放、协调、共享发展就会充满活力更加和谐，这正是高质量发展在微观层面的具体要求。此外，还表现为企业生产或提供更多、更好的符合质量要求的产品和服务。没有高质量的产品和服务，是谈不上拥有了高质量发展的微观经济基础的，因为企业的生存、发展是建立在较高的产品和服务质量上的，纵然假冒伪劣能逞一时，但绝不可能逞一世，最终会犹如过街老鼠那样，被人人喊打。所以，努力提高产品和服务质量，既是企业的本分，更是企业赖以生存、发展的重要秘诀。总之，在微观层面，实现高质量发展，就必须实现其自身的经济发展质量。

狭义的高质量发展就是经济学意义上的表述，即高质量发展就是通过高效率、高效益的生产方式为全社会持续而公平地提供高质量产品、高水平的服务和高稳定性的供给体系的经济发展。

三、高质量发展的理论基础

高质量发展是中国在经历了四十余年的改革发展历程中，从其成功经验、显露出的更深层次的阻碍进一步发展的问题及世界各国发展规律中，探索出的一条与中国实际相结合的发展新路，是中国共产党领导中国人民建设有中国特色的社会主义来到新时代要着力解决"人民日益增长的美好生活需要和不平衡不充分的发展之间的矛盾"这一基本矛盾的必然选择。

（一）"发展是硬道理"为高质量发展奠定了坚实的理论基础

高质量发展的基础是发展。而如何发展，自改革开放以来，中国共产党人进行了艰苦卓绝的探索。当人们还纠缠于"市场经济是姓资，还是姓社"的不休争论之中的时候，邓小平高瞻远瞩，指明了实现社会主义本质的最根本途径，就是要以经济建设为中心，大力发展社会生产力，他一针见血地指出"社会主义本质是解放生产力，发展生产力，消灭剥削，消除两极分化，最终达到共同富裕"，并作出了"发展是硬道理"的深刻论述。"发展是硬道理"，中国共产党人第一次将经济的发展提到了一个历史的新高度，实现了党和国家工作中心的根本转变。自此，中国的发展进入了快车道，继快速解决温饱后，又顺利地实现了基本小康生活。正是因为有了"发展是硬道理"这一高屋建瓴的决策，才形成了今天进行高质量发展的强大的物质基础。从这个意义上说，"发展是硬道理"的科学理论为高质量的发展奠定了强大的理论基础。

（二）科学发展观为高质量发展提供了强有力的理论依据

进入21世纪，特别是在人民生活基本达到小康水平的同时，严峻的现实也呈现出来，经济社会发展过程中的一系列矛盾和问题日益凸显，并逐步尖锐起来：一是生态环境污染日益严重，与经济发展之间的矛盾日益加深；二是各种差距日益加大，在地区间是东部发达地区与中西部地区的发展差距日益扩大，在阶层间是高收入阶层与低收入阶层之间的贫富差距日益增大；三是各种不协调性日益加剧，尤其是经济发展与社会发展、人的全面发展之间的不协调性正日积月累；四是人民群众的不满意程度日益加强，改革发展所取得的巨大成果与广大人民群众的获得感不能完全同步。中国的经济发展走到了一个十字路口，何去何从？！中国共产党人再次面临艰难的抉择。在这关键时刻，胡锦涛同志和党中央审时度势，引领人民走上了科学发展的康庄大道，"科学发展观，第一要义是发展，核心是以人为本，基本要求是全面协调可持续，根本方法是统筹兼顾"。不仅将发展再次推向了历史的新高度，而且为有中国特色的社会主义经济的科学发展提出了新目标、新要求和新方法。在科学发展观指导下，21世纪的前十年成为中国经济科学发展获得飞跃的黄金十年，2010年GDP总量超过40万亿元人民币，并超越日本成为全球第二大经济体。正是有了科学的发展，才有了中国发展的今天。从这个意义上说，"科学发展观"的科学理论为高质量发展提供了强有力的理论依据。

（三）五大新发展理念为高质量发展提供了强大的理论武装

2008年美国金融危机爆发，给以外需发展为动力的中国经济带来巨大的冲击，自2011年始，中国经济告别9%～10%的高增长，8%、7%的增长也较少出现，6%乃至6%以下的增长成为经济新常态，增长下行压力日益加剧。中国的经济发展面临着速度换挡、结构优化、动力转换的新考验。2012年党的十八大以来，以习近平同志为核心的党中央牢牢把握国际国内发展大势，以"三期叠加"（即经济增长速度换挡期、结构调整阵痛期、前期刺激政策消化期）为时代背景，以中国经济进入新常态为大逻辑，以坚持底线思维的实践辩证法为方法，以稳中求进为工作总基调，创造性地提出了创新、协调、绿色、开放、共享的五大新发展理念，明确指出："坚持创新发展，必须把创新摆在国家发展全局的核心位置"，"必须把发展基点放在创新上"；"坚持协调发展，必须牢牢把握中国特色社会主义事业总体布局，正确处理发展中的重大关系"；"坚持绿色发展，必须坚持节约资源和保护环境的基本国策，坚持可持续发展，坚定走生产发展、生活富裕、生态良好的文明发展道路"；"坚持开放发展，必须顺应我国经济深度融入世界经济的趋势，奉行互利共赢的开放战略，发展更高层次的开放型经济"；"坚持共享发展，必须坚持发展为了人民、发展依靠人民、发展成果由人民共享，作出更有效的制度安排，使全体人民在共建共享发展中有更多获得感，增强发展动力，增进人民团结，朝着共同富裕方向稳步前进"。正是在五大新发展理念引领下，新旧动能不断转换，发展质量、效益不断提升，中国经济在新时代的道路上行稳致远，进入高质量发展的新阶段。从这个意义上说，"五大新发展理念"的科学理论构成了高质量发展的实践逻辑。

四、高质量发展研究现状

习近平总书记强调指出："推动经济高质量发展，要把重点放在推动产业结构转型升级上，把实体经济做实做强做优。要立足优势、挖掘潜力、扬长补短，努力改变传统产业多新兴产业少、低端产业多高端产业少、资源型产业多高附加值产业少、劳动密集型产业多资本科技密集型产业少的状况，构建多元发展、多级支撑的发展新格局。"此后高质量发展逐渐成为学界研究的热点，从现有的文献资料看，研究主题主要集中在：

（1）高质量发展意义、内涵的研究。早在2000年就有学者开始研究经济增长质量，王积业（2000）、刘亚建（2002）、康梅（2006）等对经济增长质量从狭义的角度进行了研究，认为经济增长质量即经济增长效率；彭德芬（2002）、刘树成（2007）从广义的视角研究认为经济增长质量是相对于经济增长数量而言的，属于一种规范性的价值判断，具有丰富的内涵，这些研究都没有提到高质量发展的问题。2017年之后关于高质量发展的研究才开始出现，《人民日报》（2017）发表社论《牢牢把握高质量发展这个根本要求》；王军（2017）提出准确把握高质量发展的六大内涵；刘志彪（2018）认为高质量发展阶段，中国供给体系需要提高产出质量，否则将导致需求外移；金碚（2018）认为，高质量发展需重视社会生产和消费的使用价值量的增加；魏杰和汪浩（2018）提出高质量发展是高效率增长，是有效供给性增长，是中高端结构增长，是绿色增长，是可持续增长，是和谐增长，是经济增长速度与质量的协调；金辉（2018）提出深刻认识新时代中国经济进入高质量发展的重大意义和现实表现，有利于把思想和行动统一到党的十九大精神上来，统一到党中央经济工作的部署上来；任保平和文丰安（2018）提出高质量发展理论逻辑就是建立中国特色的微观和中观质量经济理论，促进新时代高质量发展；张建刚（2018）认为高质量发展中，质量变革是基础，效率变革是主线；周振华（2018）认为高质量发展是实现基于能级跃升的质量变革和效率变革，包括高质量的要素配置和产出供给；宋国恺（2018）提出高质量发展不仅是经济学的范畴，而且具有社会属性，推动高质量社会建设，有利于促进经济社会协调发展，更好地解决人民日益增长的美好生活需要和不平衡不充分的发展之间的矛盾等。尽管这些研究论述角度不同，但其认识上本质相一致，即由高速增长阶段转向高质量发展阶段，是保持中国经济持续健康发展的必然要求。

（2）高质量发展路径研究。王彤（2018）提出推动经济高质量发展的宏观路径就是创新、协调、绿色、开放、共享；王靖华和李鑫（2018）提出以创新推动中国经济高质量发展的路径；徐忠（2018）提出转向高质量发展靠的是制度竞争；许岩（2017）提出通过完善统计指标体系助推经济高质量发展；陈再齐等（2018）、陈昌兵（2018）提出高质量发展需要新动力机制引导；李勇（2019）提出创新对高质量发展的促进效果显著；杨仁发和王静（2019）认为产业集聚对高质量发展的影响不容忽视；罗来军（2018）、金碚（2018）提出中国高质量发展的制度和战略选择；辛本禄和王学娟（2019）认为可通过服务创新驱动产业融合的系统协同效应和优化营商环境来推动新时代东北经济的高质量发展；田秋生（2018）认为高质量发展是效率更高的发展，要着重提高供给体系质量和效率；李金昌等（2019）认为高质量发展须以创新为基础，实现高效率发展，使全要素生产率处于较高水平；王永昌（2019）认为高质量发展意味着不应再单一追求经济增长速度，但还是需要坚守经济增长底线。

（3）高质量发展的评价研究。任保平和李禹墨（2018）探讨了新时代中国高质量发展评价体系的构建及其转型路径；许岩（2018）认为对经济高质量的评价，仅靠经济指标是不够的，还需要综合分析民生、社会、环境等指标情况；魏敏和李书昊（2018）、方大春和马为彪（2019）对各地区高质量发展现状进行测算和评估、林兆木（2018）提出经济高质量发展应从商品和服务质量、投入和产出效率、经济效益、创新发展、绿色发展等多维度进行衡量；程虹（2018）认为，经济高质量发展可以由四个标准进行衡量，这四个标准是突出全要素生产率的引领作用、彰显劳动力质量的基础作用、激发消费活力的拉动作用、深化环境友好型的绿色发展作用；丁涛和顾金亮（2018）对江苏省2015年13个地级市高质量发展水平进行了分析。大多数学者倾向一致，认为影响经济增长质量的因素主要有劳动生产率、经济效益、就业率、居民消费水平和消费质量、收入差距的合理程度等。

国外并没有高质量发展这一提法。国外大部分学者都将经济发展质量等同于经济增长质量（林小莉，2016）。如此，其研究也更多地关注经济增长。一方面，进一步扩大经济增长的要素范围。典型的有索洛修正了哈罗德模型，强调人力资本在经济增长中的作用；米德（1963）改进新古典经济增长模型，将资本、劳动、土地、科技和资源作为影响经济增长的决定性因素。另一方面，进一步加大经济增长质量研究。库兹涅茨（1971）提出经济增长质量应该包括人口素质的提高、环境质量的改善、财政状况的良好等；卡马耶夫（1983）则将生产资料和产量的增长、产品质量的提高、消费效率的提高等内容纳入经济增长质量的范围；巴罗（2004）提出经济发展的质量除了经济增长，还包括政治制度、收入分配制度、健康状况、宗教信仰和犯罪等内容。

第三节　绿色发展与高质量发展的关系

一、绿色发展对高质量发展的促进作用

绿色发展对高质量发展的促进作用可从资源利用、环境质量、增长质量、绿色生活等诸多方面说明（见图1-1）。

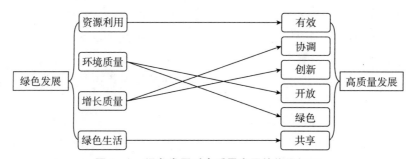

图1-1　绿色发展对高质量发展的作用机理

资料来源：笔者绘制。

（一）资源利用对高质量发展的促进作用

资源利用是绿色发展的重要内容之一。其一，资源利用率的提高将会使生产力水平提高，进而使GDP总量提高，人均GDP、人均财政收入也随之增加，推

动地区高质量发展；其二，资源利用的多样性将增加产业链，提高劳动生产效率，进而增加就业岗位，降低城镇登记失业率，推动地区的高质量发展。

（二）环境质量对高质量发展的促进作用

环境质量指标是绿色发展中最为重要的指标。"绿水青山就是金山银山"，提倡绿色发展的目的就是打造良好的生态环境，整治治理受污染区域将其还原绿水青山，共建美丽中国。提高环境质量将直接影响高质量发展的绿色指标，同时，环境质量的提高将会带动区域生态文明建设，间接带动当地旅游业兴起，吸引外来游客，提高国内外知名度，从而推动高质量开放发展。

（三）增长质量对高质量发展的促进作用

提高增长质量将会影响高质量发展中的许多因素，首先影响了高质量发展中的协调发展指标，提高经济增长质量将会增加第三产业增加值占 GDP 比重，对于区域间可缩小城乡收入差距；其次也影响了高质量发展中的创新发展指标，增长质量的提高带动高新技术产业的兴起，增加高新技术企业数量，提高 R&D 经费内部支出占 GDP 比重，进而也会提高国民素质、平均受教育年限，推动高质量发展。

（四）绿色生活对高质量发展的促进作用

在多项绿色生活的活动中，积极倡导坐公交、骑自行车将对城市公共交通系统的发展有利，高质量发展中的共享指标就有每万人拥有公共交通车辆数。大力推行绿色生活从公共交通方面将促进高质量的发展。

二、高质量发展对绿色发展的促进作用

（一）产出效益对绿色发展的促进作用

产出效益是围绕生态系统、群落、种群、个体等的物质、能量的转移效率，可从两方面加以反映：一是指在投入量不变的条件下，生产过程的实际产出与最大产出两者间的比率，即 $\frac{实际产出}{最大产出} \times 100\%$，其实质是反映实际产出与最大产出之间所表现出的差距，其数值越大，说明可达成的与最大产出、预定目标或是最佳营运服务的差距越小，即产出效益越好。反之亦然。其产出既可表现为产品产量，也可表现为成本、收入，或利润等。二是指在产出量不变的条件下，生产过程的实际投入与最大投入两者间的比率，即 $\frac{实际投入}{最大投入} \times 100\%$，其实质是反映实际投入与最大投入之间所表现出的差距，其数值越大，说明可达成的与最大投入、预定目标或是最佳控制要素的差距越大，即产出效益越差。反之亦然。而在西方经济学中通过生产要素（包括劳动力、土地、资本、技术、信息等内容，而且这些内容随着时代的发展也在不断发展变化）的分配以及利用可达到效率的最优化水准。在使一个区域的要素分配和利用达到最优化水平下，同时达到该区域绿色发展，在利用各项生产要素发展的同时要与环境和生态达到相适应的、协调的发展。在这种情况下，高质量发展与绿色发展的步调很容易达成一致。如果产出效益过高而忽视了绿色协调以及生态保护，则该区域的环境承载力就会过载，以此会对该区域的环境造成破坏。相反，如果该区域的效率过低，则无法推进高质量发展，从而无法与绿色发展相互协调达到耦合。

高质量发展中的提高产出效率又称为有效发展，它是通过人均 GDP、劳动生产率、人均财政收入、固定资产投资效果系数、城镇登记失业率这几项二级指标来划定的，而这几项二级指标通过提高土地、资本、劳动力及企业家的利用率和技术进步来体现，这些发展条件影响了绿色发展中的环保支出占财政支出的比重、环境污染治理投资占地区生产总值比重以及人均绿地面积。

高质量发展对绿色发展的正面以及负面的影响可以通过其提高产出效益中的劳动生产率、土地利用率及资本利用率来实现，如图 1-2 所示。

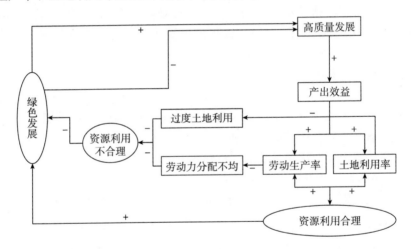

图 1-2　高质量发展的产出效益与绿色发展作用机理

资料来源：笔者绘制。

由图 1-2 可知，要使一个区域达到高质量发展，进行有效发展的前提就是要提高该区域的产出效益。而提升一个区域的劳动生产率和土地利用率是提升一个区域的产出效益的关键。对劳动力的合理分配，将劳动力按照产业进行划分，同时，对区域的土地进行合理规划和利用这两方面将促进资源的合理利用，资源的利用合理是绿色发展的指标之一，于是就可以达到一个区域的绿色发展，而绿色发展同时也能带动高质量发展，二者形成了一种合理的良性循环，即高质量发展对于绿色发展的正向作用机理。

在高质量发展提高劳动生产率和提高土地利用率的条件下，部分产业会为了提高劳动生产率而使劳动力过度集中。随着人工智能时代的逐渐来临，部分劳动密集型产业会产生劳动力过剩的问题，与此同时，一些非劳动密集型产业会缺乏劳动力或是产生区域短时间的摩擦性失业，从而导致区域间劳动力分配不均。部分产业为了提高土地利用率而导致过度的土地利用进而减少城市的绿地面积，例如一些大城市的人口转移导致城市增加居住区建设进而导致人均绿地面积减少。过度规划用地用于产业发展将会导致区域土地资源利用不合理，进而对绿色发展产生阻碍的作用。二者的负面影响将直接影响到资源的合理利用进而对绿色发展起到负面作用，一个区域得不到绿色发展将无法继续推进高质量发展，这必然导致一个恶性的循环，即高质量发展对绿色发展的负向作用机理。

总体来看，高质量发展中的提高产出效益是对绿色发展具有促进作用的。但在如何进行有效益的产出发展过程中，对于土地及劳动力的利用则是关键，这是主要影响资源利用合理性的因素。如果土地利用率远大于劳动力利用率，或是劳动力利用率远远大于土地利用率，高质量发展和绿色发展间的良性平衡会被打破，造成负面的耦合作用机理。相反地，劳动力利用率和土地利用率达到平衡增长则是高质量发展和绿色发展的正面的耦合作用机理。

（二）调整产业结构对绿色发展的促进作用

调整产业结构是高质量发展的重点，高质量发展中的调整产业结构是指产业结构优化和产业结构升级两个方面。其中，产业结构优化就是调整各产业，通过政府的有关产业政策调整，优化资源配置，实现各产业协调发展的产业结构合理化和产业结构高级化发展；产业结构升级是产业结构从低级形态向高级形态转变的过程。高质量发展的过程就是产业结构高级化和完善化的过程，通过调整，促进社会经济发展，改善人民物质文化生活水平。费希尔确立了对现代产业结构理论极有影响的三次产业分类法（见表1-1）。

表1-1　费希尔产业分类

产业分类	名称	产业分类	名称	产业分类	名称
第一产业	农、林、牧、渔业	第三产业	交通运输、储存和邮政业	第三产业	水利、环境和公共设施管理业
第二产业	采矿业	第三产业	住宿和餐饮业	第三产业	居民服务、修理和其他服务业
第二产业	制造业	第三产业	金融业	第三产业	教育
第二产业	电力、热力、燃气及水生产和供应业	第三产业	信息传输、软件和信息技术服务业	第三产业	卫生和社会工作
第二产业	建筑业	第三产业	房地产业	第三产业	国际组织
第三产业	农、林、牧、渔服务业	第三产业	租赁和商务服务业	第三产业	公共管理、社会保障和社会组织

产业结构优化的本质首先是使产业结构的演化遵循世界产业演化的规律，进行第一产业到第二产业再到第三产业的调整，用指标来衡量，就是三次产业的增加值之间的一种比例关系，其表现一般而言，是第一产业结构逐步减少，第二产业、第三产业结构逐步提高，而这个过程对于不同的国家也是完全不同的。在经济发展还没有达到一定成熟度的国家，产业结构的优化通常是指这一含义。而当一个国家的经济发展已到了一个相当的水准，此时所谓的产业结构优化则是指对不符合本国或本地区发展需要的产业结构进行调整，使产业结构变得更加符合本国或本地区的发展需要，通常的调整是由低级结构向高级结构演进，使三次产业间保持一种协调发展的状态，以满足社会日益增长的需求。产业结构优化过程不是一成不变的，更不是静态的，而是动态的，是要根据本国或本地区经济发展的需要以及人民生活发展的需要进行及时的不断的调整，向着逼近均衡的一个状态作不断的优化。应该指出的是，产业结构的优化没有帕累托最优，更多的是是否合理和是否高级，这既取决于一个国家的政策，还取决于世界各个国家的政策，所以，从这个意义上说，产业结构优化不是封闭的，只有更开放，才能更合理，才能更高级。这也是无论是在理论上还是在实际工作中，我们都习惯于用产业结构高级化与产业结构合理化来衡量产业结构优化的原因之所在。还要注意一个倾向，就是在三次产业结构中，对于有些国家或地区来说，并不是第三产业比重越大越好，中国就属于这类国家，首先中国是一个人口大国，存在着一个重要的前提条件就是自己要养活自己，这就必须保持适度的第一产业的结构；其次，中国是一个发展中的社会主义大国，在2011年经济总量超过日本成为世界第二大经济体后，中国仍需强大的工业体系和抗得住打压的实体经济，而这同样要求我们保持足够比例的第二产业。在这样的情况下，第三产业结构就将由第一产业和第二产业的结构所决定，从而使第三产业结构也不可能高到哪儿去。事实上，中国的第三产业结构也没有必要那么高。

高质量发展中的优化产业结构对于绿色发展的正面和负面影响可以通过增加第三产业占比和降低第一、第二产业占比来实现。要使一个区域高质量发展则需要对其进行产业结构优化。实现产业结构优化的一项举措是将第一、第二产业所占比重减少，减少第一、第二产业的所占比重会减少该区域的污水、废气排放量，从而减少对环境的污染，增加一个城市或区域的环境承载能力，提高环境质量。而提高环境质量是绿色发展的重要指标之一。同样地，提高第三产业所占比重是产业结构优化调整的另一项重要举措。增加第三产业所占比重则会提高该区域或是城市的增长质量，而增长质量是绿色发展中的重要指标之一，提升增长质量将会带动绿色发展。最后，产业结构优化对增长质量和环境质量起到了促进作用，进而对绿色发展起到了正向作用，绿色发展将会进一步反作用于高质量发展，调整产业结构与绿色发展之间起到了正向的耦合作用（见图1－3）。

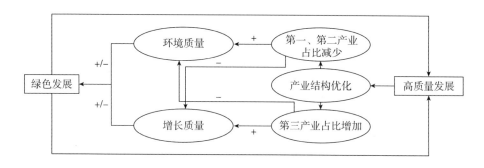

图1－3　高质量发展的调整产业结构与绿色发展作用机理
资料来源：笔者绘制。

在产业结构优化的同时，减少第一、第二产业的所占比重也会降低人均GDP的增长率从而导致该区域经济增长质量的减少，增长质量是绿色发展的重要指标之一，增长质量的减少也将导致绿色发展的减少，同时也将阻碍高质量发展。同样地，第三产业占比的增加将会导致使用更多的土地和资源，加大环境的承载力，从而降低该区域的环境质量，对绿色发展起到抑制的作用，从而阻碍高质量发展。

高质量发展中的产业结构优化对绿色发展既有利又有弊，但总体来说，利大于弊。因此，如何进行产业的优化调整变成了首要问题。第一、第二与第三产业的占比将决定该区域的环境质量与增长质量，进而影响绿色发展。不合理的结构比例将使高质量发展对绿色发展起到负向作用；反之，则起到了正向作用机理。

（三）科技创新对绿色发展的促进作用

科技创新，全称是科学技术创新，因此，包含两方面的含义：一是指科学研究的原始创造，即原创性科学研究；二是指技术创新。前者更多的是自然科学知识的新发现，而后者则更多的是技术实践过程的新发展。共有三种类型：知识创新、技术创新和现代科技引领的管理创新。基础科学技术的创新者主要是科学研究机构和高校，应用工程技术和工艺技术创新的主体是企业，科技创新是社会发展的生产动力。

科技创新对于高质量发展至关重要，可以说是高质量发展中的灵魂。科技创新中的高新技术企业数量是影响绿色发展的首要二级指标，能源消耗、工厂污染排放量、环境治理技术等也是影响绿色发展的重要指标因素。一个区域科技创新的发展将直接带动当地高新技术企业数量的增长，绿色发展中的增长质量中就有第三产业和高新技术产业的数量指标，一个区域的高新技术企业数量的增长直接影响了绿色发展状况，企业数量越多，增长质量越明显，绿色发展就越有效。与此同时，高新技术企业数量的增长会导致能源的消耗增加，工厂污染排放量增加，这对于绿色发展是一种阻碍作用。同样地，科技创新还会带动该区域的第一、第二产业企业的技术进步，进而减少工厂的污染排放量和能源消耗，科技创新又能带动一个区域的环境治理技术，三者积极推动了绿色发展，进一步地带动该区域的科技创新发展，进而逐步推进高质量发展。当然，科技创新也会扩大企业的生产规模，会造成污染排放量的增加和能源的进一步消耗，对绿色发展是一种阻碍作用。图1－4显示了科技创新与绿色发展之间的作用机理。

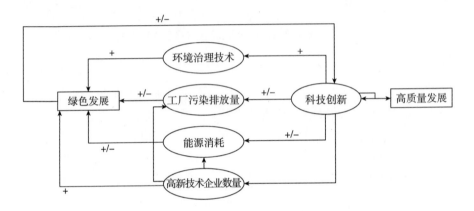

图1－4 高质量发展的加强科技创新与绿色发展作用机理

资料来源：笔者绘制。

综上所述，高质量发展中的科技创新会双面影响绿色发展。低能减排的高新技术将推动绿色发展，甚至会引发绿色革命，从而进一步地带动科技创新，促进高质量发展和绿色发展的双向积极耦合作用。相反，扩大生产的科技创新，将会增加城市环境负担，加大能源消耗，增加工厂的排放量，进而产生高质量发展和绿色发展的双向消极耦合作用。

（四）对外开放合作对绿色发展的促进作用

当今世界正处于大发展、大变革、大调整时期，人类命运正面临着新的机遇与挑战。新时代，中国特色社会主义的对外开放面临着新环境。从国际形势看，大国之间的竞争更加激烈，谋和平、求发展、重合作依然是世界发展的主流，但面临更多的矛盾和问题，新的挑战还在不断出现。国际力量已经发生变化，以新兴经济体为代表的发展中国家群体性崛起，西方发达国家单一主导的全球治理模式发生变化。从国内环境看，中国作为发展最快的发展中国家，已成为世界第二大经济体，但国内经济发展步入新常态，经济转向高质量发展，供给侧结构性改革迫在眉睫，需要辩证处理供给和需求的关系。在风云变幻的国内外环境中，如何顺势而为，通过扩大开放，谋求最大的国家利益，成为摆在中国发展面前的重要问题。

以习近平新时代中国特色社会主义思想为基础，围绕当前对外开放思想发展的特点科学的总结，有助于我们进一步明确对外开放的目标、路径、措施，进一步拓展对外开放的理论内涵，进一步实践对外开放的宝贵经验，使中国新时代的对外开放具有新特点、新思想、新面貌，更好地引领和促进中国对外开放的进程。习近平新时代中国特色社会主义思想对中国社会主义对外开放思想的发展作出了许多新的思想贡献。对于高质量发展而言，对外开放合作无疑起到了重要的影响作用。而对外开放合作也将对一个区域的绿色发展产生影响。

接待外国游客人次和外商投资企业数量是高质量发展中绿色发展的二级指标，开启高质量发展的对外开放合作将促进二者的提升。其中，接待外国游客人次的增加会加大地区的环境影响，该影响有两方面内容：一方面是为了接待更多的外国游客将迫使区域进行环境治理和管理，加强治理景点的绿化环境和其他生态环境，这将有效增加人均绿地面积，增加环境的承载能力，进而推动绿色发展；另一方面接待外国游客达到一定的数量后，一个区域的人口流量和密集程度将会增大，对城市的承载能力是一种负担，这将对环境造成破坏，从而阻碍了绿色发展。外商投资企业数量也具有两方面的影响：一方面是外商投资企业数量增加将会加大工厂排放量和能源消耗，对绿色发展具有阻碍作用；另一方面企业数量增加将会带动该地区的人均 GDP 增长以及加速高新技术产业的发展，进而推动增长质量，达到绿色发展的需求。图 1－5 显示了对外开放合作与绿色发展之间的作用机理。

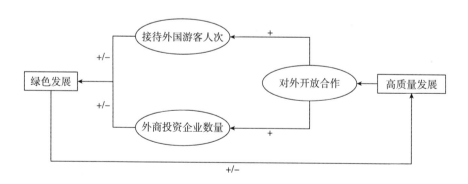

图 1－5　高质量发展的对外开放合作与绿色发展的作用机理
资料来源：笔者绘制。

综上所述，高质量发展中的对外开放合作对绿色发展具有两方面的耦合机理，接待外国游客人次达到一定数量且外商投资企业数量过多将导致环境承载能力过载，因而影响绿色发展，进而导致了高质量发展对绿色发展的负面耦合作用。相反，接待外国游客人次和外商投资企业数量也会促进一个区域对生态环境的保护和高新技术产业的增长，进而导致了高质量发展对绿色发展的正面耦合作用。

（五）共享发展对绿色发展的促进作用

无论是创新发展，还是绿色发展，无论是协调发展，还是开放发展，都有一个共同的指向，就是这样的发展是为了什么？这些发展又为了什么？可以说，共享发展是对上述问题所做出的最为肯定的回答。在中国，是中国人能够共享，共享所取得的中国发展的各项成果，进而不断增强中国人的获得感，增强中国人的"四个自信"；在世界，是世界人民能够共享，共享人类命运共同体发展的各项成果，进而不断增强世界人民的获得感，增强世界人民对现代文明进步的自信。共享发展的基本内容包括：全民共享、全面共享、共建共享和渐进共享，这一基本理论应该说是对世界所作出的中国贡献，也是解决世界各国的发展常常陷于"为了什么"这一困惑的中国方案。

高质量发展中的共享发展指标有居民人均可支配收入、每万人拥有公共交通车辆数、普通高校生师比和每万人拥有病床数。其中，每万人拥有公共交通车辆数对于绿色发展中的资源利用有着正向的影响，普通高校生师比和每万人拥有病床数对于绿色发展中的绿色生活是正向影响，它们对于绿色发展来说是重要的评价指标。通过这些指标绿色发展又对高质量发展起到了推进作用。图 1-6 显示了共享发展与绿色发展之间的作用机理。

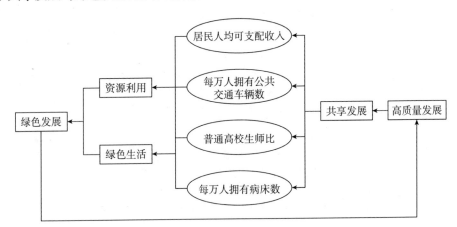

图 1-6 高质量发展的共享发展与绿色发展的作用机理

资料来源：笔者绘制。

综上所述，共享发展中的四个指标均对绿色发展有着正向影响，即高质量发展中的共享发展对绿色发展有着正向耦合作用。

三、绿色发展对高质量发展的约束效应

约束，是指一事物对另一事物所形成的一种限制和规范。绿色发展对高质量发展的约束主要体现在经济绿色发展过程中对高质量发展所提出的必须符合和满足绿色发展目标要求的生态环境效应上。

一句话，无论是创新发展，还是开放发展；无论是共享发展，还是绿色发展的自身发展，首先都应是绿色的发展，这是一切发展的前提。只有在这个前提下，创新发展、开放发展、共享发展以及绿色发展的自身发展，才是有意义的、有价值的，否则，一切的发展将无从谈起。这也正是绿色发展对高质量发展的约束效应的真谛之所在。

（一）地形地貌的约束

地形地貌构成一个城市的形状和空间结构。例如，沿大河一侧形成的城市多发展成"带状"，被河流与山谷分割的城市多发展成"星状"，地形起伏和河流交错的城市多发展成"组团状"。绿色发展对高质量发展的约束效应体现在地形地貌上，就是要求该城市在高质量发展过程中，一方面，要充分依靠其地形地貌，形成有利于城市土地资源种类、分布和利用方式、程度、效益的空间结构和功能组织；另一方面，要大力保护好与地形地貌有着一种或几种条件伴生关系的区域内的各种生态环境条件，如矿产资源、淡水资源、水热资源、旅游资源、动植物资源等，与此同时，加以科学合理的开发和利用，以使其共同对城市的发展发挥作用。

（二）气候要素的约束

气候对于一个城市或区域的发展有着重要影响。由于气候的变化，过去100年来，全球海平面上升了10～20厘米。世界气象组织曾在其一份报告中预测，到2050年全世界海岸线一带的海平面将平均上升20～50毫米；到2100年海平面将上升1.0米，这意味着许多滨海城市，如纽约、雅加达、东京、大阪、威尼斯、曼谷、上海等将面临部分受淹的前景；此外，由于城市污染而导致的臭氧层的"空洞"也得到世界学术界和各国政府的重视，对其的影响（特别是对中纬度城市地区的影响）将很难预料。所以，绿色发展对高质量发展的约束效应体现在气候上，就是要求一个城市在其工业化和城市化进程中，要不断避免大量污染物向城市扩散、集聚，减少污染物对居民健康的影响，保持蔚蓝的天空；减轻乃至避免"温室效应"和"热岛效应"的产生。蔚蓝的天空也是一种宝贵的资源，既是绿色发展的直接体现，也是高质量发展的显著表征。

（三）资源的约束

水、土地和矿产资源等自然资源是社会的物质财富，更是人类赖以生存的物

质基础。其状况如何，直接影响着一个城市的产生和发展。

水作为自然界最活跃的因子、生态环境系统联系的载体，不仅影响到城市的空间分布、生产方式和规模，而且还影响着居民的身体健康、生活质量。而现实是，到21世纪中叶世界人口的一半以上将居住在城市，其用水缺口将达到1000亿立方米，其中还不包括用于城市污染治理的用水以及生态用水。人类面临的水缺口压力巨大。

城市的发展离不开土地。这是因为，一个城市从产生到发展必须拥有足够的立地条件，土地面积成为城市空间扩展与发展的基础。但作为一种不可再生资源，一个城市的土地面积是有限的，这就决定了其空间扩展与发展是不可能尽其所欲的。没有适宜的土地面积显然已成为一个城市进一步发展的瓶颈。此外，土地对城市发展的制约还在其反面进一步显现出来，这就使城市的发展是在侵占大量耕地的情况下发生的，而可耕地减少直接引发的最大危害就是粮食安全问题，尤其是在中国，粮食安全问题事关国家安全，显然，这也将进一步限制城市化的发展。所以，人类在发展面前面临的现实问题是土地的匮乏，由此世界城市化的进程必然受阻。

尽管人类的生产生活活动对原生性资源的依赖越来越弱，但矿产资源在现代经济发展中的作用依然十分强大，它作为物质基础，第二产业的发展依然离不开它。但在其背后，也正是人类生产生活活动中对矿产资源的过度使用导致的环境问题，包括矿产资源开发导致的土地占压、"三废污染"和水体质量下降等，势必最终影响经济的进一步发展。

所以，绿色发展对高质量发展的约束效应体现在资源上，就是要求一个城市在其工业化和城市化进程中，一是要保护资源，二是要节约资源，三是要有效循环利用资源。

四、高质量发展对绿色发展的胁迫效应

胁迫，是指一事物对另一事物所形成的一种威胁和压迫。高质量发展对绿色发展的胁迫主要体现在经济高质量发展过程中对绿色发展所提出的更高和更严要求的生态环境效应。

一般意义上的生态环境效应（Eco – environmental Effect）是指在人类活动或自然力作用于生态环境后，其正、负效果在环境中的响应（Response）。但在高质量发展引导下的生态环境效应，则是在高质量发展过程中，经济活动对生态环境给予保护而带来积极影响的综合效果。正因如此，这就对绿色发展提出了更高、更严的要求，使生态环境保护既不能突破底线，更不能触碰红线，而且要向越来越好的方向发展。

生态环境效应主要包括气候效应、污染效应、生物效应、资源效应和地学效

应等。

（一）气候效应

气候效应是指由于人类活动所造成的气候变化而引起的效果。对于世界而言，气候变化除了由天文、地质等因素引起的气候自然的振动和变迁外，还有由于大气中二氧化碳等温室气体的增加，使大气温室效应增强进而引起气候变暖以及由城市发展造成的"热岛效应"所产生的增温。应该说，后两者正是伴随人类的生产活动和生活活动而不断演变、不断加剧的。

（二）污染效应

污染效应是指人类生产活动和生活活动给自然环境所带来的污染作用及其效果。环境污染从类型上主要包括大气、水体质量下降，恶臭，噪声，固体废弃物，辐射，有毒物质等。

大气污染（Air Pollution）是指由于人类生产活动和生活活动或自然界局部的性能变化，改变大气圈中某些原有成分和向大气中排入有毒有害物质，呈现出足够的浓度，并达到足够的时间，致使大气质量恶化，对人类生命财产、生态环境产生不利影响的大气状况。

水体污染（Waterbody Pollution）是指当进入水体的污染物质的含量超过了水体的环境容量或水体的自净能力，使水质变坏，从而破坏了水体的原有价值和作用的现象。

固体废物（Solid Wastes）是指人类生产和生活活动中丢失的固体和泥状物质，包括从废水、废气中分离出来的固体颗粒物等。

（三）生物效应

生物效应（Biological Effect）是指由人类经济活动推进导致生物系统变异的效果。包括如城市开发建设和人类活动砍伐树木、填塘而引起的自然生态环境改变；水体污染而导致的河湖鱼虾绝迹，水生动物种类减少；森林过度开发，由于缺乏栖息地，野生动物不再存在；等等。

（四）资源效应

资源效应（Resource Effect）是指人类生产活动和生活活动中对自然环境中的资源，包括水资源、土地资源、矿产与能源、森林资源等的消耗作用程度。

水资源是维持人类生命和生活所必需的和经常使用的物质。人类在生产活动和生活活动中，所造成的水资源危机主要表现在：一是水体污染导致生态性水资源缺乏；二是用水浪费和盲目开采造成的资源性缺水；三是对地下水的过度开采引发区域性水缺乏和城市地面沉降。应该说，现在的人类正面临着水资源危机。

土地资源也正快速地进入稀缺时代。据统计，仅用于人类居住用地一项，世界每年就要失去 14×10^4 平方千米的耕地、6×10^4 平方千米的牧地和 18×10^4 平方千米的森林。加之以低密度发展或废弃地为特征的城市化的快速扩张，导致大量土地资源的浪费和基础设施建设成本的上升，而且城市的无序扩张和过多的机动化车辆，还是造成能源消耗过度和空气污染加重的主要原因。

矿产资源和能源资源，是属于人类生产活动和生活活动的支撑性资源。自近代工业革命以来，矿产与能源资源的大量挖掘成为社会经济发展的主要动力，也正是石油、煤、铁等资源的开发和利用创造了西方社会的繁荣，缔造了西方现代的文明。但与此同时，也创造了现代的污染。欧洲（Commission of the European Communities，CEC）（1990）显示，城市大气中二氧化碳排放的37.5%来源于能矿生产，电排放的71.3%也来自能矿生产，尽管二氧化碳最大排放源是交通，但热电厂的矿物燃烧是它的第二大生产源。而在中国，对能矿资源的大量消耗则是"三废"产生的重要原因之一。

森林资源是大自然送给人类最重要的资源之一，它是地球的肺叶。它在为人类提供生产和生活所需要的多种森林产品的同时，还在为人类的生产生活提供安全保障——通过调节气候，保持水土，减少并防止旱涝、风沙、冰雹等自然灾害，以及净化空气、消除噪声，甚至生长药材。但由于人类大规模的城市化和超常规的工业化，一方面大量挤占了森林面积和植被，另一方面过度开发所造成的大量破坏使森林生态系统功能十分脆弱。而由城市大气污染形成的"酸雨"引起的"森林死亡"，则使森林资源面临的危机更加严重。虽然在当今世界，森林退化和消失的速度有所减缓，但每天仍有将近200平方千米的森林消失，所以，如何保护和再生森林这一无形的环境资源和潜在的"绿色能源"，依然是任重而道远。

（五）地学效应

地学效应是指人类的生产生活活动对自然环境，尤其是地表环境所造成的影响，包括水文变化、土壤功能退化、地质环境改变和灾变。

随着工业化与城市化的推进，水文现象已发生了明显变化：一方面，随着城市的不透水地面所占全区面积的比重越来越大，雨水向下渗透越小，地表径流越集中，溪流排水量越高，从而改变了城市区域洪水的发生机制，提高了洪水发生的可能性；另一方面，发生径流污染的负荷增加。

工业化和城市化运动对土壤构成的威胁是十分严重的，最直接的后果就是引起土壤功能退化，主要表现为三个方面：①城市基础设施建设导致的土壤大面积密闭；②城市生产与生活垃圾排放导致的土壤污染；③城市居民需求引发土壤利用结构的变化等。其中，最为显著的影响就是土壤污染问题，它是指在工业化和城市化进程中，人类生产与生活活动产生的大量污染物质，通过直接和间接的方式进入土壤，并不断积累，当其数量和速度超过了土壤自净能力而产生的一种现象。它可以影响植物正常生长，甚至使植物死亡；能够对人体健康造成危害，诱发疾病；能够引起或促进整个农业生态系统的退化；能够引起建筑物地基变形；等等。

地质环境效应是指由人类生产生活活动不当而引起的地质环境问题，主要表现为水资源短缺，水质污染（地下水污染、地表水质恶化），海水入侵，地面沉降、崩塌、塌陷，诱发地震，污染源迁移，污染灾害，等等，究其原因主要是水资源开发利用的不当、工程活动的不当、工业"三废"及生活垃圾处理的不当。这几类地质环境问题，都在中国有所出现，而且从发生的趋势看，呈现出越发加重的迹象。

灾变效应包括地质灾变、环境灾变和生态灾变三个方面，是由于人类生产生活活动对生态环境产生的各种效应通过连锁反应产生正反馈放大作用，使生态环境某种要素水平超过了其临界值所发生的突变性事件。

第四节　绿色高质量发展

一、绿色高质量发展的内涵

要准确把握绿色高质量发展的内涵，就要深刻理解习近平总书记关于"生态环境保护和经济发展关系"重要论述的精神实质。

2016年1月5日，习近平总书记在第一次推动长江经济带发展座谈会上强调：长江是中华民族的母亲河，也是中华民族发展的重要支撑。推动长江经济带发展必须从中华民族长远利益考虑，走生态优先、绿色发展之路，使绿水青山产生巨大生态效益、经济效益、社会效益，使母亲河永葆生机活力。2018年4月26日，习近平总书记又在深入推动长江经济带发展座谈会上的讲话中精辟地论述道："生态环境保护和经济发展不是矛盾对立的关系，而是辩证统一的关系。生态环境保护的成败归根结底取决于经济结构和经济发展方式。发展经济不能对资源和生态环境竭泽而渔，生态环境保护也不是舍弃经济发展而缘木求鱼，要坚持在发展中保护、在保护中发展，实现经济社会发展与人口、资源、环境相协调，使绿水青山产生巨大生态效益、经济效益、社会效益。"

上述习近平总书记的两次讲话，都鲜明地指出了："使绿水青山产生巨大生态效益、经济效益、社会效益。"而这不正为我们点明了绿色高质量发展的深刻内涵吗？

其中，绿水青山就是绿色发展，而产生巨大生态效益、经济效益、社会效益就是高质量发展，两者融合在一起，即"使绿水青山产生巨大生态效益、经济效益、社会效益”，则是绿色高质量发展。将其翻译成学术上的关于绿色高质量发展的定义，即所谓绿色高质量发展就是指生态优先、绿色发展下的高质量发展。"使绿水青山产生巨大生态效益、经济效益、社会效益"，将绿色发展和高质量发展辩证统一于绿色高质量发展之中。可以说，既深刻揭示了绿色高质量发展的本质，也深刻揭示了绿色高质量发展的规律。

在实践中，绿色高质量发展具体表现为以下几大特征：

一是它的前提性，即绿色高质量发展的重要前提首先是绿色发展。

世界经济发展的历史表明，所有的发展都必须是以尊重自然规律为前提的发展，唯有如此，其发展才会顺利；否则，必会遭受惩罚。如果不是如此，也就不会有今天的可持续发展乃至绿色发展了。应该说，绿色发展正是在现代化发展进程中，遭遇到自然界客观存在的生态阈值或生态极限而难以逾越的情况下，经过痛定思痛的反思而选择的发展的正确之路、必由之路。从这个意义上说，高质量发展首先是绿色发展。一切脱离了生态优先、绿色发展的发展，都不是高质量发展，更谈不上绿色高质量发展了。也正因为如此，绿色发展构成高质量发展以及绿色高质量发展的重要前提。

二是它的结构性，即绿色高质量发展的重要组成部分之一就是绿色发展。

一方面，在构成上，高质量发展是创新发展、协调发展、绿色发展、开放发展、共享发展的集合，以及在各个方面的综合运用。另一方面，在要求上，它既要求与传统意义上的高污染、高消耗、高排放的高破坏发展"脱钩"，又要求与节约、清洁、循环、低碳的可持续发展"挂钩"，"一脱一挂"从而在实现人与自然和谐共生的过程中谋求经济发展方式和经济结构的转型升级。也正因如此，绿色发展又构成高质量发展以及绿色高质量发展的重要组成部分。

三是它的耦合性，即绿色高质量发展是绿色发展和高质量发展的耦合协调发展。

绿色发展的核心要义是实现人与自然和谐共生，着力解决环境和发展的协调问题。而高质量发展是追求产生巨大生态效益、经济效益、社会效益的全面发展目标的发展，着力解决经济发展方式和经济结构的转型升级以及效益最大化的问题。将两者辩证统一于绿色高质量发展，就要有效地解决如何"使绿水青山产生巨大生态效益、经济效益、社会效益"这一深层次的问题。其路径只有一条：就是绿色发展和高质量发展耦合协调发展——以绿色发展促进高质量发展，以高质量发展促进绿色发展，进而真正实现绿色高质量发展。所以，从某种意义上说，绿色发展和高质量发展的耦合协调发展，即绿色高质量发展。由此规定，耦合性也就成为绿色高质量发展的基本特征之一，显现的是绿色高质量发展的实现方式。

二、绿色高质量发展的分析

（一）PSR 框架

1979 年，加拿大统计学家 David J. Rapport 和 Tony Friend 提出压力—状态—响应框架（Pressure – State – Response，PSR），20 世纪八九十年代，经济合作与发展组织和联合国环境规划署（United Nations Environment Programme，UNEP）共同认可了这一框架，并将其发展起来，作为研究环境问题的框架体系。

PSR 框架通过使用"压力—状态—响应"这一逻辑思维来体现人类与环境之间相互作用的关系。人类的生存依附于自然环境，一方面，人类从自然环境中获得自身生存所必需的物质资源如水、土地、矿产等；另一方面，人类的各种社会生产活动如采矿、砍伐树木等会对自然环境产生一定的影响，从而改变自然环境中各种自然资源的储量。自然环境的这种改变反过来又会影响到人类的生产与生活。与此同时，政府针对自然环境的这些变化，会通过相应的环境政策和经济政策来对人类自身的社会生产做出调整，如此循环往复。

PSR 框架构建了三类指标（即压力指标、状态指标和响应指标）来反映人类与自然环境之间的这种相互影响、相互作用关系。其中，压力指标表示人类的社会生产和经济活动对自然环境造成的影响，包括自然资源的开采、物质生产过程中废弃物的排放、地形地貌变化等对自然环境和生态系统造成的干扰与破坏；状态指标表示某一特定时间段内自然环境的变化情况，包括生态环境现状、区域内物种情况，以及人类自身的生存环境状况；响应指标表示政府、公众、个人所采取的旨在减轻、防止自然环境破坏的一系列行动，以及对已经发生的自然环境损害所做出的补救措施。通过这三类指标系统的建立，PSR 框架回答了"发生了什么变化""为什么会发生"以及"可以做什么、该怎样做"的问题。

PSR 框架能够动态监测各指标之间连续反馈的机制，具有系统性、综合性的特点。由于它所提出的压力—状态—响应指标系统与参照标准相对比的模式，受到了诸多国内外学者的推崇，所以其在区域环境可持续发展、水资源和土地资源评价指标体系构建、环境保护等领域得到广泛的应用。一般意义上的 PSR 框架如图 1 –7 所示。

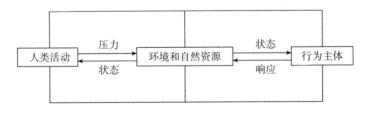

图 1 –7　PSR 框架

资料来源：刘耀彬. 城市化与生态环境耦合机制及调控研究［M］. 北京：经济科学出版社，2007.

（二）绿色高质量发展 PSR 框架

基于以上对 PSR 框架的论述，构建绿色高质量发展的 PSR 框架，如图 1-8 所示。

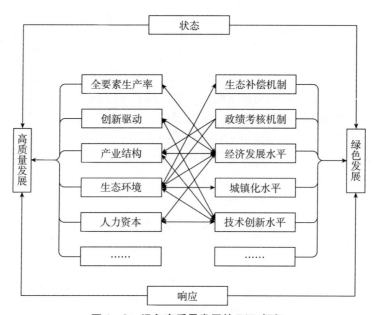

图 1-8　绿色高质量发展的 PSR 框架

资料来源：笔者绘制。

1. 压力系统

压力系统表征在追求绿色发展与高质量发展耦合协调发展的进程中，各种因素及行为主体的社会经济活动对其产生的影响、约束和压力。具体而言：

（1）绿色发展的压力系统。绿色发展是体现新时代发展理念，倡导人与自然和谐发展、实现资源可持续利用、倡导生态文明建设的发展。绿色发展的压力系统主要有：

1）生态补偿机制。自然环境的公共物品属性，导致了生态环境破坏行为追责的困难，难以测算哪一个企业应该为造成的环境污染和生态破坏负责，如何承担以及该承担多少。介于此，不少企业钻空子，逃避生态环境保护责任，互相推诿。生态补偿机制的不完善严重影响了绿色发展的可持续。

2）政绩考核机制。地区生产总值曾是评价我国行政长官执政能力的最主要指标，按照收入法核算方式，地区生产总值等于国民经济各行业的增加值之和，增加值则是劳动报酬、生产税净额、固定资产折旧、营业盈余等的总和。为了自己的政治成绩，部分官员会想方设法提高自己任职期间的 GDP，比如在房地产市场开发新楼盘，扩大基础设施建设，甚至将一些还具有使用价值的公共设施如桥梁、道路、楼房等拆掉重建。此类行为，势必会加快资源消耗速度，与此同时，建设过程中产生的工业废弃物、生活污染物也会随之增加，个别企业为了自身利益，节约成本，直接将其排放到自然环境中，对生态环境造成极大的伤害。当地政府看重企业对该地区经济增长的贡献，对此类做法采取睁一只眼闭一只眼的态度或者从轻处罚甚至是默许，从而严重破坏了经济增长与生态环境的和谐发展，制约了绿色发展步伐。因此，建立合理完善的政绩评价机制，对于中国绿色发展至关重要。

3）经济发展水平。根据环境库兹涅茨曲线，当一国的经济发展处于较低水平时，环境污染程度较轻，随着人均收入的逐渐增加，环境污染程度会加大，当经济持续发展到某个临界点或称"拐点"以后，环境污染又会随着人均收入的增加而减少，环境质量逐渐得到改善。环境质量与经济发展水平之间呈现倒"U"形的曲线关系。也就是说，经济发展水平较低时，对绿色发展的影响也较低，经济发展水平进入高速增长阶段时，对绿色发展会产生负向影响，只有当经济发展水平稳定在一个阶段时，才会对绿色发展产生正向影响。

4）城镇化水平。城镇化是指农业人口向非农业人口转化、二三产业不断向城镇聚集。近年来，中国的城镇化进程取得了较大的成效，为地区经济发展做出了巨大的贡献，但与此同时，也带来了一些负面影响。一味追求城镇化发展的"量"，而忽视了城镇化发展的"质"，如城市土地、产业和人口的扩张，不仅导致了城乡二元结构固化、贫富差距扩大，而且造成了空气、环境污染，城市道路拥挤，住房紧缺等问题，这在一定程度上阻碍了绿色发展的进程，生活环境质量的恶化也降低了人民的幸福感。

5）技术创新水平。绿色发展是人与自然和谐、产业结构与生态环境融合、经济增长与环境效益并存的发展，社会发展经验证明，中国过去所采取的要素驱动型发展方式已不可持续，只有通过不断提高技术创新水平，对传统产业进行改造升级，发展绿色新兴产业，才会实现社会经济的可持续发展。

上述各要素与绿色发展的关系如图1-9所示。

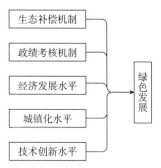

图1-9　绿色发展的压力系统

资料来源：笔者绘制。

（2）高质量发展的压力系统。高质量发展是适应新时代发展要求，是以创新、协调、绿色、开放、共享作为发展理念，是能满足人民群众日益增长的美好生活需要的发展。高质量发展的压力系统主要有全要素生产率、创新驱动、产业结构、生态环境、人力资本，如图 1 - 10 所示。

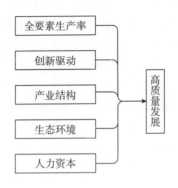

图 1 - 10　高质量发展的压力系统

资料来源：笔者绘制。

1）全要素生产率。全要素生产率（Total Factor Productivity）是指生产单位（一般为企业）的各个系统中各要素的综合生产率，测算公式为：全要素生产率 $= \dfrac{\text{产出总量}}{\text{全部资源投入量}}$。一定时期内，在全部资源投入量固定的情况下，产出总量越高，全要素生产率就越高，故常用于长期经济增长的核算。企业的综合生产率是管理模式、生产方式、技术及产品共同作用的结果，所以全要素生产率的提高是产业升级与生产力发展的综合体现。全要素生产率越高，表明该地区的高质量发展水平越好，反之，低水平的全要素生产率则会制约该地区的高质量发展。

2）创新驱动。创新是发展的第一驱动力，辩证唯物主义指出，运动是绝对的，静止是相对的，事物永远处于发展变化之中，发展的实质就是事物不断实现自身的扬弃最终新事物取代旧事物。一个企业、一个地区乃至一个国家，如果沉湎当下故步自封不去创新，必将落于人后，最终被市场淘汰。创新所具有的乘数效应，使科技、航天、医疗、生态、互联网、大数据、人工智能等各个领域的创新成果可以数倍、数十倍加诸于经济成果，给社会发展带来极大的效益。中国的高质量发展离不开创新的推动。

3）产业结构。产业结构是指各产业（主要为农业、工业、服务业）的构成及各产业在某一固定经济结构（常为一国）中所占的比重，不同的产业结构代表着不同的生产方式，也体现出不同的产出水平和质量水平。高质量发展的实质就是，产业结构不断优化升级，生产效率不断提高，企业竞争力不断提升，经济效益不断加大，人民生活日益美好。合理的产业结构可以最大限度地提高资源和技术的利用效率，促进经济的高质量发展。实际上，产业结构升级就是通过生产技术的推动，使社会生产要素在不同的生产部门之间转移，从而提高生产效率，使经济得以更好更快发展。

4）生态环境。高质量发展的目标之一是绿色发展，人类的生存生活依附于大自然，自然界为我们提供生存所必需的资源，人类的各种社会生产活动也是建立在对自然资源的利用上。原始社会时期，人类通过采集野果、捕食野兽来维持基本的生存，进入农耕时代，人类通过发展农业来满足生存需求，发展农业需要土地资源和水资源，工业化初期，人类通过对自然资源的简单加工处理来进行生产活动。改革开放以来，中国通过粗放型的增长方式取得了较大的经济成果，但同时，这一经济成果却在某些方面让生态环境买了单。土地沙化、荒漠化，水体污染，空气污染，森林覆盖面积减少，各种生态破坏层出不穷，严重危害了人类生存。自然界、生态环境是人类立身之本，新时代中国的高质量发展不仅要注重量，更要注重质，人民不断增长的美好生活需要也包括了青山绿水蓝天白云的生态需要，没有良好的生态系统支持，高质量发展将难以为继。

5）人力资本。舒尔茨（Thodore W. Schults）提出人力资本的积累是社会经济增长的源泉，人口素质和知识投资是决定未来发展的主要因素。高质量发展进程中，人是经济活动的主体，人的主观行为将影响经济发展进程甚至决定经济发展最终的方向。人力资本的提高，能促进企业管理模式升级，通过创造发明、技术升级来改善生产方式，从而提高企业综合生产率，促进高质量发展。同时，低水平的人力资本，会使企业自身成长缓慢，由于不能与时俱进开发新产品，甚至被市场淘汰，比如辉煌一时的柯达胶卷，由于不能跟上数字成像技术，最终破产。人力资本的欠缺最终会抑制高质量发展。

2. 状态系统

（1）绿色发展的状态系统。生态保护的实施过程中存在着较低的边际社会成本和较高的边际私人成本之间的以及较高的边际社会收益和较低的边际私人收益之间的矛盾。由于这两个矛盾的存在，为获取全社会的长远利益，会牺牲掉部分人的当前利益，所以必须实施生态补偿机制来调动人们的积极性，即"谁保护，谁受益"。目前，中国在自然保护区、重要生态功能区、矿产资源开发、流域水环境保护四个重点领域建立了生态补偿机制。但还存在着以下问题：一是生态补偿机制的具体内容和环节尚未明确；二是难以定量分析，且各地区存在差异无法制定统一标准；三是补偿机制的制定与生态环境问题的出现之间存在时滞；四是缺乏相应的法律法规支持。

制度经济学指出，制度对人的行为会起到激励导向的作用。政绩考核机制直接影响着官员干部的行动方向，不同的政绩考核机制、评价指标会导向不同的政府行为，政府官员作为理性人，会把精力放在经济收益最大的任务上。但长期以来，中国的干部晋升考核制度是以 GDP 为中心的，环保只是软指标，这就导致了地方政府全力发展当地经济而忽视对生态环境的保护，更有甚者以牺牲环境为代价换取经济的发展，比如为招商引资降低环保门槛、降低经济效益高的企业的排放标准，这种只顾政绩工程而忽视生态环境公共利益的行为会产生严重的环境问题，阻碍绿色发展步伐。

可以用人均 GDP 来反映地区经济发展水平的高低。地区经济发展水平的提升，能够给绿色发展提供资金和物质基础，但当经济发展水平达到某一程度后，人均 GDP 的增长对绿色发展的促进作用会减弱，即便是资源投入持续扩大，也无法给绿色发展带来良好的正向作用，只能通过优化资源配置来提高资源利用效率。

城镇化能够改变产业、人口、就业结构以及能源消耗方式，是影响区域绿色发展的重要因素。一方面，城镇化进程会消耗自然资源，引发能源与生态危机；另一方面，城镇化进程会产生集聚效应和规模经济，又能够释放环境压力。城镇化的快速发展，促进了经济的高速增长，但也使资源环境承载力激增，但不管怎样，传统的粗放型经济发展方式都无法持续推进城镇化进程，只能走绿色低碳循环发展的新型城镇化之路。

长期来看，产业结构层次低、生产方式较为传统是制约我国绿色发展的主要瓶颈。因此，必须加快技术创新，以新产品的发展促进新产业的发展，进而推动新的生产方式的变革，实现产业结构优化升级，最终实现绿色发展。改革开放四十多年来，无论是从技术创新投入层面看，还是从技术创新产出层面看，中国的技术创新水平都获得了不断的提高，为中国的绿色发展创造了良好的环境且奠定了坚实的基础，使其绿色发展的状态系统处于历史上最好的时期。但又不能不看到，与发达国家相比，中国在中高端技术行业特别是核心技术方面还有较大的差距。这也表明，中国在以技术创新全面推进绿色发展的道路上，还将是险阻重重，依然需要我们付出最大的努力。

（2）高质量发展的状态系统。当前，中国的全要素生产率偏低，这在一定程度上制约了中国经济高质量发展。根据佩恩表（PWT9.0）的数据，以美国数据为基准，2014 年中国全要素生产率为 43.25%，对比刚刚改革开放的 1978 年的 31.14%，有了较大的增长，但依然不容乐观。再加上中国人口红利的消失，劳动密集型产业优势不再，依靠资本和劳动要素投入带来经济效益增长的方式不可持续，也会对全要素生产率的提高产生影响。

长期以来，中国一直在资源粗放式增长的道路上行进，此类发展方式在短时期内确实取得了一定经济成果，也提高了中国企业的生产制造水平。但随着国内外技术差距的不断缩小，中国企业在某些领域已经接近或赶超世界先进水平，加之模仿目标从外围技术到核心技术的不断提高，加大了模仿难度，故此，中国不会再遵循此类发展模式。进入新时代，中国必须依靠创新来驱动高质量发展。创新作为推动发展的重要力量，对于高质量发展至关重要。然而，目前中国的创新情况不容乐观甚至陷入困境：一是创新质量不高，主要表现为核心技术欠缺，核心技术是生产系统中最为关键的部分，是技术创新的骨架，核心技术的提升可以促进产业转型升级，加快经济增长动能转化，培育新的经济增长点，促进产业高质量发展。美国等西方发达国家，之所以现在处于领先地位，与其20世纪八九十年代掌握了计算机、互联网等领域的核心技术紧密相关。二是创新成果转化机制的不健全。创新成果转化为经济效益涉及两个过程：首先是资源资金投入科研，这个过程的主体是高等院校及科研机构，政府需要发挥协调引导作用，使资金流入科技创新之中；其次是科技成果投入生产，这一过程的主体则是企业，如何将科技创新成果投入产品的生产过程并将其销售出去，这两个过程若不能深度融合，将影响创新成果的转化，影响创新质量。在第二个过程中，企业拿到科技创新成果如专利，不仅需要支付高昂的专利费用，而且需要有相应的仪器设备才能投入生产，具备相应操作技能的职工也必不可少，这无疑会增加企业的生产成本，当这一科技创新产品最终被生产出来后，企业还面临着开拓市场的问题，同时还要防备同行企业的蓄意模仿和恶意竞争。总之，这一过程的不确定性较高。另外，两个过程之间缺乏直接的联系渠道，高校和科研机构致力于科学研究，而企业注重自身利益，创新和产业的深度融合发展比较困难。当前中国的创新主要体现在第一个过程。

中国的产业结构从1978年的27.7∶47.7∶24.6提升到2020年的7.7∶37.8∶54.5，是中国经济建设取得巨大成果的具体体现。但发达国家的产业结构情况一般为：第一产业比重不超过5%，第二产业比重不超过30%，第三产业比重达到65%以上。与发达国家相比，中国的产业结构还有较大的优化空间。

生态环境恶化会倒逼高质量发展，当前我国环境问题突出，主要表现为：一是生态环境质量不高，2018年全国生态环境质量优和良的县域面积仅占国土面积的44.7%，全国338个地级以上城市环境空气质量达标的城市数仅占35.8%，重度及以上污染天数占以 $PM_{2.5}$ 为首要污染物天数的60.0%，共发生重度污染1899天次，严重污染822天次，酸雨区面积约53万平方千米，占国土面积的5.5%。二是能源结构不合理，2017年中国能源消费总量为449000万吨标准煤，其中煤炭占60.4%，石油占18.8%，天然气占7.0%，一次电力及其他能源占

13.84%。煤炭消费比重过高，会挤压生态环境承载容量。三是环境治理体系不完善，唯GDP现象依然存在，对破坏环境企业的追责制度有待健全，公众对于绿色消费和绿色行动的意愿有待进一步提高。

2020年第七次全国人口普查数据显示，以2020年11月1日零时为标准时点的全国人口共141178万人。长期以来，作为一个人口大国，中国就一直重视国民教育和人才培养，特别是改革开放以来，取得了较以往任何时期都大的成效。根据2021年9月28日发布的《中国的全面小康》白皮书：中国学前教育普及率、普惠率超过84%，九年制义务教育巩固率达到95%以上；高中阶段教育全面普及；高等教育进入普及化阶段，教育水平跃升至世界中上国家水平；职业技术教育不断发展，为经济社会发展输送大量高素质技能人才，培养越来越多的能工巧匠、大国工匠。已从文盲半文盲大国到教育大国迈向教育强国，从人口大国到人力资源大国迈向人力资源强国。但也要看到，与发达国家相比我国还有一定差距，且目前的人力资源还存在着区域、阶层、城乡之间发展的不平衡、不充分的矛盾，教育资源分配不均、受教育机会不平等问题依然十分尖锐，从全国看，西部人力资源水平低于东部、中部地区以及农村人力资源水平低于城市的状况还会存在一个很长的时期。

3. 响应系统

（1）绿色发展的响应系统。建立健全生态补偿机制，强化资源节约型和环境友好型社会的建设，加快推进可持续发展和绿色发展。一是着力推进环境财政体系建设，加大转移支付资金转向重要生态功能区、环境自然保护区、矿产资源开发区和流域水环境保护区等重点领域的力度。二是不断完善生态补偿机制的相关法律体系，确保被补偿地区经济利益最大化；制定环境保护相关税收政策，增加包括对水资源、矿产资源以及森林资源等在内的各种资源使用税。三是健全生态补偿的投融资体制，政府牵头，按照"谁投资，谁受益"原则，引导社会各界积极参与。

建立合理的政绩考核机制。要实现人与环境和谐可持续的绿色发展，必须建立合理的政绩考核机制，尤其是要加大环保指标在地方官员晋升考核制度中的比重，让政绩考核机制不再以GDP为中心，地方官员通过保护环境可以获得收益，这势必会提高他们的积极性。此外，还要建立环境污染追责制度，对地方官员只顾经济、不顾环保所造成的环境问题问责，促使其履行环保职能。

优化资源配置，改变传统产业发展模式。从我国经济已经由高速增长阶段迈入高质量增长阶段的这一现实来看，要实现经济发展水平对绿色发展的正向促进作用，必须优化资源配置，改变传统能源消耗型产业的生产方式，促进新兴产业、绿色产业的发展，降速度、提质量，把经济发展水平稳定在对绿色发展产生正向影响的阶段内。

新型城镇化发展是实现民生福祉和有效促进人与自然和谐的发展战略。新型城镇化发展旨在改变传统的粗放型发展方式，为人民谋福利、求发展，探求人与自然和谐可持续的绿色发展之路。一是提高公众意识，引导多方参与，推动人们价值取向和思维、生活方式向绿色低碳的转变；二是强化生态修复保护能力，转变土地利用方式，构建绿色低碳能源体系，开发推广新能源，积极引进国内外先进的绿色环保低碳处理技术；三是加快构建新型城镇化绿色产业体系，鼓励低碳技术的研发及规模化应用，积极推进环保技术成果转化，降低经济增长对能源的依赖性，以及对生态环境的破坏性，推进产业绿色低碳化发展；四是完善相关的体制机制，强化制度保障。

技术创新可以为绿色发展提供支撑，通过生产方式的绿色化以及产业结构优化升级，促进绿色产业的发展。要持续提升我国的科技创新能力，提高技术创新水平。首先，要重视基础研究，基础研究是研发活动最基本的部分，能够通过知识和人力资本的积累来促进技术创新能力的提升；其次，要持续加大经费投入，发挥中央财政的引导作用，拓宽技术创新的投资途径，给技术创新提供良好的政策环境；最后，要让企业更多地参与到技术创新的研究中去，发挥其主力军作用，使创新成果直接面向市场和产业，"产""研"融合，避免创新过程中科技资源的低效率配置甚至是浪费。

（2）高质量发展的响应系统。要全面提升中国经济的高质量发展水平，必须提高全要素生产率。有以下两个途径：一是提高资源配置效率。一方面要完善市场配置资源的体制机制，充分发挥市场的作用，创造平等的行业准入环境，减少企业之间进入和退出市场的壁垒，提高生产率。另一方面要完善金融体制改革，重点是利率市场化的推进，只有利率市场化才能实现资本有效配置，非市场化利率下，生产效率和配置效率都低于最优水平，不能反映资本回报率，全要素生产率会下降。此外，还可通过公共政策和户籍制度改革，转移农村剩余劳动力，推进农民工市民化，劳动力供给的增加可以提高潜在增长率，劳动力渠道的疏通也可以创造资源重新配置效率，进而使全要素生产率得到提升。二是通过科技创新和技术进步来提高生产效率，科技创新可以促进技术进步和技术效率的提高，使我国能掌握更多核心技术，从技术追赶跨越到技术引领，推动全要素生产率提升。

为突破中国目前的创新困境，提升中国的创新质量，可采取以下方式：一是完善高校和科研机构的激励机制体制，加强对知识产权的保护，保障科技人员的研究成果，鼓励科技人员的创新热情。二是加快推动产学研一体化，鼓励高校、科研机构和企业进行合作，逐渐消减创新第一、第二过程之间的壁垒。三是要保障金融支持，创新过程伴随着不确定性，同时周期较长，没有足够的资金投入，创新过程将难以为继。四是要积极构建创新成果产业化机制，例如企业孵化器（Incubator），为刚创立的科技型中小企业提供基础设施和各种服务支持，来降低其风险和成本，提高创业成功概率，促进科技成果转化。截至 2017 年底，中国的企业孵化器已达 4069 家。

产业结构的变动主要受需求结构、供给结构、国际贸易和制度安排的影响，促进产业结构转型升级可以从如下几方面入手：一是坚持生态优先，建立绿色低碳循环可持续的产业体系，淘汰低端过剩产能，促进传统产业向绿色产业转型升级；二是坚持创新驱动发展战略，不断研发新技术、新模式，积极发展"互联网＋"、大数据、人工智能，把高新技术注入传统产业，促进科技与实体经济的融合发展，提高供给体系质量，从而使传统产业向新兴产业转型；三是以市场需求为导向，充分发挥政府的引导作用，为产业结构的转型升级提供一个公平公正透明法治的营商环境；四是深化开放合作，顺应国内外产业转移的新趋势，加大招商引资力度，放宽市场准入机制，创新对外投资方式，促进国际产能的合作。

为了人类的永续发展，必须加大对生态环境的保护力度，针对已经造成的破坏采取补救措施。在环境污染追责方面，由于自然环境具有公共物品属性，部分企业不顾他人随意排放污染物，应关停部分高污染不合格企业或处以高额环境污染费用，以使企业不敢、不能随意破坏自然环境；在培养公众环保意识方面，各类环保组织的建立，环保课程进入中小学课堂，汽车限号绿色出行，垃圾分类，这些能极大地提升公众的环境保护意识，促进绿色观念深入人心；在企业环保准入方面，政府通过提高废弃物排放标准，使部分不合规企业退出市场，释放环境压力。

为提高中国人力资本水平，可以从以下几方面入手：一是扩大教育投资，充分发挥政府的主体作用，合理提高教育经费支出占比，提高国民平均受教育年限，还可发动拓展社会公益组织等投资渠道，不仅如此，还要加强学校财会内部控制管理和绩效评估，在保证经费合理使用的同时，提高资金使用绩效；二是持续加大对教育欠发达地区的精准扶持力度，积极鼓励发达地区与欠发达地区教育资源对接，实现城乡教育一体化，重点关注民族地区、边境偏远地区；三是要重视高等教育，扩大高等院校办学规模，降低收费标准，提高教学质量，加大对科研经费的投入，为社会培养高技能创新型人才，促进人力资本内部结构高级化；四是推进现代化职业教育体系的建立，加大对职业技术教育的投资，响应大国工匠精神，职业、学术两手抓，鼓励校企合作，根据企业需求设置相关专业，实现职业人才对接，为社会培养高素质、应用型、创新型、复合型的高级技术人才。

第二章

绿色高质量发展机理研究

第一节 绿色高质量发展政策

政策在绿色高质量发展过程中，将起到不可或缺的作用。有效、合理的政策响应能使绿色发展和高质量发展的耦合发展走上和谐发展的道路，而拙劣的政策则使二者的矛盾越来越激烈。

一、生态农业政策

20世纪70年代以来，现代农业获得了巨大的发展，给人们带来了高效的劳动生产率和丰裕的农产品，但与此同时，也造成了一系列的生态危机，如土壤侵蚀严重、化肥和农药用量的上升使得环境受到污染等。如何保护农业生态成为人们越来越关注的问题。由此，以生态经济学理论和现代系统工程方法为基础的经济效益、社会效益和生态效益相统一的集约化经营的新的农业发展模式，也就是生态农业应运而生。与传统农业相比，它有其鲜明的特征：

（一）综合性

生态农业更加重视农业生态系统整体功能的发挥，农业生态系统是在一定的时空范围内，由人为和自然共同作用形成的农业生物、非生物环境和生物种群之间相互联系和相互作用的大农业发展综合体。这个农业生态系统以发展大农业为己任，遵循整体发展、协调发展、循环发展和再生利用的原则，通过农业生态系统各构成要素在时间和空间上合理的配置，物质流和能量流在各构成要素间相互转化、移动和循环，形成生态农业系统中人工生物系统、生态环境系统和人工控制系统之间互相支撑、相互作用、相辅相成的发展态势，实现三次产业结构合理、农业产业结构优化和农、林、牧、副、渔各业之间的协同发展的现代农业综合体系，提高农业综合生产能力。

（二）高效性

与传统农业相比，生态农业更具高效性。生态农业的高效性是指生态农业通过物质流的不断循环利用、能量流的多层次综合利用以及系列化深加工的一系列过程。其目的就是通过生态技术的运用，实现农业废弃物的重复多次的资源化利用，提高农产品的价值，降低农业产品的成本，提高农业生产的经济效益，保护农民从事农业的积极性。

（三）持续性

与传统农业相比，持续性成为生态农业的最大优势。生态农业可以持续地提高农产品的安全性，持续地改善生态环境、防治污染，进而持续地维护生态平衡。生态农业把环境建设与经济发展紧密地结合起来，改变农业和农村经济发展方式，变常规发展为持续发展，在有效满足人们对农产品日益增长需求的同时，不断提高农业生态系统的稳定性和可持续性，不断协调农业生态系统与其他生态系统的关系，为增强农业发展后劲提供持续的保证。

所以，要继续完善生态农业的发展政策，以对高质量发展和绿色发展的耦合协调发展提供有力的保障。

二、生态工业政策

1991 年，联合国工业发展组织对生态工业的概念做出了界定："在不破坏基本生态进程的前提下，促进工业在长期内给社会和经济利益做出贡献的工业化模式"随着这一概念的提出，生态工业的发展引起了人们的关注，尤其是生态工业发展理念和发展模式进入了现代工业化的大生产过程中，成为现代工业最为鲜明的标识，也意味着现代工业的发展已进入历史性的转折，一个由传统工业发展模式向生态工业的可持续发展模式转变的新时期。

与传统工业相比，生态工业显示了自身鲜明的特征：

（一）模拟自然生态系统

模拟自然生态系统就是按照自然生态系统的组成重造工业生产系统，如此，资源生产、加工、还原三个方面构成了生态工业系统。其中，资源生产的主要任务是提高各种资源的开发利用能效，也就是工业生产初级原料和能源的提供者的任务；加工的主要任务是如何将初级原材料和能源利用进行多层次的加工转换成工业制成品；还原的主要任务是将工业生产过程中的各种副产品和废弃物再资源化、再利用，形成犹如自然生态系统那样的工业生物生态链，在资源循环利用和生产高效发展过程中，实现工业发展与生态环境之间的协同发展。

（二）多元良性循环产业

多元化的主角是企业，企业的多元化更多反映为产业链上的多元化，企业发展到一定的层次，它会在原有专业化发展的基础上实行多元化发展战略，这种多元化发展战略发展到高级阶段就会自然地反映在生态化发展上，与生态工业通过产业集聚，延长上下游产业链，形成不同产业、不同企业、不同产品和废弃物、资源利用之间的耦合，以减少废弃物排放和产生，保护资源和生态环境，实现工业经济的可持续发展。也可以说，生态工业更重视系统的开放性和相对封闭性，最大限度地在各种资源、主副产品、废弃物之间形成良性循环系统，促进产业结构的多元化和产业布局的多样化。

（三）综合开发利用资源

生态工业依据工业生态学基础理论，对资源进行综合开发和利用，使进入系统的物质和能量能得到最大限度的利用，使输出系统的物质和能量能得以最大限度地减少，促进经济效益和生态效益双丰收，从而达到"三低"，即低开采、低消耗、低排放的最佳境地。

由于工业是整个国民经济中最为重要的支柱，其生态化如何直接影响着一国或一地区的高质量发展和绿色发展，所以，要将建立健全的生态工业的发展政策放在一个十分重要的位置，以对高质量发展和绿色发展的耦合协调发展提供有力的支撑。

三、生态服务业政策

生态服务业是生态学理论指导下的，以技术创新和管理创新为发展理念，以降低能耗、节约能源、减少污染和提质增效为目标，通过实现物质和能量在输入端、过程中和输出端的良性循环，将循环经济理念实践于长远发展中的新型服务业。现实是，传统服务业的污染问题也已十分严重，成为继工业污染之后又一个破坏力极强的环境污染来源。所以，必须持续地推进生态服务业的发展。生态服务业主要由清洁交通运输、绿色科技教育服务、绿色商业服务和绿色公共服务等部门组成。

与传统服务业相比，生态服务业显示了自身鲜明的特征：

（一）生态化的服务方式

服务业的主要功能是服务，通过服务，形成与第一、第二产业之间紧密的技术经济联系，构成与第一、第二产业之间的供给与需求关系。所以，无论是农业的生态化还是工业的生态化，都必然要求服务业的生态化，只有这样，才能促进生态农业、生态工业、生态服务业的一体化，从而推动整个产业经济生态化发展。而由服务业的性质所决定，服务方式构成服务业的主要生产力，因此，服务方式的生态化，也就成为生态服务业的重要内容。只有力求由传统的服务方式向生态化的服务方式转变，才能有效地促进生态服务业着重于循环经济的发展。

（二）资源循环利用

传统服务业走的是"资源—产品—污染排放"的损害环境的老路；而生态服务业则是走出一条服务业企业在服务过程中的资源循环和再生利用的生态化发展新路，是一种可持续的绿色发展、高质量发展之路。

所以，要继续完善生态服务业的发展政策，以对高质量发展和绿色发展的耦合协调发展提供坚实的基础。

四、减量化生产政策

减量化生产主要包括输入端和输出端的减量，前者主要为资源的减量化，后者主要是废弃物的减量化。

如何实现资源减量化，首先是理念的提升，即在思想上就要有资源减量化的意识；其次在于工艺的改进，以更为先进的工艺促使资源减量化；再次是取代，如用环保材料来取代毒害、稀有材料，用清洁能源、可再生能源来取代传统能源等；最后是选择，要选择可重复利用的原材料和二次原料，可重复利用也是一种有效的资源减量化途径。

实现废弃物减量化，首先是设计，设计更便于维护和修理的产品，可维护和可修理意味着资源的减量化，也意味着末端废弃物的减量化；其次是淘汰，一定要将高消耗、高污染的工艺设备坚决彻底地予以淘汰；最后是先进技术，先进的技术既可以减少和降低副产品、废弃物的数量和毒性，也可以提高副产品及废弃物资源化的广度。而这些要通过加大环保项目力度而展开。

所以，要根据资源减量化、废弃物减量化的相关途径，继续完善相关的发展政策，从而实现高质量发展和绿色发展的耦合协调发展。

五、循环化利用政策

循环化利用一是指企业自身内部的循环化利用，二是指企业外部的循环化利用，即整个社会的循环化利用。前者在企业内部通过"识别代谢物质的属性，筛选和纯化出有用的各类副产品和废弃物为企业自身所用"的方式落实。后者则在企业外部实施，使副产品和废弃物的资源化产品满足其他企业需要。

所以，要根据循环化利用的特点，继续完善包括技术政策、资源化产品销售政策等在内的相关循环化利用发展政策，进而推动高质量发展和绿色发展的耦合协调发展。

六、集群化发展政策

产业的集群化发展是绿色发展与高质量发展的耦合协调发展的重要形式。所谓集群发展是指将某一领域内具有相互联系的企业和机构集聚在某一地理区域内而共生发展的一种模式。生态产业园区构成产业集群生态化发展的基本形式，按其性质，可划分为综合类和行业类两大生态产业园区。

综合类生态工业园区，是由性质不同的产业、企业集聚在一起而形成的生态工业集聚区。其优势在于各种类型的产业、企业都有，可以形成较好的产业链结构。但劣势也很明显，由于不同类，难以与其他产业或企业形成共生关系。

行业类生态工业园区，是由同一行业的企业集聚在一起而形成的生态工业集聚区。一个显著的特点是，其中有一个乃至几个核心企业，大多数企业围绕这一个或几个核心企业而转，其优势是，容易形成上下游产业链，相互之间有着紧密的共生关系，极易形成强大的产业优势。但劣势是，这个产业链条上，只要有任一企业出现问题，都有可能将导致整个产业链条遭到破坏。

生态化的产业集群发展在我国虽然得到了快速的发展，但作为一个由"点—线—面"构成的动态系统，其发展还有着"摸着石头过河"般的探索，所以，有必要遵循其内在的自组织发展规律，继续完善产业集群发展的相关政策，以构筑良好的高质量发展和绿色发展的耦合协调发展氛围。

第二节　绿色高质量发展的时序

一、绿色发展的阶段性

就我国绿色发展而言，总共可分为三个阶段：

第一个阶段，2004～2008年，绿色建筑处于浅绿阶段，其主要特点为以试点为主。

第二个阶段，2008～2012年，深绿阶段，其主要特点为绿色理念深入设计过程，因地制宜原则广泛运用，开始注意运行时效。

第三个阶段，2012年开始的泛绿阶段，其主要特点为将绿色设计从建筑推向城市发展，以整个寿命周期评价绿色发展；全社会较为普遍地接受绿色理念。

二、高质量发展的规律性

表2-1列举了经济增长、经济增长质量以及经济高质量发展的相关概念论述。其中，经济高质量发展与经济增长的内涵大不相同，高质量发展意味着经济发展不再简单追求量的增加，而是"质"与"量"的高度统一。此外，经济高质量发展与经济增长质量的内涵也不尽相同，虽然两者都属于经济发展质量的范畴，但经济高质量发展是经济增长质量的高级状态，两者属于同一发展阶段的两种不同状态。因此，经济高质量发展阶段既是数量的增加，也是质量的提高，是数量与质量的高度统一。

表2-1　经济增长、经济增长质量、经济高质量发展的概念汇总

概念	学者	定义
经济增长	卡马耶夫	经济增长是物质生产资源变化过程的总和，不仅包括生产资源和生产量的增加，而且包括产品质量和生产效率的提高
	萨缪尔森等	经济增长代表一国潜在国内生产总值的增加，是一国生产可能性边界（PPF）向外扩张

续表

概念	学者	定 义
经济增长	吴宇等	经济增长是指一个国家或者一个地区产出的增长，即经济总产量或人均产量的增加，可以用GDP的增长率来衡量
经济增长质量	托马斯等	经济增长质量作为发展速度的补充，是指构成增长进程的关键性内容，比如：机会的分配、环境的可持续性、全球性风险的管理以及治理结构
	罗伯特·巴罗等	经济增长质量，不仅要包括投资率、通货膨胀率等狭义的经济增长指标，而且要包括人口健康、收入分配、政治制度、犯罪及宗教等
	任保平	经济增长质量是在经济数量扩张到一定阶段的基础上，使经济增长的效率提高、结构完善、稳定性增强、福利与成果分配趋于公平、经济增长的成本降低以及国民经济素质提高的过程与状态
经济高质量发展	张军扩等	经济高质量发展目标是更高的效率、更加公平、绿色可持续，目的是满足人民日益增长的美好生活需要
	程虹等	经济高质量发展指一国所生产的产品和服务品质的总和在发展的可持续性、结构的优化、投入产出的高标准、社会福利的提升等方面满足社会需求的程度
	王永昌等	经济高质量就是发展中高速趋向、发展优化趋向、发展科技化趋向、发展金融化趋向、发展美好生活趋向、发展包容化趋向、发展绿色生态趋向、发展全球化趋向
	杨伟民	经济高质量发展以五大发展理念为基础，强调创新是第一动力、协调是内生特点、绿色是普遍形态、开放是必由之路、共享是根本目的

资料来源：笔者整理。

　　高质量发展分为三个层面：第一个层面体现五大发展理念，第二个层面强调以人为核心的五大发展理念，第三个层面强调高质量政府和以人为核心的五大发展理念，这三层含义相互联系，逐渐深入。

　　就第一个层面而言，高质量发展是以五大发展理念为基础，实现经济发展质量的一种经济形态。其中，创新是动力源泉，协调是本质特征，绿色是发展的普遍形态，开放是必经之路，共享是发展目标，而经济发展质量就是要实现"生产要素投入少、资源配置效率高、资源环境成本低、经济社会效益好"的可持续发展。

　　就第二个层面而言，"以人为核心"是中国社会经济发展的根本出发点，要积极发展"以人为核心"的广义人力资本服务体系、社会保障体系、医疗卫生体系、教育体系等，满足人民对美好生活的不断需求。

　　就第三个层面而言，需要深化"放、管、服"改革，正确处理好政府与市场的关系，这就要求把政府和市场有机结合起来，使"有为政府"与"有效市场"

各司其职、协同发展、共同发力，从而实现资源的有效配置，推动经济高质量发展。

三、绿色发展与高质量耦合发展的时序规律分析

由此，根据绿色发展的五个时期和高质量发展的五个时期，可以进行类比得出高质量发展和绿色发展的时序规律走势（见图2-1）。

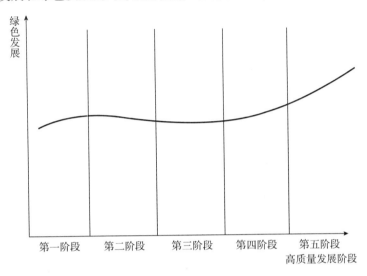

图2-1 高质量发展与绿色发展耦合时序走势

资料来源：笔者绘制。

由图2-1可以看出，在高质量发展的第一阶段，也就是起步阶段，高质量发展速度并不快，绿色发展的增长可以保持原先的增长水平继续，工厂和企业的污染排放和能源消耗未开始，绿色发展呈现上升态势但是并不明显。在高质量发展的第二阶段，也就是高速阶段，由于产业的转型和五大指标中的各类发展使能源的消耗和环境的污染持续加剧，导致原先的绿色发展在没有新的体制机制的作用下开始下跌，直至达到第三阶段，也就是高质量发展的高速转中速阶段。在这个阶段，由于各类高质量的发展开始达到平稳而未对环境质量和治理相互协调，导致绿色发展达到极小值。从高质量发展的第四阶段开始，也就是中速放缓阶段，这个阶段不再注重发展速度而注重发展质量，政府对环境的管理加强，并出台了相应的体制机制来进行管控，绿色发展得以回升达到第一阶段原有的水平，此时的环境承载能力也在加大。最后一个阶段，也就是高质量发展稳步阶段，随着高质量发展中的绿色发展机制开始落实，从注重经济发展转向环境发展，区域的环境质量开始呈现上升趋势。

而中国目前的发展是处于第二至第四阶段，也就是高速发展阶段到中速放缓

阶段，由于中国区域间发展水平不均，导致东部部分地区已经在第四阶段甚至开始步入第五阶段，而部分西部地区却只在第二阶段开始甚至高质量发展刚刚起步。根据上述的分析来看，中国的高质量发展和绿色发展机制的运用可根据横向，也就是东部和西部实施。

首先是中国的东部地区，中国东部地区的高质量发展推进速度较快，因而六项高质量与绿色发展的耦合机制可以全面落实，从省级开始落实到县级。对于东部地区导致环境质量恶化，能源消耗导向型的产业群加大机制门槛，并以绿色发展为优先级，对于进入第二阶段的发展地区可以加快落实机制，使其在第三阶段的绿色发展的极小值变大，对于已经进入第四阶段的区域加强环境治理管控。在东部地区可进行定期的绿色发展质量评比，通过评比找出问题从而尽快解决。

其次是中国的西部地区，由于西部地区的高质量发展速度跟不上全国平均水平，尤其是西北地区和藏区，可以适当降低发展的门槛，在保护基础环境的情况下（例如三江源、森林、湖泊等），可适当加快高质量的发展，在发展的过程中，通过东部的经验和技术支持，从污染源头上进行管理，而不是在污染后进行大规模的治理，这样可以极大减少发展的成本，加速高质量发展。同时西部地区可以通过原有的生态环境资源吸引游客，优先发展旅游业，通过旅游业进行融资，进而带动其他产业的发展。

第三节　绿色高质量发展机理

绿色高质量发展，从系统论的视角，一定是绿色发展和高质量发展的耦合协调发展。尽管由于前提性，使两者在内涵界定及指标体系方面具有一定的差异性，但其深刻性和耦合性又使两者在发展目标、实现路径及行动理念等方面均具有较高的一致性，表现为一种耦合协调的发展。这里从上述三个层面阐释高质量发展与绿色发展的耦合机理，如图2-2所示。

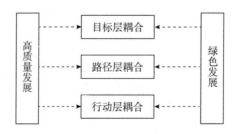

图2-2　高质量发展与绿色发展耦合框架

资料来源：笔者绘制。

一、目标层耦合机理

绿色高质量，其本质是内涵式发展。其中，绿色发展和高质量发展在二者耦合过程中有着共同的价值目标。其一，二者均强调可持续性发展，高质量发展注重效率驱动下的价值性经济增长，以提升发展质量为目标，以价值创造为路径，并以效率提升实现新旧动力转换，从而使各区域步入可持续性高效发展。绿色发展注重经济社会发展的集约化、低碳化及资源承载力，其中蕴含着较强的可持续发展理念，其中，集约化表现为发展模式的可持续，低碳化表现为产业模式的可持续，资源承载表现为要素利用的可持续。其二，二者均强调各区域社会生活的福利性，高质量发展是通过价值创造满足人民群众社会福利所需，避免价值低端同构而降低社会福利水平。与既往经济增长方式相比，绿色发展更注重以人为本，以改善人居生活环境质量的方式直接提升社会福利水平。

此外，各区域高质量发展与绿色发展也具有较强的相互支撑关系，绿色发展是实现高质量发展的必由之路。绿色发展通过改善人居环境、生态环境、投资环境等各种环境质量，使各区域吸引力不断提升，进而为各区域高质量发展提供高效资源供给、高层人才支撑，并通过发展绿色低碳产业为区域经济增长提供引擎。而高质量发展是绿色发展的目标指向。高质量发展以技术创新和生产效率提升为驱动力，这也可以提升各区域绿色产业供给质量，驱动绿色产业价值链向高端攀升。

二、路径层耦合机理

由前文可知，各区域高质量发展的实现路径包括价值创造、效率提升与经济增长，绿色发展的实现路径包括集约发展、资源承载与低碳经济。在目标层相互耦合前提下，二者路径间存在较强的交叉耦合。其一，高质量发展中的价值创造路径，与绿色发展目标中的集约发展、低碳经济路径之间存在较强的耦合性。价值创造泛指各区域需要创造新的产品价值，注重价值性经济增长。集约发展是通过资源、空间与生产的集约促进经济内涵性增长，强调以提升要素利用效率创造物质财富，因此价值创造和集约发展在提升经济内涵方面存在耦合。此外，各区域低碳产业技术体系的构建，与价值创造注重以新业态创造新价值的思路存在较强耦合性。其二，高质量发展中的效率提升路径，与绿色发展中的集约发展、资源承载路径之间存在较强的耦合性。集约发展和资源承载均强调区域资源与空间的高效利用，避免高物耗性资源投入导致经济低效发展。其三，高质量发展中的经济增长路径，与绿色发展中的集约发展、资源承载及低碳经济路径之间存在较强耦合性。集约发展是实现集约式经济增长，资源承载是实现资源效率性增长，而低碳经济是实现绿色产业性经济增长。

三、行动层耦合机理

各区域无论是绿色发展还是高质量发展，其实现路径均需贯彻执行三大行动理念：创新、协同与共享，故二者在行动层存在较强耦合，如图2-3所示。

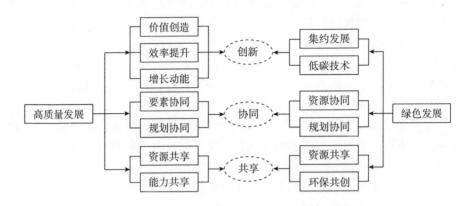

图2-3　各区域高质量发展与绿色发展行动层耦合

资料来源：笔者绘制。

其一，基于"创新"行动理念的耦合。在各区域高质量发展与绿色发展中，创新均是重要驱动力，此为动力耦合。在高质量发展实现路径中，价值创造需依靠创新予以实现，包括创新要素的结合、创新技术的实施、创新成果的转化应用。在效率提升中，需依靠信息网络、大数据、人工智能等创新型智慧技术手段，改善生产管理和技术创新模式，故创新是经济提质增效的重要手段。在经济增长中，在人口红利、资本红利等传统动能逐渐减弱的情况下，创新驱动上升为国家重大战略，成为推动经济增长的新动能。在绿色发展实现路径中，集约发展强调精细化和效率化，这要求生产生活模式的创新。低碳经济注重低碳产业技术体系的构建，需依靠技术创新驱动产业发展。

其二，基于"协同"行动理念的耦合。实现各区域高质量发展与绿色发展，需要构建科学有序的区域协同机制，二者基于"协同"行动理念实现机制耦合。在高质量发展实现路径中，价值创造需依靠各区域协同构建区域产业价值链，以此创造新的价值。在效率提升中，各区域协同发展，便是形成最优生产组合及资源利用模式，从而提升经济发展效率。在绿色发展实现路径中，集约发展需要各区域协同挖掘与利用存量资源。资源承载是通过协同上中下游生产生活资源所需，协同调配资源余缺，实现资源合理有序利用。此外，各区域实现高质量发展和绿色发展，均要求区域之间协同制定发展规划，避免利益冲突与相悖。

其三，基于"共享"行动理念的耦合。资源共享是推动各区域高质量发展与绿色发展的重要模式，二者基于"共享"行动理念实现模式耦合。在各区域高质量发展中，各地区之间可基于禀赋差异，实现资源共享与能力共享。各区域上中下游，分别在自然资源、劳动力资源和技术资源方面具有比较优势，可通过资源与能力共享，充分挖掘利用各类要素潜力。在绿色发展实现路径中，集约发展需要依靠资源共享为支撑，实现生产生活方式与资源承载的匹配，共享环境治理经验和基础设施。

第四节　绿色高质量发展模式

通过前文分析可见，各区域绿色发展和高质量发展在目标、路径及行动三个层次均具有较强耦合性。综合三个层次的耦合机理，可构建各区域绿色发展与高质量发展的耦合载体：绿色创新共同体。这一载体存在三种运行模式：链式耦合模式、模块化耦合模式、网络状耦合模式。

一、链式耦合模式

由于行政区划、产业布局与地理空间等因素的影响，各区域形成若干城市群，其内部在经济与社会发展方面存在着较强的联系。基于这一客观现实，链式耦合模式的思想便是在城市群内部构建绿色产业创新价值链，以创新为动力，以绿色产业为载体，以价值链为纽带，将城市群内部个体紧密联结，形成高质量绿色发展共同体。具体而言，在某一城市群内部，设计、研发、试验、生产等价值环节分布于不同城市中，将形成源头创新型城市、技术研发型城市、产品生产型城市，如图2-4所示。由此，通过创新功能环节的耦合带动城市产业间的耦合，最终激发城市群内部整体耦合。

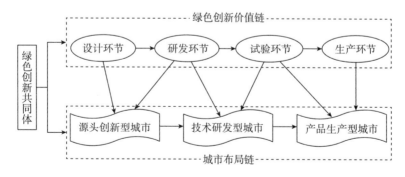

图2-4　链式耦合模式

资料来源：笔者绘制。

源头创新型城市专注于基础性技术研发，产出基础技术成果。基于各区域的区域资源禀赋及研发基础，源头创新价值环节较宜布局在长江下游地区或城市群中心城市，利用其基础研发资源密集的优势形成自主创新成果，发挥知识溢出效应，促进源头创新知识在区域内扩散与转移。技术开发型城市专注于技术试验、开发与转化，使创新技术不断成熟并标准化，进而将技术推广应用。在这一过程中，技术研发型城市树立了产业生产标准体系，并输出至资源及空间更为优越的生产型城市。技术研发型城市一般应兼具研发资源与空间资源，以能满足大规模试验的空间场所需求。产品生产型城市通过技术转移吸收先进技术，组建生产基地，开展批量生产。一般而言，这类城市多为空间广阔且劳动力资源充裕的地区，以较低的土地及人力成本，促进当地就业及经济发展。

二、模块化耦合模式

链式耦合强调区域之间依价值链分工不同形成上中下游价值环节的对接耦合。然而，受地方科技创新政策、劳动力就业及产业发展规划影响，各区域未必甘心定位于价值链某一环节，而是形成价值链若干环节的多点布局。由此，各区域在产业发展中，常兼具若干价值环节，既有研发性布局，又有生产性布局。基于此，模块化耦合是将各价值环节横向扩展为价值模块，各区域可以在同一价值环节发展差异化的价值模块，再通过产业竞合机制实现模块组合，整装为集成性产品。如 A、B、C 三个区域可同时存在于某一产业技术的研发环节，但可偏重于研发的不同价值模块，模块间不是垂直型关系，而是扁平型关系，相互之间保持相对独立性，如图 2-5 所示。通过各价值模块的集成对接，实现各区域间的平行式耦合。

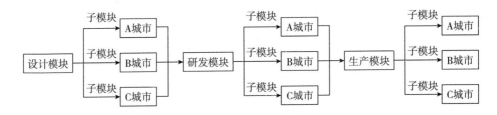

图 2-5　模块化耦合模式

资料来源：笔者绘制。

在各区域发展中，一方面，可允许各区域在不同技术领域和环节自主发展，如各区域下游地区，部分沿江地区已在创新链若干环节多点开花，既具有研发优势，也具备完善的生产体系；另一方面，各区域应协调产业技术政策，注重错位发展，实现区域互补与协同，打造产业技术集群，构建区域绿色产业创新共同体。

三、网络状耦合模式

链式耦合和模块化耦合，均注重地理邻近空间内的资源对接，但网络状耦合是基于各区域资源禀赋各异，且各具比较优势的现实，注重各区域资源要素自由流动，使资源组合跨越疆界局限，自发搜寻最佳适配对象和组合模式。故该模式并非局限于纵向或横向耦合，而是强调网络交叉耦合，跨越价值环节与模块实现资源对接，驱动技术产品的多样化与个性化，突破原有的技术组合模式，进而使各区域不同区域间网络状联结。

实践中，可通过两种途径实现各区域网络状耦合。其一，构建各区域物联网系统，将各区域研发与生产要素纳入网络系统中，设立资源查询、交流与对接机制。其二，建立各区域资源流动机制，降低资源流动门槛与阻隔，充分挖掘各区域资源潜力。设立专门的协调机构，负责制定资源流动规划，协调各方责权利关系，化解利益相悖冲突。

新时代背景下，促进各区域高质量发展与绿色发展之间的耦合，是实现国家关于各区域重大发展战略的必然选择。综合既往理论研究与实践经验可知，价值创造、效率提升及经济增长是实现各区域高质量发展的重要路径，而集约发展、资源承载及低碳经济是实现各区域绿色发展的重要路径。基于高质量发展与绿色发展的内涵释义，各区域高质量发展与绿色发展在目标层、路径层及行动层分别具有较强耦合性。其中，目标层耦合机理在于二者对可持续发展及社会福利提升的共同追求，路径层耦合机理在于二者实现路径存在多维交叉性，行动层耦合机理在于二者具有相同的行动理念：创新、协同与共享。

综合三个层次的耦合机理，我们认为实现各区域高质量发展与绿色发展的耦合协同，应以构建各区域绿色创新共同体为耦合载体，包括三种运行模式：链式耦合、模块化耦合和网络状耦合。链式耦合是基于绿色创新价值链各功能环节的纵向对接实现经济带城市群内部的链式产业布局；模块化耦合是将绿色创新价值链各环节横向扩展，使之解构为多层级的子模块并可平行对接，从而实现经济带城市群内部的模块化产业布局；网络状耦合是基于资源跨疆界自由流动机理，实现绿色创新要素在经济带内部的立体交叉布局。

客观而言，各区域高质量发展与绿色发展之间的耦合，受经济带不同区域经济社会发展与生态环境的变化影响较大，故其耦合机理、模式与路径也较为复杂，具有多维性和动态性。在其耦合过程中，各区域应在国家战略思想及顶层设计纲领指导下，既保持统一行动，又因地制宜，遵从耦合过程的自然性，切忌忽视区域发展实情而人为强制耦合。当然，本书所提出的耦合模式与路径，也只是建立在绿色创新共同体基础上的框架性讨论，并非必然性的选择，但可为实现各区域高质量发展与绿色发展间的耦合提供启示。

第五节　绿色高质量发展路径

一、加快集约发展

绿色高质量发展强调通过降低物耗水平提高资源利用效率，进而推动经济增长，改变既往通过资源消耗提升经济总量的发展模式。而这也正是集约发展的重要内涵，即通过新技术和新模式优化生产要素的组合方式，实现资源协调和集结，提高要素生产效率，推动经济增长。可见，集约发展是长江经济带实现绿色发展的重要途径。一段时间以来，受多种因素影响，长江经济带对资源驱动的依赖性较强，呈现出明显的粗放式发展特征。数据显示，从 2007 年至 2017 年，长江经济带固定资产投资额占比由 52.15% 增长到 87.06%，年均增长 5.26%，但固定资产投资效果系数却从 0.34 下降到 0.13，年均下降 9.17%，可见长江经济带由资本驱动的发展模式已呈现出明显的效应递减问题，迫切需要向集约式发展转型。此外，由分省年均固定资产投资额占比数据知，长江下游三个地区对资本驱动的依赖性明显比中游和上游地区小，故中游和上游地区集约转型的任务较重。

基于经济学关于集约发展的界定，长江经济带集约发展可分为资源集约、空间集约与生产集约。资源集约是基于现代智能生产与服务网络整合域内各类资源，从而实现资源自由流动和共享，进而提高资源利用效率。空间集约是根据长江经济带空间资源禀赋和产业基础，将产业价值链不同环节合理布局于适配性空间中，激发整体发展活力，避免某一地区承载超量生产要素，产生拥挤效应。生产集约使长江经济带可依据产品价值链环节差异，形成异质性产业集聚区，通过资源共享、技术溢出、生产协同、市场集中，驱动长江经济带生产一体化。

二、提升资源承载力

在绿色高质量发展中，需要考虑区域资源承载力，做到资源消耗与工业生产总量、社会生活及环保投入相匹配。在考虑资源承载力条件下，资源消耗量需注重与工业生产规模的匹配性，若消耗量超过生产规模所需，就是走传统的粗放式发展老路，若消耗量小于生产规模所需，则势必抑制工业发展。因此，二者需要相匹配，才能实现资源对工业生产的承载力。此外，还需考虑资源消耗与社会生活所需相匹配，以保障长江经济带居民生活舒适度与人类发展，包括人均水资源、人均森林面积、人均绿地面积等。数据显示，从 2007 年至 2017 年，长江经济带人均森林面积从 0.12 公顷增长至 0.142 公顷，年均增长 1.69%，人均水资源量从 2124.42 立方米增长至 2242.02 立方米，年均增长 0.54%，人均绿地面积从 0.21 亩增长至 0.329 亩，年均增长 4.59%，可见无论从人均水平还是增速，长江经济带资源承载均面临较大压力。此外，从长江经济带 11 个省市的现实来看，长江经济带上中下游资源承载具有明显的差异性，在人均森林面积和人均水资源量方面，下游地区指标值明显弱于中游和上游地区，而在人均绿地面积方面，下游地区却好于中游和上游地区。

因此，对于长江经济带各省市而言，要切实走出一条基于区域资源承载力约束的绿色高质量发展之路，就必须将提升资源承载力作为发展的重要手段，一是要对标世界先进国家资源利用效率的标准，强化自身约束，使得资源利用效率提高、再提高；二是要对表《长江经济带发展规划纲要》，创新资源利用方式，力争在最短的时间内实现经济发展与资源环境相适应。

三、发展低碳经济

在全社会节能减排背景下，倡导低碳经济是长江经济带绿色发展的重要模式。这表现为两个方面：低碳化的生产生活方式和低碳化的产业技术体系。通过政策引导和低碳示范，在长江经济带大力推广低碳技术产品的应用，培养并形成低碳市场，驱动低碳产品与技术的社会化推广，将其与生产生活方式相融合。目前，长江经济带下游和中游地区已形成若干低碳技术产业体系，包括光伏产业、新能源汽车、节能材料与环保设备等，上游地区具备丰富的自然资源和广阔的生产空间，适合发展低碳能源类产业，包括风能、太阳能、地热能与生物质能等清洁能源产业。

四、着力价值创造

长江经济带若要实现绿色高质量发展，需要通过区域协同创造新的经济价值，从而为满足人民群众追求美好生活奠定物质基础。然而，正确理解价值创造内涵，需要避免陷入三种误区。其一，非"重复性"，价值创造并非区域低水平同质化的经济产出，重复性的产业低端同构只能加剧区域产能过剩，消耗长江经济带绿色资源。其二，非"零和性"，长江经济带价值创造是一个整体性的全域概念，应以追求区域整体价值最大化为目标，并非个别地区对其他地区的价值侵占，部分地区的价值创造不能以牺牲其他地区利益为代价。其三，非"孤岛性"，党的十九大报告强调建设现代化经济体系，提高供给体系质量，因此新时期长江经济带高质量发展不能局限于个别经济领域的孤岛性价值实现，否则产业发展将缺乏引领性和辐射性，无法形成体系性的价值创造。

与上述三种误区相对应，正确理解长江经济带价值创造要义，可从三个维度展开。其一，强调"突破性"，依靠科技、管理及模式创新，突破原有的价值界限，创造新业态、新模式和新产业，形成新的价值形态。在长江经济带下游地区，价值创造的着力点在于突破国际先进技术水平，创造全新技术模式。而在长江中上游地区，可通过承接下游地区产业技术转移，突破自身经济技术局限，创造承接性产业价值。其二，强调"帕累托改进"，通过区域协调规划，形成产业互补与经济协同，部分地区在价值创造中应发挥引领作用和溢出效应，带动其他地区实现价值共创。长江经济带现已形成若干城市群，中心城市在价值创造中，应避免与周边城市形成资源争抢，而应通过政策协同实现资源共享。其三，强调"体系性"，新时期长江经济带应在构建现代经济体系与产业价值链体系中走在前列，通过体系性力量增强经济发展的韧性和厚度，减弱外部经济波动对区域高质量发展的冲击。

五、强化效率提升

长江经济带绿色高质量发展，还需要强化效率提升。一方面，长江经济带资源存量有限，既往粗放式的经济发展模式严重消耗了区域资源，而在集约发展背景下，缺乏资源保障将对高质量发展产生较大束缚，故需要通过提升发展效率盘活存量资源。另一方面，中央政策强调长江经济带要重视提质增效，率先实施新旧动能转换，经济发展由资源驱动转向效率驱动。在这方面，长江经济带已表现出了良好的发展势头。就整体而言，长江经济带各省市平均劳动生产率已从2007年的21387.24元/人逐年增长至2017年的63709.86元/人，年均增速达11.53%，为长江经济带的绿色高质量发展提供了厚实的基础。但也必须看到，11省市之间表现得还不平衡，2007～2017年，江浙沪三地年平均劳动生产率达60000元/人以上，但其他地区尚低于40000元/人，地区差距极其明显。

提升长江经济带发展效率，可从投入和产出两个方面着手。在投入角度，需重视资源利用效率，科学组织生产资源，打破疆界区隔，使上中下游资源要素高效有序利用。上游和中游地区自然资源和人力资源充裕，而下游地区资本要素和研发资源富集，由此上中下游可实现资源互补，充分挖掘资源边际效用。在产出角度，需充分挖掘生产潜能，提升产出效率。长江经济带上中下游经济发展水平差距明显，存在阶梯状发展错位，可通过能力互补提升产出前沿边界。在产业互联网与物联网大发展背景下，应构建区域智能生产与现代服务网络，推动长江经济带生产流程协同有序发展，实现既有资源投入下的产出最大化。

六、促进经济增长

长江经济带绿色高质量发展，必须表现为足够的经济增长。价值创造和效率提升均属于经济发展"质"的表现，与此同时，长江经济带高质量发展还需要"量"的保障。在提升发展内涵的同时兼顾发展增量，才能实现可持续性的高质量发展。

基于总量、结构与协同三个视角，长江经济带经济增长分三种表现形式，分别是规模性增长、结构性增长、一体性增长。规模性增长是经济总量实现增长，避免经济停滞，借此为区域经济与社会发展奠定基础，保持经济吸引力。结构性增长是在产业结构优化的同时，实现三次产业的比例性增长，避免局部环节和领域的失调，确保经济充分增长与平衡。长江经济带下游地区制造业体系相对成熟，上游和中游地区制造转移需求强烈，故应加强区域制造业有序转移，但须结合区域资源禀赋和发展定位的差异，避免产业转移的"消化不良"。一体性增长是强调长江经济带作为一个整体实现的经济增长，使不同地区共享经济增长具有获得感，进而调动各地区协同发展的积极性。反之，将对长江经济带一体化发展规划的实施带来较大阻力，从而加剧严重的区域保护主义和行政疆界区隔，阻碍区域生产要素自由流动，使高质量发展成为空谈。

七、推动长江命运共同体的发展

中国只有一条长江，长江的命运关系到中华民族的命运。长江经济带11省市要像构建人类命运共同体那样构建长江命运共同体，要在长江命运共同体的统一框架内和谐发展。这就要求长江经济带11省市的发展力求在以下几方面取得突破：

（1）以加大长江生态修复力度推动长江经济带的绿色高质量发展。长江经济带11省市既要在全面推进长江大保护"九大行动"上构建统一行动共同体，又要在统筹山水林田湖草等生态要素，扎实开展重要生态功能区保护和修复，实施长江防护林体系建设、退耕还林还草、天然林和生态公益林保护、地质灾害防治、水土流失治理、河湖水系连通、消落带修复、湿地生态修复、生物多样性保护等工程上构建统一行动共同体，全面建设长江绿色生态廊道。

（2）以加强长江经济带环境保护与治理推动长江经济带绿色高质量发展。长江经济带环境保护与治理的任务十分艰巨。长江经济带11省市只有以共同体的理念、以共同体的行动，在水污染治理、水生态修复、水资源保护中开展卓有成效的合作和共治，才能从根本上着力解决"化工围江"、非法码头、非法采砂、非法采矿、非法排污、非法捕捞等突出问题，从而根除长江生态隐患和环境风险。

（3）以长江经济带产业转型升级共同体行动推动长江经济带绿色高质量发展。长江经济带11省市的产业转型升级要求各省市根据自身实际，因地制宜地实施，但更要求将其纳入长江命运共同体的范畴，统筹实施。走在新阶段的征途上，新的发展格局并不是一省一市就能有效构建的，而必须在新的发展理念指引下，协调、协作、协同、协整共同构建。显然，作为新发展格局中重要一环的产业转型升级也不能独善其身，置身于外。总之，要大力推进长江经济带11省市的水、路、港、岸、产、城的共同发展，从而为打造一个有机融合的绿色高质量发展的长江经济带高效经济体奠定坚实的基础。

第三章

长江经济带绿色高质量发展研究

　　长江经济带东西向横跨中国东、中、西部三大区域，辐射连接南北交界部分地区，沿长江自西向东包括贵州、云南、四川、重庆、湖南、湖北、江西、安徽、浙江、江苏、上海九省二市，以其占全国 21% 左右的国土面积，承载着全国 40% 的人口和 40% 以上的经济总量，是中国最具潜力和活力的、经济密度最大的经济走廊之一，也是世界上发展规模最大、影响力最广，且最具典型意义的内河流域经济带。中国历来就非常重视长江经济带的发展问题，尤其随着中国改革开放的不断深入，长江经济带黄金水道在国家发展战略中的作用越来越突出，成为国家重点发展的三大战略之一。

第一节　长江经济带：概念与地位

一、长江经济带概念的提出

　　长江经济带这一概念，孙中山先生是最早的提出者。他在 1918 年发表的《实业计划》一文中提出："扬子江流域拥有大量的人口和丰富的自然资源，具有重要的发展前景，通过在扬子江流域建造城市及发展工商业，既可促成全国经济均衡划分，同时也将改变中国的工业遍布于东南沿海的畸形状态。"

　　1984 年，作为国家一级学会的中国生产力经济学研究会对"长江产业密集带"作出了新的思考，并指出："以长江流域若干超级城市或特大城市为中心，通过其辐射作用和吸引作用，联结各自腹地的大中小型城市和广大农村组成的经济区，并根据各自的特点形成城市带、城市圈和城市群，以及农业、旅游和高新技术产业密集区。它们通过复杂的横向和纵向联系组成经济网络，并以长江水系作为纽带形成产业密集带。"

　　同年，中国科学院院士、经济地理学家陆大道提出了由海岸经济带和长江经济带构成的"T"字形的"点—轴"系统理论，并发展成为宏观战略。这一理论模式被写入《全国国土规划纲要》（1990）。

二、长江经济带的地位

（一）长江经济带概况

长江经济带覆盖上海、江苏、浙江、安徽、江西、湖北、湖南、重庆、四川、贵州、云南 11 个省市，面积约 205.23 万平方千米，占全国土地面积的 21.4%。按上、中、下游划分，下游地区包括上海、江苏、浙江、安徽 4 个省市，面积约 35.03 万平方千米，占长江经济带面积的 17.1%；中游地区包括江西、湖北、湖南 3 个省市，面积约 56.46 万平方千米，占长江经济带面积的 27.5%；上游地区包括重庆、四川、贵州、云南 4 个省市，面积约 113.74 万平方千米，占长江经济带面积的 55.4%。①

（二）长江经济带的地位

1. 长江经济带是中国经济发展全局中的重要支撑带

首先，长江经济带是中国最大的以长江为纽带联结构成的相对完整的经济带。长江为中国第一、世界第三大江（河），横贯中国东西。以此为依托形成的长江经济带包括上海、江苏、浙江、安徽、江西、湖北、湖南、重庆、四川、贵州、云南沿江的 11 省市，人口约 6 亿人，占全国人口的 40% 以上。与此同时，也创造了全国 43% 以上的经济增加值。

其次，长江经济带是中国位置居中、腹地辽阔、资源丰富、自然地理基础最好的经济带。长江横贯中国东西，上游分布有四川盆地，湖北三峡以东绵延至东部海岸线，分布有中国最大的长江中下游沿岸带状平原，腹地辽阔，耕地肥沃，资源丰富，农业发达；长江位置居中，把中国划分为南北两半，气候条件等自然环境兼具南北之长，是中国自然地理基础最好、农业发达、素有"天府之国"及"水乡泽国"之美称的经济带。

再次，长江经济带是中国区位条件优越、水陆交通便捷、产业分布最集中的经济带。长江南北居中、横贯东西的地理位置，不仅把东、中、西三大地带连接起来，也与京沪、京九、京广、皖赣、焦柳等南北铁路干线交会，承东启西，接南济北，通江达海。广阔富饶的腹地，便捷的交通条件，孕育汇集了中国大部分钢铁、汽车、电子、石化等现代工业，以及一大批高耗能、大运量、高科技的工业行业和特大型企业，形成了中国最重要的交通走廊和工业走廊式经济带。

最后，长江经济带是中国人口集中、城镇密布、经济发达水平最高、综合竞争力最强的经济带。长江流域历史上是中华民族的文化摇篮之一，文化多元、教育兴旺、人才荟萃。以中国最大城市上海为首的数十个大城市、特大城市明珠般镶嵌在长江沿岸，人口集中，城市化发达，是中国经济发达水平最高、综合竞争

---

① 百度百科。

力最强的经济带，对全国经济发展全局起着重要的支撑作用。

2. 长江经济带是中国发展的巨大引擎，可带动中国的整体发展

长期以来，中国都持有建设现代化强国、实现中华民族伟大复兴的中国梦，这就要求我们必须增强国家的全球竞争力，参与全球化竞争。参与全球化竞争，建设现代化强国，不仅要有足够竞争力的全球城市、城市群和经济带，还需要典范的全球城市、城市群和经济带带动整个国家发展和全球竞争力的提升。长江经济带拥有中国最大、最发达、综合竞争力最强的全球城市上海和长三角城市群，长江经济带也是中国位置居中、区位良好、规模最大、经济发达、综合竞争力最强的经济带。上海市、长三角城市群以及整个长江经济带的发展，是中国发展的巨大引擎，其不同能级的联动发展能够带动中国的整体发展。长江经济带犹如南北居中、横贯东西、能量巨大的中国"巨龙"，其发展对中国增强全球竞争力、实现建设现代化强国和中华民族伟大复兴中国梦，具有不可取代的巨大引擎作用和重要战略地位。

三、长江经济带的总体发展

1. 污染防治力度进一步加大

2018 年，上海全年全社会投入环境保护的资金高达 989.19 亿元，占上海市生产总值的比重在 3% 左右，全年环境空气质量（Air Quality Index，AQI）优良率、二氧化硫年日均值、可吸入颗粒物（PM_{10}）年日均值、细颗粒物（$PM_{2.5}$）年日均值、二氧化氮年日均值、一氧化碳年日均值、臭氧日最大 8 小时滑动平均值达标率等多项反映空气质量的指标值分别达 81.1%、10 微克/立方米、51 微克/立方米、36 微克/立方米、42 微克/立方米、0.67 毫克/立方米和 90.1%，与2017 年相比，分别为上升 5.8%、下降 16.7%、7.3%、7.7%、4.5%、11.8%、上升 4.6%。在江苏，全省 $PM_{2.5}$ 年均浓度 48 微克/立方米，化学需氧量、二氧化硫、氨氮、氮氧化物 4 项主要污染物的排放量削减指标任务均已达到了国家的目标。在浙江，11 个设区城市环境空气 $PM_{2.5}$ 年均浓度平均、日空气质量优良天数比例等指标值分别为 33 微克/立方米、71.0%~95.1%（平均为 85.3%），比2017 年分别下降 15.4% 和提高 2.6%。69 个县级以上城市日空气质量优良天数比例、全年霾平均日数等指标值分别为 71.0%~100%（平均为 90.8%）和 22天，比 2017 年分别提高 0.8% 和减少 12 天。在安徽，全省的 16 个省辖市空气质量平均优良天数的比例、$PM_{2.5}$ 的年均浓度数据分别为 71%、49 微克/立方米，相比 2017 年分别上升 4.3% 和下降 12.5%，其中有 1 个市空气质量达到了二级标准。江西全年全省优良天数比例、$PM_{2.5}$ 浓度分别为 88.3%、38 微克/立方米，与 2017 年相比，分别上升 5%——全年优良天数增加 18 天、比上年下降17.4%——全年全省超额完成 44 微克/立方米的年度考核任务，空气中的二氧化

硫、PM₁₀、二氧化氮浓度分别下降26.1%、12.3%和3.8%，均达到国家二级标准。实现历史性突破，11个设区市空气质量首次全面完成考核目标任务，南昌市、景德镇市的空气质量都已达到了国家二级标准。重庆全市区域声环境噪声平均等效声级、全市环境空气质量满足优良天数、主城区环境空气细颗粒物（PM₂.₅）平均浓度等各项指标值分别为54.4分贝、316天、40微克/立方米，与2017年相比，分别上升0.9分贝、增加13天和下降11.1%。在贵州，该省的9个市（州）中心城市全年的空气中细颗粒物（PM₂.₅）、可吸入颗粒物（PM₁₀）、二氧化硫和二氧化氮平均浓度等各项指标值分别比2017年下降3.4%、2.0%、7.7%和4.8%，9个市（州）中心城市的空气质量优良天数比例、主要河流省控断面（151个断面）化学需氧量（COD）年均浓度和氨氮年均浓度等各项指标值分别达97.2%、9毫克/升、0.215毫克/升，与2017年相比，前两项指标是持平，后一项指标则下降6.9%。

2. 节能减排成效更加显著

2018年，江苏首先加快淘汰低水平落后产能，全年压减钢铁、水泥、平板玻璃产能分别达到80万吨、210万吨和660万重量箱；其次加快关停步伐，全年有3600多家高耗能高污染及"散乱污"规模以上企业被关闭，有1200家以上低端落后化工企业被关停；最后加快能源节约利用，全省规模以上工业综合能源消费量比2017年同比下降2.5%。浙江单位工业增加值能耗进一步下降，与2017年相比，下降4.8%。其中，单位工业增加值能耗下降7.2%。安徽单位GDP能耗比2017年下降5.4%。在江西，超额完成了年度节能"双控"目标任务，万元规模以上、万元GDP能耗的工业增加值能耗与2017年相比，分别下降4.8%和4.8%。在湖北，单位GDP能耗持续呈现下降的态势，年初确定的3.0%的下降目标顺利完成。湖南化学需氧量排放量、二氧化硫、氨氮、氮氧化物等主要污染物分别相比于2017年削减4.17%、9.83%、3.43%和10.22%。在重庆，万元地区生产总值能耗比2017年下降2.5%。四川加大资金投入，全年安排省级环保专项资金、全年全省技术改造与淘汰落后产能资金分别为15.6亿元和9410万元；加快绿色工程建设，共支持包括节能节水项目13个、清洁低碳循环发展项目26个、绿色制造体系示范建设项目2个、绿色能源及能源管理信息化建设项目5个、工业节能监察和污染防治重点工作项目9个等在内的工业节能节水工程建设和绿色低碳发展示范项目合计55个；加速清理整治，完成燃煤机组超低排放改造、淘汰燃煤小锅炉、清理整治"散乱污"企业、淘汰黄标车、老旧车、抽检抽测柴油货车等分别为150万千瓦、360台、2.6万余家、37万辆和10万余辆。云南规模以上单位工业增加值能耗比2017年下降5.89%。贵州万元地区生产总值能耗、规模以上工业万元增加值能耗等"双控"指标比2017年分别下降

6.54%和5.87%，清洁能源发电进一步增长，其中水力发电、风力发电、太阳能发电、生物质及垃圾发电量分别达770.14亿千瓦时、68.41亿千瓦时、15.76亿千瓦时和8.93亿千瓦时，比2017年分别增长4.7%、8.4%、277.6%和59.7%。

3. 森林覆盖率达历史新高

2018年，上海全年完成新建绿地、新建林地、新建城市绿道、新建立体绿化、启动建设市级重点生态廊道分别为1307公顷、7.55万亩、224千米、40万平方米和17条（片），至2018年末，人均公园绿地面积、湿地保有量分别达到8.2平方米和46.46万公顷，全市森林覆盖率达16.9%。江苏建成国家生态园林城市、国家生态工业园区、国家生态文明建设示范市县分别为5个、21个和9个，全省林木覆盖率达23.2%。浙江全年完成造林更新面积、森林抚育面积、完成义务植树分别为16.9千公顷、128.6千公顷和2679万株，重点建设珍贵彩色森林29.8万亩，全省森林覆盖率为61.2%（含灌木林）。江西全年全省完成造林面积、森林抚育面积、改造低产低效林面积分别为137.2万亩、568.1万亩和199.4万亩，森林覆盖率保持稳定在63.1%的水平。湖南全年完成造林面积、实有封山（沙）育林面积、活立木蓄积分别为35.6万公顷、138.3万公顷和5.7亿立方米，森林覆盖率高度59.82%。重庆营造林面积完成数为42.67万公顷，全市森林覆盖率达48.3%。贵州全年完成营造林面积达34.67万公顷，森林覆盖率达57.0%。

4. 水质总体得到不断改善

2018年，江苏水质优Ⅲ类比例104个国考断面及221个省控断面分别达68.3%和84.6%，其中221个省控断面比2017年提高1.8%，满足水环境功能区目标水质要求断面占89.6%，相比2017年上升3.6%。按个数来统计，主要集中式饮用水水源地水质达标率的11个设区城市为90.5%，县级以上城市达标率为94.5%，前者与2017年持平，后者相比于2017年提高1.1%。145个跨行政区域河流交接断面水质的达标率达90.3%，与2017年持平。相比于2017年，赤潮发现次数、累计面积两个指标分别减少15次和999平方千米。安徽总体水质为优，其中，淮河干流安徽段水质以Ⅲ类为主，长江干流安徽段以Ⅱ类水质为主，新安江干、支流水质优。全省城市集中式饮用水水源地水质的达标率为95.8%。江西水质优良率国考断面达92%，全省断面为90.7%，信江、饶河、袁水、长江九江段、东江和环鄱阳湖区河流为100%。湖北监测的18个断面水质Ⅱ类占比高于Ⅲ类，分别占61.1%和38.9%，长江干流总体水质状况为优。湖南全省达到或优于Ⅲ类标准的水质断面比2017年上升0.9%，比重达到94.5%。重庆Ⅰ~Ⅲ类水质比例在全市211个监测断面中为82.5%，断面水质满足水域功能要求的比例达到87.7%。其中集中式饮用水水源地的达标率全市64个城区为

100%。贵州集中式饮用水水质达标率9个市（州）中心城市达100%。

5. 城市污水处理能力日益提高

2018年末，在城市污水处理厂日处理能力方面，上海、浙江、云南分别达817.7万立方米、980.6万立方米和337.87万立方米，与2017年相比，分别下降1.0%、增长4.8%和同期增加1.1万立方米；在城镇污水处理率方面，上海、浙江、云南分别达到94.7%、95.55%和93%。

6. 生产率水平不断提高

高质量发展的一个基本特征就是生产率水平的不断提高。改革开放以来，正是生产率的快速提高，使中国经济的高速增长有了强劲的内生动力。

从全国情况看，1978～2017年，我国全要素生产率增速年均约为3.5%，对经济增长的贡献率平均达到了36%。

从长江经济带各省市情况看，2018年江苏全员劳动生产率（平均每位从业人员创造的增加值）达到了19.48万元/人，比2017年增加1.4万元/人；安徽全员劳动生产率增至6.85万元/人，比2017年增加6654元/人；湖北全员劳动生产率达到了10.95万元/人，比2017年增长了8.5%；重庆全员劳动生产率达到了11.86万元/人，比2017年提高了6.6%；云南全员劳动生产率达到了5.93万元/人，比2017年增长了9.0%；贵州全员劳动生产率达到了6.8958万元/人，比2017年增加了4884元/人。

7. 产业结构不断优化

2007～2017年，全国第一产业占比逐渐减少，从2007年10.20%下降到2016年的8.10%；第二产业占比也呈下降的趋势，但下降的速度要低于第一产业；第三产业占比也在逐渐上升，到2012年超过了第二产业占比，2016年第三产业占比超过50%。可以看出，我国产业结构的发展符合世界产业结构变化的规律，如表3-1所示。

表3-1　2007～2016年三次产业变化趋势

年份	第一产业增加值（亿元）	第一产业占比（%）	第二产业增加值（亿元）	第二产业占比（%）	第三产业增加值（亿元）	第三产业占比（%）
2007	27674.1	10.20	126633.6	46.90	115784.6	42.90
2008	32464.1	10.20	149956.6	47.00	136823.9	42.90
2009	33583.8	9.60	160171.7	46.00	154762.2	44.40
2010	38430.8	9.30	191629.8	46.50	182058.6	44.20
2011	44781.4	9.20	227038.8	46.50	216120	44.30

续表

年份	第一产业增加值（亿元）	第一产业占比（%）	第二产业增加值（亿元）	第二产业占比（%）	第三产业增加值（亿元）	第三产业占比（%）
2012	49084.5	9.10	244643.3	45.40	244852.2	45.50
2013	53028.1	8.90	261956.1	44.20	277979.1	46.90
2014	55626.3	8.70	277571.8	43.30	308082.5	48.00
2015	57774.6	8.40	282040.3	41.10	346178	50.50
2016	60139.2	8.10	296547.7	40.10	383373.9	51.80

2018年，在长江经济带各省市，上海的第一产业增加值达到104.37亿元，第二产业增加值达到9732.54亿元，第三产业增加值达到22842.96亿元，与2017年相比，分别下降6.9%、增长1.8%和8.7%，第三产业增加值比重比2017年提高0.7%，接近70%，达到69.9%；江苏三次产业增加值比例进一步调整为4.5∶44.5∶51；浙江三次产业增加值比例由2017年的3.7∶43.0∶53.3进一步调整为3.5∶41.8∶54.7；安徽三次产业结构比例由2017年的9.6∶47.5∶42.9进一步调整为8.8∶46.1∶45.1；江西三次产业结构比例进一步调整为8.6∶46.6∶44.8；湖北三次产业结构比例由2017年的10.0∶43.5∶46.5进一步调整为9.0∶43.4∶47.6；湖南三次产业结构比例进一步调整为8.5∶39.7∶51.8；重庆三次产业结构比例进一步调整为6.8∶40.9∶52.3；四川三次产业结构比例由2017年的11.6∶38.7∶49.7进一步调整为10.9∶37.7∶51.4；云南三次产业结构比例由2017年的14.3∶37.9∶47.8进一步调整为14.0∶38.9∶47.1；贵州三次产业结构比例进一步调整为14.6∶38.9∶46.5。所有这些均表明，长江经济带的产业结构正在得到不断优化。

8. 新兴动能不断壮大

在长江经济带各省市，新兴动能不断壮大。与2017年相比，2018年上海战略性新兴产业增加值占GDP的比重提高0.3%，达到16.7%；江苏全年高新技术产业产值增长11.0%，占规模以上工业总产值的比重提高1.2%，增至43.8%，其中战略性新兴产业产值增长8.8%，占规模以上工业总产值的比重提高1%，增至32%；浙江全年以、新业态、新产业、新模式为主要特征的"三新"经济的增加值所占GDP的比重增至24.9%；安徽高技术产业增加值增长22.6%，战略性新兴产业产值增长16.1%，占规模以上工业的比重增至29.5%；江西高新技术产业增加值增长12.0%，相比规模以上工业快3.1%，占规模以上工业增加值的比重提高2.9%，增至33.8%；战略性新兴产业增加值增长11.6%，相比规模以上工业快2.7%，占规模以上工业增加值的比重提高2.0%，增至17.1%；湖北高技术制造业增长13.2%，快于规模以上工业6.1%，对规模以上工业增长贡献率达到16.0%，占规模以上工业增加值的比重增至8.9%；湖南战略性新兴产业增加值增长10.1%，占GDP的比重增至9.3%，高加工度工业和高技术制造业增加值分别增长18.3%和10.1%，占规模以上工业的比重分别增至36.3%和10.6%；重庆规模以上工业战略性新兴产业增加值增长13.1%，高技术产业增加值增长13.7%，占规模以上工业增加值的比重分别增至22.9%和18.0%。

9. 对外开放合作发展持续向好

在长江经济带各省市，对外开放合作发展持续向好。与2017年相比，2018年，除贵州全年进出口总额下降9.1%以外，长江经济带其他10省市均有不同程度的增长。上海货物进出口总额增长5.5%，达到34009.93亿元，其中，进口增长6.4%，达到20343.08亿元，出口增长4.2%，达到13666.85亿元；高新技术产品出口所占比重达到42.0%，与"一带一路"沿线国家和重要节点城市货物贸易额所占比重达到20.6%。江苏进出口总额增长9.5%，实现43802.4亿元，其中，出口增长8.4%，实现26657.7亿元，进口增长11.3%，实现17144.7亿元；对"一带一路"沿线国家出口保持较快增长，增长8.9%，所占比重达到24.2%，实现出口额6459.6亿元，对全省出口增长的贡献率增至25.7%。浙江货物进出口总额增长11.4%，完成28519亿元，其中，出口增长9.0%，完成21182亿元，比重提高0.2%，所占全国比重达到12.9%，进口增长19.0%，完成7337亿元。安徽进出口总额增长16.6%，完成629.7亿美元，其中，出口增长18.3%，完成362.1亿美元，进口增长14.3%，完成267.6亿美元；所有出口商品中，机电产品增长23%，高新技术产品增长31.1%。江西货物进出口总值增长5.1%，达到3164.9亿元，其中，出口增长0.7%，达到2224.1亿元，进口增长17.3%，达到940.8亿元。湖北外贸进出口总额增长11.2%，实现3487.2亿元，其中，进口增长15.0%，实现1234.0亿元，出口增长9.2%，实现2253.2亿元。湖南进出口总额增长26.5%，实现3079.5亿元，其中，出口增长29.5%，实现2026.7亿元，进口增长21.2%，实现1052.8亿元。重庆货物进出口总额增长15.9%，完成5222.62亿元，其中，出口增长17.7%，完成3395.28亿元，进口增长12.5%，完成1827.34亿元；以美元计价，货物进出口增长18.7%，完成790.40亿美元，其中，出口增长20.6%，完成513.77亿美元，进口增长15.2%，完成276.63亿美元。四川进出口总额增长29.2%，完成5947.9亿元，其中，出口额增长31.4%，完成3334.8亿元，进口额增长26.5%，完成2613.1亿元；以美元计价，货物贸易进出口总值增长32.1%，完成899.4亿美元，其中，出口增长34.2%，完成504.0亿美元，进口增长29.4%，完成395.4亿美元。云南外贸进出口总额增长27.5%，达298.95亿美元，其中，出口总额增长11.7%，达128.12亿美元，进口总额增长42.5%，达170.83亿美元。由此可见，对外开放发展呈现出良好的格局。

10. 共享发展持续推进

以社会保障为例，在长江经济带各省市，至 2018 年末，上海参加城镇职工基本养老保险的人数（包括离退休人员）达到 1573.37 万人，参加城乡居民基本养老保险的人数达到 78.70 万人，最低生活保障标准增长 10.3%，由 2017 年的每人每月 970 元提高到 1070 元，月最低工资标准、小时最低工资标准有了不同幅度的提高，分别从 2300 元提高到 2420 元、从 20 元提高到 21 元。江苏省参加城乡基本养老保险的人数为 5538 万人，参加城乡基本医疗保险的人数为 7721.18 万人，参加失业保险的人数为 1671.3 万人，参加工伤保险的人数为 1777.2 万人，参加生育保险人数为 1694.46 万人，比 2017 年分别增加 160.4 万人、102.08 万人、88.4 万人、87 万人和 112.45 万人，城乡居民基本养老保险基础养老金最低标准和城乡居民医保人均财政补助最低标准有了不同幅度的提高，分别由 2017 年的每人每月 125 元提高到 2018 年的每人每月 135 元、提高到每人每年 589 元。浙江省参加基本养老保险的人数为 4081 万人，参加基本医疗保险的人数为 5369 万人，参加失业保险的人数为 1478 万人，参加工伤保险的人数为 2088 万人，参加生育保险的人数为 1477 万人。城乡居民养老保险基础养老金月人均最低标准和因工死亡职工供养亲属抚恤金月人均标准有了不同程度的提高，分别提高到 155 元和 100 元，正常缴费企业退休人员基本养老金月人均超过 3200 元。安徽省参加城镇职工养老保险、失业保险、工伤、生育保险的人数分别为 1141.5 万人、505.53 万人、601.82 万人和 586.3 万人。全年为 14.9 万名失业人员发放了不同期限的失业保险金。参加城乡居民养老保险参保人数、新型农村合作医疗的农业人口数为 3487.76 万人和 4653 万人，参合率为 104%。江西省参加城镇职工基本养老保险人数为 1052.8 万人，参加失业保险人数为 288.0 万人，参加工伤保险人数为 534.6 万人，分别比 2017 年末增加 47.6 万人、1.7 万人和 17.5 万人，获得政府最低生活保障人数城市居民为 63.1 万人，农村居民为 163.4 万人，低保标准城市为 580 元/人/月，农村为 340 元/人/月，向低保户发放低保金，城市为 28.8 亿元，月人均补差 381 元，农村为 51.7 亿元，月人均补差 260 元。湖北省参加城镇职工基本养老保险、城乡居民基本养老保险、城镇职工基本医疗保险、城乡居民基本医疗保险、工伤保险、生育保险、失业保险人数分别为 1601.3 万人、2283.3 万人、1054 万人、4532.2 万人、676 万人、540 万人和 590.8 万人，年末领取失业保险金人数为 6.1 万人。湖南省参加城镇职工基本养老保险人数、基本医疗保险人数、失业保险职工人数、工伤保险、生育保险人数分别为 1402.4 万人、6833.3 万人、582 万人、793.4 万人和 571.8 万人。获得政府最低生活保障人数城镇居民为 59.7 万人，农村居民为 126.8 万人，发放最低生活保障经费，

城镇居民为 28.8 亿元，农村居民为 29.6 亿元，年末领取失业保险金职工人数为
13.0 万人。重庆市参加城镇企业职工基本养老保险、城乡居民社会养老保险、
城镇职工基本医疗保险、城乡居民基本医疗保险、工伤保险、生育保险、失业保险
人数分别为 945.81 万人、1119.63 万人、678.31 万人、2587.00 万人、577.12 万
人、439.49 万人和 497.44 万人，与 2017 年相比分别增长 6.7%、1.0%、5.9%、
−0.8%、14.4%、1.3% 和 5.0%。最低生活保障标准，城市居民为 546 元/月，农
村为 410 元/月。四川省参加城镇职工基本养老保险、城乡居民基本养老保险、
基本医疗保险、失业保险（不含失地农民）、工伤保险、生育保险人数分别为
2543.3 万人、3222.4 万人、8636.2 万人、870.8 万人、1012.5 万人和 862.3 万人，
最低生活保障标准低限分别比 2017 年城市提高 40 元/月，农村提高 35 元/月。云
南省参加城镇职工基本养老保险、城乡基本养老保险、城镇基本医疗保险、失业
保险、工伤保险、生育保险人数分别达 616.22 万人、2360.98 万人、4519.84 万
人、273.12 万人、403.30 万人和 339.52 万人，与 2017 年相比，分别增加 24.76
万人、102.04 万人、56.04 万人、13.31 万人、19.63 万人和 31.60 万人。贵州
省参加城镇职工基本养老保险、城乡居民基本养老保险、失业保险、基本医疗保
险、工伤保险、生育保险人数分别为 639.81 万人、1802.66 万人、257.33 万人、
1040.47 万人、355.75 万人和 326.18 万人，与 2017 年相比，分别增长 8.8%、
3.1%、9.2%、3.9%、7.0%、7.3%，年末居民最低生活保障人数，城市达
33.79 万人，农村达 225.55 万人，月人均保障标准城市达 598 元，比 2017 年增
长 6.6%，农村达 3908 元，比 2017 年增长 9.2%。

四、长江经济带 11 省市的发展

1. 上海经济发展

2018 年，上海实现地区生产总值为 32679.87 亿元，比 2017 年增长 6.6%。
其中，第一、第二、第三产业增加值分别下降 6.9%、增长 1.8% 和增长 8.7%，
三次产业结构为 0.32∶29.78∶69.9，第三产业比重比 2017 年提高 0.7%。人均
GDP 为 13.50 万元。

与 2017 年相比，2018 年上海战略性新兴产业增加值增长 8.2%，提高到
5461.91 亿元，占上海市生产总值的比重提高 0.3%，达到 16.7%。其中，工业
增加值为 2377.60 亿元，比 2017 年增长 4.2%；服务业增加值为 3084.31 亿元，
比 2017 年增长 11.3%。

与 2017 年相比，2018 年上海经工商登记新设立的各类市场主体增长
13.2%，达 39.99 万户，其中，内资企业（不含私营企业）增至 7985 户，增长
42.4%；外商投资企业增至 8742 户，增长 9.0%；私营企业增至 31.28 万户，增
长 12.3%；个体工商户增至 6.99 万户，增长 15.2%。

2018 年，上海地方一般公共预算收入达到 7108.15 亿元，比上年增长 7.0%；地方一般公共预算支出实现 8351.54 亿元，增长 10.7%；由税务部门组织的税收收入达到 13823.77 亿元（不含关税及海关代征税），增长 7.7%，非税收入占全市一般公共预算收入的比重达到 11.6%。

与 2017 年相比，2018 年上海全社会固定资产投资总额增长 5.2%。其中，第二产业投资增长 17.2%；非国有经济投资增长 7.0%。

2018 年，上海全市社会消费品零售总额为 12668.69 亿元，比 2017 年增长 7.9%。

2018 年，上海货物进出口总额达到 34009.93 亿元。其中，进口总额为 20343.08 亿元，出口总额为 13666.85 亿元，与 2017 年相比，其增长率分别为 5.5%、6.4% 和 4.2%。高新技术产品出口占全市比重为 42.0%，与"一带一路"沿线国家和重要节点城市货物贸易额占全市比重得到新突破，达到 20.6%。

据抽样调查，2018 年上海居民人均可支配收入比 2017 年增长 8.8%，达到 64183 元，扣除价格因素，实际增长 7.1%。其中，城镇常住居民人均可支配收入比 2017 年增长了 8.7%，农村常住居民人均可支配收入比 2017 年增长了 9.2%，分别达到 68034 元和 30375 元，扣除价格因素，实际增长分别为 7.0% 和 7.5%。

2. 江苏经济发展

与 2017 年相比，2018 年江苏实现地区生产总值为 92595.4 亿元，比上一年增长 6.7%，其中，第一、第二、第三产业分别较上年增长 1.8%、5.8% 和 7.9%。三次产业增加值比例调整为 4.5∶44.5∶51。

2018 年，江苏人均地区生产总值较 2017 年增长了 6.3%，达到了 115168 元；平均每位从业人员创造的增加值比 2017 年增加 14247 元，达到了 194759 元。

2018 年末，江苏工商部门登记的私营企业 286.79 万户，个体户 590.10 万户；全年新登记私营企业 48.95 万户，个体户 109.54 万户。全年新登记私营企业注册资本达到 25838.02 亿元。

与 2017 年相比，2018 年江苏高新技术产业产值增长 11.0%，占规模以上工业总产值的比重提高 1.2%，达到 43.8%；战略性新兴产业产值增长 8.8%，占规模以上工业总产值的比重提高 1%，达到 32%。

与 2017 年相比，2018 年江苏固定资产投资增长 5.5%，其中，第一产业投资增长 6.7%，第二产业投资增长 7.9%，第三产业投资增长 3.7%。高新技术产业投资增长 15.2%。

与 2017 年相比，2018 年江苏社会消费品零售总额增长 7.9%，其中，城镇和农村分别增长 7.8% 和 9.0%，农村的增长速度高于城镇。

与 2017 年相比，2018 年江苏进出口总额完成 43802.4 亿元，增长 9.5%。其中，出口、进口分别完成 26657.7 亿元和 17144.7 亿元，分别增长 8.4% 和 11.3%。对"一带一路"沿线国家出口额完成 6459.6 亿元，增长 8.9%；占全省出口总额的比重为 24.2%，对全省出口增长的贡献率为 25.7%。

据抽样调查，2018 年，江苏居民人均可支配收入比 2017 年增长 8.8%，达到 38096 元，其中，城镇居民人均可支配收入达到 47200 元，农村居民人均可支配收入达到 20845 元，分别增长 8.2% 和 8.8%，居民人均可支配收入增长率农村略高于城镇，由此使城乡居民收入比由 2017 年的 2.28∶1 进一步缩小至 2.26∶1。

3. 浙江经济发展

与 2017 年相比，2018 年浙江地区生产总值实现 56197 亿元，增长 7.1%，其中第一、第二、第三产业分别增长 1.9%、6.7% 和 7.8%，三次产业结构比进一步调整为 3.5∶41.8∶54.7，比 2017 年 3.7∶43.0∶53.3 的产业结构比更加优化。人均 GDP 较 2017 年增长 5.7%，接近 100000 元，达到 98643 元（按年平均汇率折算为 14907 美元）。

2018 年，浙江的"三新"，即新产业、新业态、新模式各产业的经济增加值获得进一步发展，占 GDP 的比重接近 1/4，达到 24.9%。在规模以上工业中，与 2017 年相比，诸如数字经济核心产业、文化、节能环保、健康产品、高端装备、时尚制造业等产业得到快速发展，其增加值分别增长 11.8%、4.4%、7.2%、8.0%、9.2% 和 9.7%；代表创新驱动取得成效的如高技术、高新技术、装备制造、战略性新兴产业等产业更是超速发展，增加值分别增长 13.7%、9.4%、10.0%、11.5%；代表未来发展趋势的包括新一代信息技术和物联网、海洋新兴产业、生物产业等在内的产业增长势头猛烈，增加值增速分别达到 19.9%、10.1% 和 11.8%。

与 2017 年相比，2018 年浙江财政总收入、一般公共预算收入分别为 11706 亿元和 6598 亿元，分别增长 13.6% 和 11.1%，其中，税收收入占一般公共预算收入的比重达到 84.7%，实现 5587 亿元，增长 11.6%。

与 2017 年相比，2018 年浙江社会消费品零售总额实现 25008 亿元，其中，城镇实现 20684 亿元，乡村实现 4324 亿元，分别增长 9.0%、8.6% 和 10.6%，乡村社会消费品零售总额增长率高于城镇 2%。

与 2017 年相比，2018 年浙江货物进出口总额增长 11.4%。其中，出口增长 9.0%，进口增长 19.0%，其总额分别实现 28519 亿元、21182 亿元和 7337 亿元。货物出口份额占全国的 12.9%，比 2017 年提高 0.2%。

据抽样调查，与 2017 年相比，2018 年浙江居民人均可支配收入增长 9.0%，其中，城镇居民人均可支配收入增长 8.4%，农村居民人均可支配收入增长

9.4%，扣除价格因素增长6.5%，浙江居民人均可支配收入达到45840元。其中，城镇居民人均可支配收入达到55574元，农村居民人均可支配收入达到27302元，达到7.0%。

4. 安徽经济发展

与2017年相比，2018年安徽地区生产总值突破30000亿元大关，实现30006.82亿元，其中，第一、第二、第三产业分别增长8.02%、3.2%和8.5%以及8.6%，三次产业结构比进一步调整为8.8:46.1:45.1，在2017年9.6:47.5:42.9的三次产业结构比的基础上继续得到优化调整。人均GDP达到47712元（折合7210美元），比2017年增加4311元。全员劳动生产率增至68484元/人，比2017年增加6654元/人。

2018年，安徽高技术产业增加值较2017年增长22.6%；战略性新兴产业产值较2017年增长16.1%，占规模以上工业的比重增至29.5%，24个战略性新兴产业集聚发展基地工业总产值较2017年增长16.6%。

2018年，安徽固定资产投资按可比口径计算比2017年增长11.8%，增速居全国第2位，较2017年前移9位。其中，工业技术改造投资较2017年增长34.6%，基础设施投资较2017年增长7%，民间投资较2017年增长18.5%。分产业看，第一产业投资比2017年增长33%，第二产业投资比2017年增长24.6%，第三产业投资比2017年增长5.6%。

2018年，安徽社会消费品零售总额实现12100亿元，其中，城镇、乡村分别实现9731.8亿元和2368.2亿元，扣除价格因素，比2017年实际增长9.4%、11.3%和12.9%。

2018年，安徽进出口总额达到629.7亿美元，其中，出口额达到362.1亿美元，进口额达到267.6亿美元，分别比2017年增长16.6%、18.3%和14.3%。分出口商品统计，机电产品、高新技术产品出口额较2017年分别增长23%和31.1%。

2018年，安徽财政收入突破5000亿元大关，完成5363.3亿元，比2017年增长10.4%，其中地方财政收入完成3048.7亿元，比2017年增长8.4%。全部财政收入中，税收收入完成4419亿元，比2017年增长11.9%。

据抽样调查，2018年安徽常住居民人均可支配收入达到23984元，其中，城镇居民人均可支配收入、农村居民人均可支配收入分别达到34393元和13996元，扣除价格因素，与2017年相比，实际增长分别为7.5%、6.6%和7.6%。

5. 江西经济发展

与2017年相比，2018年江西地区生产总值完成21984.8亿元，增长8.7%，其中，第一、第二、第三产业分别增长3.4%、8.3%和10.3%。三次产业对GDP增长的贡献率分别为 3.7%、48.2% 和 48.1%。三次产业结构比调整为 8.6∶46.6∶44.8。人均 GDP 达到 47434 元（按年平均汇率计算，折合 7168 美元），比 2017 年增长 8.1%。

与 2017 年相比，2018 年，江西高新技术产业增加值增长 12.0%，高于规模以上工业增速 3.1%，占规模以上工业增加值的比重达到了 33.8%，提高了 2.9%，战略性新兴产业增加值增长 11.6%，高于规模以上工业增速 2.7%，占规模以上工业增加值的比重达 17.1%，提高了 2.0%。

与 2017 年相比，2018 年江西财政总收入、一般公共预算收入分别实现 3795.0 亿元和 2372.3 亿元，分别增长 10.1% 和 5.6%，税收收入占财政总收入和一般公共预算收入的比重分别为 81.3% 和 70.1%，均有所提高，分别提高 2.5% 和 2.7%。

与 2017 年相比，2018 年江西固定资产投资增长 11.1%，其中，第一、第二、第三产业投资分别增长 17.2%、13.1% 和 8.9%，投资结构比为 2.7∶49.1∶48.2。

2018 年，江西社会消费品零售总额实现 7566.4 亿元，其中，城镇社会消费品零售额和农村社会消费品零售额分别实现 6399.7 亿元和 1166.7 亿元，与 2017 年相比，分别增长 10.9%、11.6% 和 11.0%。

与 2017 年相比，2018 年江西实现货物进出口值、出口值、进口值分别达到 3164.9 亿元、2224.1 亿元和 940.8 亿元，分别增长 5.1%、0.7% 和 17.3%。

2018 年抽样调查显示，江西居民人均可支配收入达到 24080 元，其中，城镇、农村分别达到 33819 元和 14460 元，与 2017 年相比分别增长 9.3%、8.4% 和 9.2%，扣除价格因素，实际增长分别为 7.1%、6.2% 和 6.8%。城乡居民收入进一步缩小，城乡居民收入比比 2017 年缩小 0.02，仅为 2.34∶1。

6. 湖北经济发展

2018 年湖北实现地区生产总值 39366.55 亿元，与 2017 年相比，增长 7.8%，其中，第一、第二、第三产业分别增长 2.9%、6.8% 和 9.9%，三次产业结构进一步优化为 9.0∶43.4∶47.6。

2018 年，湖北全员劳动生产率进一步提高，比 2017 年提高 8.5%，达到 10.95 万元/人。高技术制造业发展迅猛，与 2017 年相比，增速高于规模以上工业 6.1%，达到 13.2%，占规模以上工业增加值的比重达 8.9%，贡献率达 16.0%。

2018 年，湖北新工商登记市场主体接近 90 万户，达 89.30 万户，其中，私营企业、个体工商户分别为 23.27 万户和 63.12 万户。

与 2017 年相比，2018 年，湖北共完成固定资产投资（不含农户）增长 11.0%，其中第一、第二、第三业产投资分别下降 2.3%、增长 14.5% 和增长 9.4%。

2018 年，湖北实现社会消费品零售总额 18333.60 亿元，其中，城镇、乡村分别实现 15373.43 亿元和 2960.17 亿元，与 2017 年相比，分别增长 10.9%、10.8% 和 11.6%。

2018 年，湖北实现外贸进出口总额、进口总额、出口总额分别为 3487.2 亿元、1234.0 亿元和 2253.2 亿元，较 2017 年分别增长 11.2%、15.0% 和 9.2%。

2018 年，湖北共完成财政总收入、地方一般公共预算收入分别为 5684.85 亿元和 3307.03 亿元，与 2017 年相比，分别增长 8.5% 和 8.5%。

据抽样调查，2018 年，湖北居民人均可支配收入方面，城镇达 34455 元，农村达 14978 元，比 2017 年分别增长 8.0% 和 8.4%，农村增速要快于城镇。

7. 湖南经济发展

2018 年，湖南完成地区生产总值 36425.8 亿元，与 2017 年相比，增长 7.8%，其中，第一、第二、第三产业分别增长 3.5%、7.2%、9.2%，三次产业结构进一步得到调整优化，达 8.5∶39.7∶51.8，三次产业对经济增长的贡献率进一步增强，分别达到 4.0%、40.9% 和 55.1%。人均 GDP 达到 52949 元，较 2017 年增长 7.2%。

2018 年，湖南战略性新兴产业增加值占 GDP 的比重为 9.3%，高加工度工业和高技术制造业增加值占规模以上工业的比重分别为 36.3% 和 10.6%，与 2017 年相比，分别增长 10.1%、18.3% 和 10.1%。

2018 年，湖南完成固定资产投资（不含农户）比 2017 年增长 10.0%。其中，高新技术产业投资比 2017 年增长 51.1%，工业技改投资比 2017 年增长 38.1%。

2018 年，湖南实现社会消费品零售总额 15638.3 亿元，其中，城镇消费品零售总额 14124.9 亿元，乡村消费品零售总额 1513.4 亿元，与 2017 年相比，分别增长 10.0%、9.9% 和 11.2%。

2018 年，湖南实现进出口总额 3079.5 亿元，其中，出口额 2026.7 亿元，进口额 1052.8 亿元，与 2017 年相比，分别增长 26.5%、29.5% 和 21.2%。

2018 年，湖南实现一般公共预算收入 4842.98 亿元，其中，实现地方收入 2860.68 亿元，与 2017 年相比，分别增长 6.05% 和 3.73%。在地方收入中，实现税收收入 1959.57 亿元，比 2017 年增长 11.39%；实现非税收入 901.11 亿元，比 2017 年下降 9.77%。

2018 年抽样调查显示，湖南居民人均可支配收入达到 25241 元，其中城镇、农村分别达到 36698 元和 14093 元，与 2017 年相比，分别增长 9.3%、8.1% 和 8.9%，扣除价格因素，实际增长分别为 7.2%、6.1% 和 6.8%。

8. 重庆经济发展

2018 年，重庆完成地区生产总值 20363.19 亿元，与 2017 年相比，增长 6.0%，其中，第一、第二、第三产业分别增长 4.4%、3.0%、9.1%，三次产业结构进一步得到调整优化，达 6.8:40.9:52.3。人均 GDP 达到 65933 元，全员劳动生产率达到 118647 元/人，分别增长 5.1% 和 6.6%。

与 2017 年相比，2018 年重庆战略性新兴产业增长迅速，其中，规模以上工业战略性新兴产业、高技术产业、新一代信息技术产业、生物产业、新材料产业、高端装备制造产业增加值分别增长 13.1%、13.7%、22.2%、10.0%、6.5% 和 13.4%，而前两个产业占规模以上工业增加值的比重分别达到 22.9% 和 18.0%，合计超过 40%。

2018 年，重庆各类市场主体比 2017 年增长 7.8%，累计达 252.65 万户。

与 2017 年相比，2018 年重庆固定资产投资总额增长 7.0%，其中，基础设施建设投资民间投资、高技术产业投资分别增长 11.5%、12.8% 和 0.9%。

与 2017 年相比，2018 年重庆社会消费品零售总额增长 8.7%，扣除价格因素，实际增长 6.5%，其中，城镇、乡村分别实际增长 8.5% 和 11.2%。

2018 年，重庆实现货物进出口总额、出口总额、进口总额分别为 5222.62 亿元、3395.28 亿元和 1827.34 亿元，与 2017 年相比，分别增长 15.9%、17.7% 和 12.5%。

2018 年，重庆实现一般公共预算收入、税收收入分别为 2265.5 亿元和 1603.0 亿元，较 2017 年分别增长 0.6% 和 8.6%。

据抽样调查，2018 年，重庆居民人均可支配收入达 26386 元，其中城镇居民人均可支配收入和农村居民人均可支配收入分别达 34889 元和 13781 元，与 2017 年相比，分别增长 9.2%、8.4% 和 9.0%。

9. 四川经济发展

与 2017 年相比，2018 年四川完成地区生产总值 40678.1 亿元，其中，完成第一、第二、第三产业增加值分别为 4426.7 亿元、15322.7 亿元和 20928.7 亿元，与 2017 年相比，按可比价格计算的增长率分别为 8.0%、3.6%、7.5% 和 9.4%。三次产业结构进一步得到调整，达 10.9:37.7:51.4，比 2017 年 11.6:38.7:49.7 的三次产业结构更加优化，三次产业对经济增长拉动作用进一步增强，贡献率分别为 5.1%、41.4% 和 53.5%。人均 GDP 达 48883 元，比 2017 年增长 7.4%。

与 2017 年相比，2018 年，四川高技术制造业增加值增长 13.6%。

2018 年，四川民营经济获得不断壮大，民营经济主体总数达到 545.25 万户，占市场主体总量的绝大多数，达 97.2%，比 2017 年增长 13.5%，其中私营企业增长较快，实有数量达到 125.85 万户，接近全部民营经济主体总数的 1/4，与

2017 年相比，增速超过 10%，达 15.1%。

2018 年，四川全社会固定资产投资完成 28065.3 亿元，其中，第一产业完成投资 1053.6 亿元，第二产业完成投资 7287.1 亿元，第三产业完成投资 19724.6 亿元，与 2017 年相比，同口径增长 10.2%、10.1%、7.3% 和 11.2%。实体经济中的高技术产业获得实质性发展，制造业高技术产业完成投资 1531.2 亿元，比 2017 年增长 12.0%。

2018 年，四川实现社会消费品零售总额 18254.5 亿元，其中城镇、农村分别实现 14390.1 亿元和 3864.4 亿元，与 2017 年相比，分别增长 11.1%、10.7% 和 12.5%。

2018 年，四川实现进出口总额、出口总额、进口总额分别为 5947.9 亿元、3334.8 亿元和 2613.1 亿元，与 2017 年相比，分别增长 29.2%、31.4% 和 26.5%。

2018 年，四川完成地方一般公共预算收入、税收收入分别为 3910.9 亿元和 2819.7 亿元，分别比 2017 年增长 9.3% 和 16.0%。

据抽样调查，2018 年，四川居民人均可支配收入达 22461 元，其中城镇、农村分别达 33216 元和 13331 元，与 2017 年相比，分别增长 9.1%、8.1% 和 9.0%。

10. 贵州经济发展

2018 年，贵州完成地区生产总值为 14806.45 亿元，其中，完成第一、第二、第三产业增加值分别为 2159.54 亿元、5755.54 亿元和 6891.37 亿元，与 2017 年相比，分别增长 9.1% 和 6.9%、9.5%。三次产业结构得到进一步调整优化为 14.6:38.9:46.5。人均 GDP 达 41244 元，较 2017 年增加 3288 元。全员劳动生产率达 68958 元/人，比 2017 年增加 4884 元。

与 2017 年相比，2018 年贵州完成固定资产投资增长 15.8%。其中，第一产业投资增长 29.0%，第二产业投资增长 13.2%，第三产业投资增长 15.6%，三次产业占固定资产投资的比重分别为 4.2%、12.7% 和 83.1%。高技术产业投资增长 27.7%。

2018 年，贵州实现进出口总额为 500.96 亿元，其中，实现出口总额为 337.58 亿元，进口总额为 163.38 亿元，与 2017 年相比，分别下降 9.1%、下降 13.7% 和增长 2.1%。

2018 年，贵州实现财政总收入、一般公共预算收入分别达 2975.66 亿元和 1726.80 亿元，与 2017 年相比，分别增长 12.4% 和 7.0%。

据抽样调查，与 2017 年相比，2018 年贵州居民人均可支配收入 18430 元，名义增长 10.3%，其中城镇、农村分别为 31592 元和 9716 元，分别增长 8.6% 和 9.6%。

11. 云南经济发展

与 2017 年相比，2018 年云南实现地区生产总值为 17881.12 亿元，增长率为

8.9%，其中，第一、第二、第三产业分别增长 6.3%、11.3%、7.6%。三次产业结构得到进一步调整，达 14.0∶38.9∶47.1，比 2017 年的 14.3∶37.9∶47.8 更加优化。人均 GDP 达 37136 元，比 2017 年增长 8.2%。全员劳动生产率达 59303.87 元/人，比 2017 年提高 9.0%。

与 2017 年相比，2018 年云南固定资产投资（不含农户）增长 11.6%，其中，第一、第二、第三产业投资分别增长 36.8%、11.3% 和 10.6%。尤其是民间固定资产投资显示强劲势头，增长超过 20%，达 20.7%。

2018 年，云南实现社会消费品零售总额为 6825.97 亿元，其中，实现城镇消费品零售额为 5878.34 亿元，乡村消费品零售额为 947.63 亿元，与 2017 年相比，分别增长 11.1%、11.0% 和 11.4%。

2018 年，云南实现外贸进出口总额达 298.95 亿美元，其中，实现出口总额 128.12 亿美元，进口总额 170.83 亿美元，与 2017 年相比，分别增长 27.5%、11.7% 和 42.5%。

2018 年，云南财政总收入达到 3719.77 亿元，地方一般公共预算收入达到 1994.35 亿元，与 2017 年相比，分别增长 9.7% 和 5.7%。其中完成增值税为 611.66 亿元，增长 15.9%；完成企业所得税为 180.67 亿元，增长 12.1%。

据抽样调查，2018 年，云南居民人均可支配收入达 20084 元，其中，城镇居民人均可支配收入和农村居民人均可支配收入分别达 33488 元和 10768 元，与 2017 年相比，分别增长 9.5%、8.0% 和 9.2%。

五、长江经济带发展存在问题

1. 生产率水平的行业差异明显

2008 年国际金融危机后，我国全要素生产率增速总体呈现下降趋势，2008 年以后，由 2002～2007 年的平均增速 5.06% 下降至 2% 以下，对经济增长的贡献率也下降至 30% 以下。但值得欣喜的是，从 2014 年开始，我国全要素生产率暂时遏制住了持续下降的势头，增速出现转折，近三年都表现出了小幅回升的态势，但总体看，全要素生产率增速水平依然偏低（低于 2%）的格局还没有得到根本性的改变。此外，30 多万家工业企业的微观数据也显示，2008 年以前工业企业的全要素生产率都是快速提升的局面，但随后全要素生产率增速则出现了明显的下降，呈现出了与全国同样的态势。

另外，无论是在全国，还是在长江经济带各省市，从行业比较看，不同行业之间的要素生产率及全要素生产率差距总体呈现扩大趋势，而且过去要素生产率及全要素生产率增长较快的行业近年来增速也明显放缓；不仅如此，从行业内不同企业的比较看，在行业层面平均要素生产率以及全要素生产率增长放缓的同时，不同企业之间的差距则呈现出逐年扩大的趋势，尤为明显的是前沿企业与其他企业间差距扩大的态势还没有明显的改观。

2. 产业结构调整任务艰巨

以投资为例，与 2017 年相比，2018 年上海全社会固定资产投资总额增长 5.2%，其中，第二产业投资增长 17.2%，非国有经济投资增长 7.0%；江苏固定资产投资增长 5.5%，其中，第一、第二、第三产业投资分别增长了 6.7%、7.9%、3.7%，高新技术产业投资增长 15.2%；安徽固定资产投资增长 11.8%，其中，第一、第二、第三产业投资分别增长了 33%、24.6%、5.6%；江西固定资产投资增长 11.1%，其中，第一、第二、第三产业投资分别增长了 17.2%、13.1%、8.9%，分别占全部投资的 2.7%、48.9%、48.2%；湖北固定资产投资（不含农户）增长 11.0%，其中，第一产业投资下降了 2.3%，第二、第三产业投资分别增长了 14.5%、9.4%；四川全社会固定资产投资 28065.3 亿元，增长 10.2%（固定资产投资部分均为同口径增长），其中，第一、第二、第三产业投资总额分别 1053.6 亿、7287.1 亿元、19724.6 亿元，分别增长 10.1%、7.3%、11.2%；云南固定资产投资（不含农户）增长 11.6%，其中，第一、第二、第三产业投资分别增长了 36.8%、11.3%、10.6%，民间固定资产投资增长 20.7%；贵州固定资产投资增长 15.8%，其中，第一、第二、第三产业投资分别增长了 29.0%、13.2%、15.6%，占固定资产投资的比重分别为 4.2%、12.7% 和 83.1%，高技术产业投资增长 27.7%。从中可以看出，长江经济带各省市在投入结构上是与其产出结构不对称的，更多的省市依然有着投入结构上的偏好。

3. 自主创新能力还不强

自主创新能力还不强的局面依然没有得到实质性的改变。尽管在这方面从国家到地方采取了一系列的政策，制定了星火计划以及诸多的科技发展战略，同时确实在许多的顶尖领域取得了巨大的成果，但由于受制于创新的主动性、科技创新平台、科技创新成果转化、科技创新合作等方面的种种原因，使得长江经济带各省市的自主创新能力还不强的格局依然存在。

第一，在创新的主动性方面，科技人才自身的创新主动性还有待提升。从目前的现状来看，长江经济带各省市诸多人才的自我创新的主动性还不够强，积极性还不够高，在深层次影响着创新的全面发展。应该充分地认识到，科技人才自身创新的主动性如何在进行科技创新能力提升过程中扮演着极为重要的角色。科技人才只有自身有着积极主动的创新意识，才能够产生积极主动的创新行为，才能有效地去构建创新模式，并不断地强化自身专业能力的提升，以满足创新发展需求。科技人才自身创新的主动作为，是科技人才自身产生科技创新成果的前奏曲。所以，要采取有力的措施，不断激发科技人才自我创新的主动性，在这方面，长江经济带各省市的各部门应该多动脑子，多下功夫，多费气力。

第二，在科技创新平台方面，搭建的数量既不足，质量也不高。之所以科技创新平台搭建的数量不足，是因为有的创新领域依然缺乏系统的平台和技术资源支持，尤其是基础性的平台搭建方面，其依旧存在着一定的局限性，难以开展科技创新；科技创新平台搭建的质量不高，是因为受科技经费和相关资源所限，层次还较低，很难有效地支撑整个创新系统发展。因此，应将基础性平台的搭建与高精尖领域平台的搭建等同看待，不仅有数量，而且有质量，进而为科技人才贡献自己的价值提供更为丰富的平台和舞台。这种丰富和完善的科技创新平台，对于科技人才的创新能力提升和优化来说，显得尤为重要。

第三，在科技创新成果转化方面，转化的有效性还不足。就其原因来看，一是有些成果还存在着理论脱离实践的问题，并且这两者之间难以转化；二是具有一定的应用价值的科技成果转化的机制还不健全，尤其是利益分配机制还缺乏足够的刺激效应，不能有效地转化。其结果既造成了人才资源的浪费，也阻碍了我国科技创新的发展。应当充分认识到，有效地将科技创新成果进行转化，是实施科技创新成功的显著标志，这不仅有助于科技生产力的提升，更有助于科技创新形成正向循环。因此在今后，要将科技创新成果的有效转化作为科技创新工作的重中之重抓好、抓实、抓出成效。

第四，在科技创新合作方面，其合作的氛围还不够浓，力度还不够强。科技创新过程也是更多科技人才不断加强合作的过程，不仅需要跨专业，而且还需要跨地区；不仅需要浓厚的氛围，而且需要一定的力度。应该承认，长江经济带各省市在这方面做得还不是十分到位，还不是十分扎实，从而影响了科技创新合作成果的进一步形成。因此，在当今的科技创新过程中，借助有效的平台载体构筑科技创新合作的一体化模式是有必要的，这不仅需要加强区内、国内合作，而且需要加强国际合作，让合作成为一种习惯、一种风尚、一种文化，以更好地促进长江经济带各省市的科技创新。

4. 对外开放合作面临的发展困境依然存在

在对外开放发展中，当前乃至今后一段时期，我国仍会继续面临一系列的发展困境。突出表现在：在国际上，从世界发展总体形势看，和平与发展仍将是时代主题，受全球多样化的深入发展和全球治理体系以及国际秩序变革的加速推进的巨大影响，各国之间相互联系、依存程度的日益加深和国际力量的对比更趋平衡仍将是世界基本形态，但也应该看到，与此同时，世界的发展仍面临着许多的不确定性和困境，尤其是经济增长动能不足、贫富分化日益严重、恐怖主义、网络安全、重大传染性疾病、气候变化等非传统安全威胁的持续蔓延等，不仅影响世界发展的进程，而且对我国的开放发展也必然会设置许多障碍，造成难以企及的困难。在国内，还有一些突出问题尚未得到根本性的解决，来自各地区发展不平衡不充分的矛盾依然十分突出，发展质量和效益不够高、创新能力不够强的困境依然没有摆脱，实体经济得不到实质性发展及水平低下的现实依然受到困扰，城乡区域发展不协调和收入分配差距较大的社会矛盾依然不能突围，完善国家治理体系、提升国家治理能力的道路依然走得艰辛，意识形态领域的斗争依然尖锐复杂，等等，所有各种矛盾、问题交织叠加在一起，影响着我国各方面的发展。历史的经验已经证明而且将继续证明，对于任何一个国家、任何一个民族，其发展仅仅依靠本国、本民族一己之力是远远不够的，也是无法实现的。只有将自己放在一个开放交流的世界体系之中，并与外界形成一种包括经济、文化在内的良性的吐纳关系，这个国家才能得到发展，才能获得壮大。一个闭关锁国的国家和民族是没有前途的，也是没有希望的，这是历史深刻的教训总结，也是历史的铁律。因此，我们要以习近平新时代中国特色社会主义思想，特别是关于开放发展的新思想为指导，正确处理国内国外两个大局出现的新变化、新特点和新趋势，不断将开放发展推向深处。

5. 共享水平参差不齐

不可忽视的是，各省市之间其共享的水平依然是参差不齐的，并且差异较大。主要表现为区域间共享人数上的差异和共享标准上的差异。

第二节　长江经济带发展战略

一、长江经济带发展战略构想

20 世纪 90 年代，长江经济带发展战略作为战略构想被提出。1990 年 9 月 21 日，国务院批准了《长江流域综合利用规划简要报告》，接着又在 1992 年召开了"长三角及长江沿江地区经济规划座谈会"，这次会议的重要成果之一是首次明确地提出了要发展"长江三角洲及长江沿江地区经济"的战略构想。

与此同时，1990 年 4 月浦东进行大开发，1994 年三峡工程正式动工兴建。随着这些重大决策的相继实施，党的十四大和中共十四届五中全会明确提出要"建设以上海为龙头的长江三角洲及沿江地区经济带"，意图以沿江七省一市为依托，通过充分发挥上海龙头的辐射带动作用，建设长江经济带。这是由党的重大会议和重要决议首次将长江经济带建设提升到了国家发展战略的高度，表明国家对长江经济带发展的高度重视。

2010 年 12 月，长江经济带再次迎来了纳入国家发展战略的契机。该月，国务院颁布《全国主体功能区规划》。在这一规划中，明确提出要"使经济增长的空间由东向西，由南向北，人口和经济在国土空间的分布更趋集中均衡"，这也奠定了长江流域在国家层面在国土空间开发格局中的重要地位，长江经济带再次进入国家发展战略的视野。

2012年12月，时任国务院副总理李克强到江西调研，在了解到长江货运吞吐量当前虽然居世界河流货运首位，但由于长期严重受限于交通能力不足、网络结构不完善、综合交通枢纽落后等问题而影响了长江航运的发展时，明确指出："打通长江这一'黄金水道'，培育建立统一的大市场，使社会更有发展的动力和活力。"时隔半年多，习近平总书记来到武汉新港阳逻集装箱港区考察，也着重强调："长江流域要加强合作，充分发挥内河航运作用，发展江海联运，把全流域打造成黄金水道。"正是在国家领导人的高度关注下，"依托黄金水道，建设长江经济带"被正式写进《2014年国务院政府工作报告》。

2014年9月，国务院印发《关于依托黄金水道推动长江经济带发展的指导意见》。同年12月，习近平总书记作出重要批示，强调"长江通道是我国国土空间开发最重要的东西轴线，在区域发展总体格局中具有重要战略地位，建设长江经济带要坚持一盘棋思想，理顺体制机制，加强统筹协调，更好地发挥长江的黄金水道作用，为全国统筹发展提供新的支撑"。这是时隔20年后，长江经济带发展重新被列为国家发展新战略。

回顾其发展历程，主要经历了以下几个阶段：

（1）早期构想阶段。这个阶段，主要在学者中间展开。最为重要的有两个理论：一个是"一线一轴"战略构想，由国务院发展研究中心经济学家马洪在改革开放初期提出。"一线"即指"沿海一线"，"一轴"即指"长江发展轴"。另一个是"点—轴开发理论"，由中国科学院院士陆大道在1984年12月提出。之后又具体发展成为国土空间"T形"发展战略格局，他认为，20世纪末期与21世纪初期，中国的发展应重点在两条一级轴线（海岸地带轴与长江沿岸轴）展开。陆大道的这一主张被国家1987年编制的《全国国土总体规划纲要（草案)》、1990年编制的《全国国土总体规划纲要（草案)》所采纳。但由于20世纪80年代长江经济带的各个省市总体上仍处于自我发展阶段，所以其开放开发还更多的是学者们的规划构想。

（2）早期探索阶段。20世纪90年代初期，随着上海浦东新区开发和三峡工程的开工建设，长江经济带的发展问题进入国家发展战略视野。党的十四大和中共十四届五中全会提出要重点发展"长江三角洲及长江沿江地区经济"。与此同时，长江沿线七省二市也主动作为，自2009年以来，不断呼吁"将长江经济带的发展上升为国家战略"。但由于国家沿海开放战略、西部大开发战略、中部崛起战略的相继实施，更由于沿岸省市分割的行政体制的限制和尚不完善的交通基础设施等客观条件的制约，长江经济带发展作为国家战略仍未被国家提上议事日程，还只是处于一个探索阶段。

（3）全面实施推进阶段。2014 年，"依托黄金水道，建设长江经济带"被正式写进《2014 年国务院政府工作报告》，而同年 9 月，国务院印发《关于依托黄金水道推动长江经济带发展的指导意见》，同年 12 月，习近平总书记再作重要批示。以此为标志，长江经济带发展作为新时期国家重大战略，正式进入全面实施推进阶段。长江经济带发展上升为国家重大战略，这是国家积极适应、引领经济发展新常态，培育经济发展新增长极，推动经济高质量新发展所作出的重大战略部署，必将对长江经济带的交通网络、产业布局、生态环境、新型城镇化、对外开放、体制机制创新等产生积极的影响，进而对中国的经济发展发挥重要的作用。之后，长江经济带沿线 11 省市陆续出台了相应的地方行动方案。

二、长江经济带发展的战略定位

2016 年 9 月，中共中央正式印发的《长江经济带发展规划纲要》进一步强调长江经济带发展的"四带"战略定位，即生态文明建设的先行示范带、引领全国转型发展的创新驱动带、具有全球影响力的内河经济带、东中西互动合作的协调发展带。

一是生态文明建设的先行示范带：长江经济带在维护国家生态系统稳定的可持续发展进程中占据着极其重要的地位。它横跨我国"两屏三带"生态安全战略中的八大国家级重点生态功能区，有着森林资源丰富、水资源充裕、生物种类繁多、生态流量充足等天然优势，对于涵养江河湖泊水源、调节气候变化、保护生态多样性与防治水土流失等方面发挥着巨大功效，构成我国生态文明建设的重要支撑带和"绿色脊梁"。但仅限于此还不够，还要将长江经济带建设成为我国生态文明建设的先行示范带，为我国的生态文明建设和绿色发展起到先行先试的示范带动作用。

二是引领全国转型发展的创新驱动带：长江经济带是我国重要的产业集聚带，虽然近年来，先进制造业、高技术产业、战略性新兴产业发展迅猛，但传统产业的基数仍然很大，地区间发展不平衡不充分的矛盾仍然十分尖锐，11 省市所面临的转型发展的任务仍然十分艰巨。与此同时，长江经济带又是我国创新驱动的重要策源地，这里教育、科技创新资源富集，创新投入与创新产出极为庞大，创新驱动能力强劲，是我国最具创新活力的区域之一。因此，如何将产业优势和创新资源优势有机结合起来，引发巨大的创新驱动规模效应和带动效应，成为引领全国转型发展的创新驱动带，这是长江经济带发展战略赋予的历史使命，更是责任所在。

三是具有全球影响力的内河经济带：作为世界著名的内河、"黄金水道"，长江不仅货运量居全球内河第一，而且横贯东西、连接南北、通江达海。尤其可贵的是，由此而形成的长江经济带人口密集——承载着中国 40% 的人口、产业集聚——已形成电子信息产业、汽车产业、高端装备制造业、钢铁工业、有色金属工业、纺织服装产业等多个优势产业集群、水陆空立体交通运输网络十分发达——可通过"渝新欧""蓉欧快铁""汉新欧""湘新欧""义新欧""合新欧"等中欧班列与沿海沿江大港大湾深度融入国际市场，对周边地区有着极强的辐射引领作用。但相比于世界其他大河，其全球的经济影响力还不是那么大，所占的经济比重还不是那么高，与长江在世界的地位还不是那么匹配。因此，将长江经济带打造成具有全球影响力的内河经济带，形成全球竞争力，就成为长江经济带发展的重要战略定位之一，这既是国家发展所需，也是长江经济带所处的地位使然。

四是东中西互动合作的协调发展带：长江经济带东西向横跨我国东、中、西部三大区域，辐射连接南北交界部分地区，覆盖九省二市。各地区具备独特的梯度比较优势，中上游地区拥有丰富的矿产、水利与生态资源，且开发强度相对较低，具有较为充足的后备土地和劳动力，而地处下游的长三角地区则是经济发达、产业雄厚、资金充足、技术先进。三个地区所构成的这一交叉比较优势为上、中、下游地区的协调合作发展奠定了良好的基础。长三角地区要充分发挥辐射引领作用，以产业、资金、人才等帮助中上游地区有能力能够有序承接产业梯度转移，而中上游地区则要在资源开发、土地供给、市场开放、环境保护等方面推动长三角地区进行投资、产业布局、科技创新，两相互动，以形成上、中、下游地区协同发展的新格局。

三、长江经济带发展的战略重点任务

根据《国务院关于依托黄金水道推动长江经济带发展的指导意见》《长江经济带发展规划纲要》的战略部署，新时期长江经济带发展应实施"六大"战略重点任务。

（一）保护长江生态环境

保护长江生态环境是摆在长江经济带发展的首要任务，为此要重点做好"保护""改善""利用"三篇大文章。"保护"是基础，一是各地区要保护好水环境、水生态、水资源，二是各地区要树立整个长江经济带"一盘棋"思想，加强水环境、水生态、水资源等的协同保护。"改善"是目标，一是各地区要不断改善水环境、水生态、水资源，二是各地区要通力合作，形成上中下游不断改善水环境、水生态、水资源"一盘棋"的工作机制和工作格局。"利用"是手段，但是有限制的利用，是在大保护下的利用，其中对水资源是合理利用，对长江岸线资源是有序利用，一定要谨防大开发式的那种利用。

（二）构建综合交通运输体系

构建综合交通运输体系是推动长江经济带发展的先手棋。要实现长江经济带

得到高质量协调发展，整个区域交通基础设施的互联互通必须先行，为此要下好"黄金水道""三化""统筹"三步棋。第一步，长江"黄金水道"棋，要以全力把长江全流域打造成"黄金水道"为着力点，以推进长江水道的畅通推进区域各要素整合的畅通。第二步，交通"三化"棋，所谓交通"三化"，是指整个长江经济带交通体系的"网络化、标准化、智能化"。要以交通"三化"为突破口，率先建成便捷的、安全的、四通八达的长江经济带的综合立体交通走廊。第三步，"统筹"棋，要以"统筹"为枢纽，加强各地区与构建综合交通运输体系有关的规划对接，全面系统地统筹好水路、铁路、公路、航空、管道建设，以交通的高质量发展增强对长江经济带高质量发展的战略支撑力。

（三）创新驱动产业转型升级

创新驱动产业转型升级是推动长江经济带发展的内生动力，为此要重点布好三个局：第一，"机遇"局，就是要牢牢把握住全球新一轮科技革命和产业变革的机遇，始终站在科技前沿，大力实施创新驱动发展战略。第二，"加减法"局，就是要在加强供给侧结构性改革上下功夫，在改革创新和发展新动能上做"加法"，在淘汰落后过剩产能上做"减法"。第三，"现代产业走廊"局，就是要加快推进产业转型升级，形成集聚度高、国际竞争力强的现代长江经济带产业走廊。

（四）推动新型城镇化发展

推动新型城镇化发展是加快长江经济带发展的重要内容，为此要重点做好以下三方面的工作：①以高质量城镇化为目标，以人为中心优化城镇化空间格局。②加快农业转移人口市民化进程，形成新型城市人口集聚。③统筹城乡发展，其基本原则是要"大中小结合、上中下联动"。

（五）建立全方位开放格局

建立全方位开放格局是加快长江经济带发展的重要条件。其应采取的原则是：以上中下游地区对外开放的不同基础和优势为出发点，在充分尊重历史，尊重现实的前提下，因地制宜提升开放型经济发展水平。为此，要重点做好以下三方面工作：①充分发挥上海及长三角地区的引领作用，以上海及长三角地区对其他地区的开放推动长江经济带的开放发展；②加快推进与周边基础设施互联互通及跨境运输便利化建设，将云南建设成为面向南亚以及东南亚的辐射中心；③加快内陆开放型经济高地建设，并形成与上海及长三角地区的优势互补。

（六）完善区域协调体制机制

完善区域协调体制机制是加快长江经济带发展的重要保障。为此，要重点做好统一市场准入制度、促进基础设施共建共享、加快完善投融资体制等方面的工作。

第三节　长江经济带绿色高质量发展理论

习近平总书记站在历史和全局的高度，从中华民族长远利益出发，亲自谋划、亲自部署、亲自推动长江经济带绿色高质量发展。认真学习、深刻领会习近平总书记自 2016 年以来，先后在长江上游、中游、下游召开的三次座谈会上的讲话精神以及关于绿色发展、高质量发展的重要论述，认真研究、深切体会习近平总书记从"推动"到"深入推动"，再到"全面推动"长江经济带发展的定向把脉，无不感受到他关于长江经济带绿色高质量发展思想的深邃、理论的精辟、体系的系统。正是他，成为长江经济带绿色高质量发展理论的奠基者和开拓者。

一、长江经济带绿色高质量发展需要坚持的一条主线

"要把修复长江生态环境摆在压倒性位置，共抓大保护，不搞大开发。"这是 2016 年 1 月 5 日习近平总书记在推动长江经济带发展座谈会上为长江经济带新发展指明的新航向。

"推动长江经济带发展，前提是坚持生态优先，把修复长江生态环境摆在压倒性位置，逐步解决长江生态环境透支问题。"这是 2018 年 4 月 26 日习近平总书记在深入推动长江经济带发展座谈会上为长江经济带新发展圈定的新坐标。

"要把修复长江生态环境摆在压倒性位置，构建综合治理新体系，统筹考虑水环境、水生态、水资源、水安全、水文化和岸线等多方面的有机联系，推进长江上中下游、江河湖库、左右岸、干支流协同治理，改善长江生态环境和水域生态功能，提升生态系统质量和稳定性。"这是 2020 年 11 月 14 日习近平总书记在全面推动长江经济带发展座谈会上为长江经济带新发展给出的新方略。

从"推动"到"深入推动"，再到"全面推动"，三次讲话，发展理念一脉相承、发展主线一以贯之、发展步伐始终坚定。

而之所以如此，首先在于"长江病了"，而且病得还不轻。显然，只有通过祛风驱寒、舒筋活血和调理脏腑、通络经脉，力求药到病除，做到"治未病"，让母亲河永葆生机活力，母亲河才能有发展的基础，才能有发展的活力。

"目前长江生态环境保护修复工作'谋一域'居多，'被动地'重点突破多；'谋全局'不足，'主动地'整体推进少"，从而缺乏诸如从化工污染整治和水环境治理、固体废物治理之间关联性出发的抓的过程中的协同推进，缺失诸如抓湿地等重大生态修复工程时，先从生态系统整体性特别是从江湖关系的角度出发，从源头查找原因的系统设计方案后再实施治理的措施等，大大降低了立足全局，谋定而后动的长江生态环境保护修复工作成效。

正因如此，"推动长江经济带发展必须从中华民族长远利益考虑，把修复长江生态环境摆在压倒性位置，共抓大保护、不搞大开发，努力把长江经济带建设成为生态更优美、交通更顺畅、经济更协调、市场更统一、机制更科学的黄金经济带，探索出一条生态优先、绿色发展新路子"。它构成长江经济带绿色高质量发展的一条主线。

为此，一是要深刻理解把握共抓大保护、不搞大开发和生态优先、绿色发展的内涵。正如习近平总书记所强调的："共抓大保护和生态优先讲的是生态环境保护问题，是前提；不搞大开发和绿色发展讲的是经济发展问题，是结果；共抓大保护、不搞大开发侧重当前和策略方法；生态优先、绿色发展强调未来和方向路径，彼此是辩证统一的。"

二是要积极探索推广绿水青山转化为金山银山的路径，选择具备条件的地区开展生态产品价值实现机制试点，探索政府主导、企业和社会各界参与、市场化运作、可持续的生态产品价值实现路径。

三是要深入实施乡村振兴战略，发挥农村生态资源丰富的优势，吸引资本、技术、人才等要素向乡村流动，把绿水青山变成金山银山，带动广大人民增收。

二、长江经济带绿色高质量发展需要解决的两个问题

现在，中国经济已由高速增长阶段转向高质量发展阶段。新形势下，推动长江经济带这样一个庞大集合体的发展，"首先要解决思想认识问题，其次再从体制机制和政策举措方面下功夫，做好区域协调发展'一盘棋'这篇大文章"。

首先要解决思想认识问题。第一，特别是不能把生态环境保护和经济发展割裂开来，更不能对立起来。要坚决摒弃以牺牲环境为代价换取一时经济发展的做法。有的人、有的地方对生态环境保护蕴含的潜在需求认识不清晰，对这些需求可能激发出来的供给、形成新的增长点认识不到位，对把绿水青山转化成金山银山的路径方法探索不深入。一定要从思想认识和具体行动上来一个根本转变。

第二，特别是要树立"一盘棋"思想。长江经济带的各个地区、每个城市都应该也必须有推动自身发展的意愿，这无可厚非，但在各自发展过程中一定要从整体出发，树立"一盘棋"思想，把自身发展放到协同发展的大局之中，实现错位发展、协调发展、有机融合，形成整体合力。

总之，"沿江省市和国家相关部门要在思想认识上拧成一股绳，在实际行动中形成一盘棋，共同努力把长江经济带建成生态更优美、交通更顺畅、经济更协调、市场更统一、机制更科学的黄金经济带"。

其次要从体制机制和政策举措方面下功夫。第一，要深入推进《长江经济带发展规划纲要》贯彻落实，结合实施情况及国内外发展环境新变化，组织开展规划纲要中期评估，按照新形势新要求调整完善规划内容。要按照"多规合一"

的要求，在开展资源环境承载能力和国土空间开发适宜性评价的基础上，抓紧完成长江经济带生态保护红线、永久基本农田、城镇开发边界三条控制线划定工作，科学谋划国土空间开发保护格局，建立健全国土空间管控机制，以空间规划统领水资源利用、水污染防治、岸线使用、航运发展等方面空间利用任务，促进经济社会发展格局、城镇空间布局、产业结构调整与资源环境承载能力相适应，做好同建立负面清单管理制度的衔接协调，确保形成整体顶层合力。要对实现既定目标制定明确的时间表、路线图，稳扎稳打，分步推进。第二，要进行一系列制度设计，构筑协同共抓大保护良性格局——建立负面清单管理体系；实现断面水质统一监测、统一发布、按月评价、按季预警；相关省份加快建立省际和省内横向生态补偿机制；上、中、下游分别建立区域性协商合作机制；长江保护法正式实施，依法治江进入新阶段……第三，推动长江经济带高质量发展，建设现代化经济体系，要坚持质量第一、效益优先的要求，推动质量变革、效率变革、动力变革，加快建设实体经济、科技创新、现代金融、人力资源协同发展的产业体系，构建市场机制有效、微观主体有活力、宏观调控有度的经济体制。其中，实现动力变革、加快动力转换是重要一环。正确把握破除旧动能和培育新动能的辩证关系，既要紧盯经济发展新阶段、科技发展新前沿，毫不动摇地把培育发展新动能作为打造竞争新优势的重要抓手，又要坚定不移地把破除旧动能作为增添发展新动能、厚植整体实力的重要内容，积极打造新的经济增长极。第四，要着力实施创新驱动发展战略，把长江经济带得天独厚的科研优势、人才优势转化为发展优势。第五，要下大气力抓好落后产能淘汰关停，采取提高环保标准、加大执法力度等多种手段倒逼产业转型升级和高质量发展。第六，要在综合立体交通走廊、新型城镇化、对内对外开放等方面寻找新的突破口，协同增强长江经济带发展动力。长江经济带是"一带一路"在国内的主要交汇地带，应该统筹沿海、沿江、沿边和内陆开放，实现同"一带一路"建设有机融合，培育国际经济合作竞争新优势。

三、长江经济带绿色高质量发展需要深化的三项内容

2020年11月14日上午，习近平总书记在江苏省南京市主持召开全面推动长江经济带发展座谈会并发表重要讲话。他强调，要贯彻落实党的十九大和党的十九届二中、三中、四中、五中全会精神，坚定不移贯彻新发展理念，推动长江经济带高质量发展，谱写生态优先绿色发展新篇章，打造区域协调发展新样板，构筑高水平对外开放新高地，塑造创新驱动发展新优势，绘就山水人城和谐相融新画卷，使长江经济带成为中国生态优先绿色发展主战场、畅通国内国际双循环主动脉、引领经济高质量发展主力军。

主战场、主动脉、主力军，习近平总书记为新阶段长江经济带绿色高质量发展擘画了新蓝图，赋予了新使命，也成为长江经济带绿色高质量发展的三项重要内容。

（一）成为生态优先绿色发展主战场

生态优先、绿色发展，是习近平总书记为新阶段长江经济带绿色高质量发展铺就的底色。在第三次全面推动长江经济带发展座谈会上，习近平总书记更是强调，长江经济带要努力建设人与自然和谐共生的绿色发展示范带，成为生态优先绿色发展主战场。

主战场，意味着所处地位的举足轻重——没有长江经济带生态优先绿色发展的全胜，就没有全国生态优先绿色发展的大胜；意味着所担责任的重于泰山——要为全国其他地区的生态优先绿色发展做出表率，做出示范，而失之毫厘，则必将谬以千里；意味着完成任务的光荣而艰巨——长江经济带横贯长江上、中、下游11省市，经济发展的差异性、生态环境的复杂性、区域利益关系的难以协调性、对标对表国家整体严格要求的紧迫性，无不显示出完成任务的艰巨性。但作为横跨我国东中西三大板块，人口规模和经济总量占据全国"半壁江山"，生态地位突出，发展潜力巨大的长江经济带，不在践行新发展理念、构建新发展格局、推动高质量发展中发挥重要作用，又舍我其谁？总结自2016年以来的成就，正是在习近平总书记的亲自谋划、亲自部署、亲自推动下，长江经济带生态环境保护发生了转折性变化，经济社会发展取得历史性发展。这也充分显示了长江经济带有能力成为生态优先绿色发展主战场，并且完全有能力打赢这场生态优先绿色发展主战场的胜仗。

成为生态优先绿色发展主战场，第一要打赢加强生态环境系统保护修复第一仗。要从生态系统整体性和流域系统性出发，追根溯源、系统治疗，防止头痛医头、脚痛医脚。要找出问题根源，从源头上系统开展生态环境修复和保护。

第二要打赢加强协同联动，强化山水林田湖草等各种生态要素的协同治理，推动上中下游地区的互动协作，增强各项举措的关联性和耦合性协同仗。要注重整体推进，在重点突破的同时，加强综合治理系统性和整体性，防止畸重畸轻、单兵突进、顾此失彼。

第三要打赢在严格保护生态环境的前提下，全面提高资源利用效率关键仗，加快推动绿色低碳发展，努力建设人与自然和谐共生的绿色发展示范带。

第四要打赢强化国土空间管控和负面清单管理，严守生态红线攻坚仗，持续开展生态修复和环境污染治理工程，保持长江生态原真性和完整性。

第五要打赢加快建立生态产品价值实现机制决胜仗，让保护修复生态环境获得合理回报，让破坏生态环境付出相应代价。

第六要打赢健全长江水灾害监测预警、灾害防治、应急救援体系保障仗，推进河道综合治理和堤岸加固，建设安澜长江。

（二）成为畅通国内国际双循环主动脉

2020 年 5 月 14 日，中央政治局常务委员会会议提出，要充分发挥中国超大规模市场优势和内需潜力，构建国内国际双循环相互促进的新发展格局。这不仅体现了党中央发展战略转型的内涵，也适应了国内基础条件和新冠肺炎疫情发生后国际环境变化的特点，是中华民族伟大复兴战略全局和世界百年未有之大变局下修复经济均衡的应对之策，更是长远驱动内外经济均衡水平的跃升，让中国从经济大国迈向经济强国的重要一步。

长江经济带素有中国的"黄金水道"之称，更是中国经济中心所在、活力所在。在构建新发展格局中，长江经济带既有得天独厚的优势，也有责无旁贷的使命。基于此，习近平总书记明确提出，使长江经济带成为"畅通国内国际双循环主动脉"。

成为畅通国内国际双循环主动脉，首先要推进畅通国内大循环。为此，要坚持全国一盘棋思想，在全国发展大局中明确自我发展定位，探索有利于推进畅通国内大循环的有效途径。要把需求牵引和供给创造有机结合起来，推进上、中、下游协同联动发展，强化生态环境、基础设施、公共服务共建共享，引导下游地区资金、技术、劳动密集型产业向中上游地区有序转移，留住产业链关键环节。要推进以人为核心的新型城镇化，处理好中心城市和区域发展的关系，推进以县城为重要载体的城镇化建设，促进城乡融合发展。要增强城市防洪排涝能力；要提升人民生活品质，巩固提升脱贫攻坚成果，加强同乡村振兴有效衔接；要提高人民收入水平，加大就业、教育、社保、医疗投入力度，促进便利共享，扎实推动共同富裕；要构建统一开放有序的运输市场，优化调整运输结构，创新运输组织模式。

其次要构筑高水平对外开放新高地。要统筹沿海沿江沿边和内陆开放，加快培育更多内陆开放高地，提升沿边开放水平，实现高质量引进来和高水平走出去，推动贸易创新发展，更高质量利用外资。要加快推进规则标准等制度型开放，完善自由贸易试验区布局，建设更高水平开放型经济新体制。要把握好开放和安全的关系，织密织牢开放安全网。沿江省市要在国内国际双循环相互促进的新发展格局中找准各自定位，主动向全球开放市场。要推动长江经济带发展和共建"一带一路"的融合，加快长江经济带上的"一带一路"倡议支点建设，扩大投资和贸易，促进人文交流和民心相通。

（三）成为引领经济高质量发展主力军

2018 年 4 月 26 日，习近平总书记在深入推动长江经济带发展座谈会上提出，要使长江经济带成为引领我国经济高质量发展的生力军。而在 2020 年 11 月 14

日，习近平总书记在全面推动长江经济带发展座谈会上提出，要使长江经济带成为引领中国经济高质量发展主力军。

"生力军"与"主力军"尽管只有一字之差，但其含义更为深远。这一升级，既包含了习近平总书记对长江经济带引领中国经济高质量发展的殷殷期许，也满载着全国人民对长江经济带为我国经济高质量发展做出重大贡献的深深期盼。作为在基础研究、关键技术攻关等方面全国领先，汽车产业、数字科技、生物医药等产业配套完善、产业链完整度高，拥有众多优质高校科研机构为长江经济带创新发展提供了源源不断的智力支持，而且人口规模和经济总量占据全国"半壁江山"的长江经济带，无疑是中国经济高质量发展的重要引擎。

成为引领中国经济高质量发展主力军，面向未来，首先要加快产业基础高级化、产业链现代化。要勇于创新，坚持把经济发展的着力点放在实体经济上，围绕产业基础高级化、产业链现代化，发挥协同联动的整体优势，全面塑造创新驱动发展新优势。要建立促进产学研有效衔接、跨区域通力合作的体制机制，加紧布局一批重大创新平台，加快突破一批关键核心技术，强化关键环节、关键领域、关键产品的保障能力。要推动科技创新中心和综合性国家实验室建设，提升原始创新能力和水平。要强化企业创新主体地位，打造有国际竞争力的先进制造业集群，打造自主可控、安全高效并为全国服务的产业链供应链。要激发各类主体活力，破除制约要素自由流动的制度藩篱，推动科技成果转化。要高度重视粮食安全问题。

其次要保护传承弘扬长江文化。长江造就了从巴山蜀水到江南水乡的千年文脉，是中华民族的代表性符号和中华文明的标志性象征，是涵养社会主义核心价值观的重要源泉。要把长江文化保护好、传承好、弘扬好，延续历史文脉，坚定文化自信。要保护好长江文物和文化遗产，深入研究长江文化内涵，推动优秀传统文化创造性转化、创新性发展。要将长江的历史文化、山水文化与城乡发展相融合，突出地方特色，更多采用"微改造"的"绣花"功夫，对历史文化街区进行修复。

四、长江经济带绿色高质量发展需要把握的五个关系

第一，正确把握整体推进和重点突破的关系。推动长江经济带发展，前提是坚持生态优先，把修复长江生态环境摆在压倒性位置，逐步解决长江生态环境透支问题。这就要从生态系统整体性和长江流域系统性着眼，统筹山水林田湖草等生态要素，实施好生态修复和环境保护工程。要坚持整体推进，增强各项措施的关联性和耦合性，防止畸重畸轻、单兵突进、顾此失彼。要坚持重点突破，在整体推进的基础上抓主要矛盾和矛盾的主要方面，采取有针对性的具体措施，努力做到全局和局部相配套、治本和治标相结合、渐进和突破相衔接，实现整体推进和重点突破相统一。

第二，正确把握生态环境保护和经济发展的关系。推动长江经济带探索生态优先、绿色发展的新路子，关键是要处理好绿水青山和金山银山的关系。这不仅是实现可持续发展的内在要求，而且是推进现代化建设的重大原则。生态环境保护和经济发展不是矛盾对立的关系，而是辩证统一的关系。生态环境保护的成败归根到底取决于经济结构和经济发展方式。发展经济不能对资源和生态环境竭泽而渔，生态环境保护也不是舍弃经济发展而缘木求鱼，要坚持在发展中保护、在保护中发展，实现经济社会发展与人口、资源、环境相协调，使绿水青山产生巨大生态效益、经济效益、社会效益。

第三，正确把握总体谋划和久久为功的关系。推动长江经济带发展涉及经济社会发展各领域，是一个系统工程，不可能毕其功于一役。要做好顶层设计，要有"功成不必在我"的境界和"功成必定有我"的担当，一张蓝图干到底，以钉钉子精神，脚踏实地抓成效，积小胜为大胜。

第四，正确把握破除旧动能和培育新动能的关系。发展动力决定发展速度、效能、可持续性。要扎实推进供给侧结构性改革，推动长江经济带发展动力转换，建设现代化经济体系。长江沿岸长期积累的传统落后产能体量很大、风险很多，动能疲软，沿袭传统发展模式和路径的惯性巨大。但是，如果不能积极稳妥化解这些旧动能，变革创新传统发展模式和路径，不仅会挤压和阻滞新动能培育壮大，而且处理不好还会引发"黑天鹅"事件、"灰犀牛"事件。旧的不去，新的不来。推动长江经济带高质量发展要以壮士断腕、刮骨疗伤的决心，积极稳妥腾退化解旧动能，破除无效供给，彻底摒弃以投资和要素投入为主导的老路，为新动能发展创造条件、留出空间，进而致力于培育发展先进产能，增加有效供给，加快形成新的产业集群，孕育更多吃得少、产蛋多、飞得远的好"鸟"，实现腾笼换鸟、凤凰涅槃。

第五，正确把握自身发展和协同发展的关系。长江经济带作为流域经济，涉及水、路、港、岸、产、城等多个方面，要运用系统论的方法，正确把握自身发展和协同发展的关系。一是要深刻理解实施区域协调发展战略的要义，各地区要根据主体功能区定位，按照政策精准化、措施精细化、协调机制化的要求，完整准确落实区域协调发展战略，推动实现基本公共服务均等化，基础设施通达程度比较均衡，人民生活水平有较大提高。二是推动长江经济带发展领导小组要更好发挥统领作用，在生态环境、产业空间布局、港口岸线开发利用、水资源综合利用等方面明确要什么、弃什么、禁什么、干什么，在这个基础上统筹沿江各地积极性。三是要完善省际协商合作机制，协调解决跨区域基础设施互联互通、流域管理统筹协调的重大问题，如各种交通运输方式怎样统筹协调发展、降低运输成本、提高综合运输效益，如何优化已有岸线使用效率、破解沿江工业和港口岸线无序发展问题等。四是要简政放权，清理阻碍要素合理流动的地方性政策法规，清除市场壁垒，推动劳动力、资本、技术等要素跨区域自由流动和优化配置。要探索一些财税体制创新安排，引入政府间协商议价机制，处理好本地利益和区域利益的关系。

第四节　长江经济带绿色高质量发展研究方法

一、综合指标法

大量观察法、统计分组法与综合指标法"三位一体"构成统计研究的基本方法体系。其中，运用各种统计综合指标以反映和说明社会经济现象总体在一定的时间、空间条件下所表现出的一般数量特征和数量关系的研究方法，就是综合指标法。

作为一个完整的统计指标，由两个基本要素构成，即指标名称和指标数值。前者反映了所要反映的对象的质的规定性，后者反映了所要反映的对象的量的规定性。两者有机结合，能够全面系统反映所要反映的对象在一定的时间、空间条件下所表现出的总量、结构、速度、质量等总体状况，为相关决策提供数量方面的依据。

统计指标质的规定性体现在指标名称以及与指标名称有关的时间限制、空间限制、计量单位属性和核算方法等五个方面，而统计综合指标量的规定性则由指标数值加以具体体现。所以说，一个完整的统计指标应由六个具体的因素构成，这就是人们常说的指标名称、指标数值、时间限制、空间限制、计量单位和核算方法。例如，我国 2018 年国内生产总值 900309 亿元，比上年增长 6.6%。而 2004 年我国国内生产总值为 136515 亿元。而正是统计综合指标有了这六个方面的规定，因此，它也就将统计中的综合指标与数学中的"变量"这一概念区分开来了，尽管在实际应用中相互混用的场合还相当的多。

统计指标一般具有以下三个具体特点：

1. 数量性

数量性是统计指标最基本的特点。不能用数值来表现的名称，不能称之为统计指标，可以称之为变量。所以，所有的统计指标一定都是可以用数值来表现的。指标是承载数值的载体，数值是统计指标所要反映的客观现象的数量特征，是统计指标存在的形式，也是统计指标进行统计后的结果。统计指标具有数量性的特点，使人们能够大量地运用统计综合指标对客观总体进行量的描述，也使统计研究运用数学方法和现代计算技术又可能变为现实。

2. 综合性

综合性有两个要点：一是指统计指标将具有同质性的一个总体的大量个别单位的数值进行总计，形成反映总体数量特征的综合指标，其过程是个体到总体的过程；二是指将具有同质性的大量个别单位的标志差异进行综合，通过这种综合，许多个体现象的数量特征将不再显现，其间的个体差异被抽象，被综合，看到的只是总体的数量特征的结果。所以，统计指标的综合过程实质上就是从个体到总体的过程，就是通过个别单位数量差异的抽象化以体现总体综合数量特点的过程。

3. 具体性

每一个统计指标都是具体的，并不是一个抽象的概念和数字。说它具体，是指它所表现出的数字是有具体内容的，一定是某一具体的社会经济现象的一种量的反映，而且一定是在质的基础上的量的集合。统计指标的具体性特点使经济统计学和数理统计、数学相区别。

所以，在实际运用统计综合指标时，要把握好统计综合指标的三个具体特点，并加以灵活运用。

二、综合指标体系

由现象的复杂多样性和各种现象之间所具有的相互联系的性质所决定，仅用个别统计指标以反映现象总体的全部是远远不够的，此时，需要借助统计指标体系加以描述。所谓统计指标体系是指由多个具有相互关系且能够反映现象总体特征的统计指标组合在一起而构成的一个有机整体。通过统计指标体系，可以较为完整、系统、全面地说明所研究现象的总体特征及各个方面相互依存和相互制约的关系。

与单一统计指标不同的是，某一单一指标只能反映现象总体数量特征的一个方面，而由多个统计指标组合在一起而构成的统计指标体系则可从多方面反映现象总体的数量特征，所以，统计指标体系所反映的内容更为全面、更为系统。

为更科学地反映长江经济带高质量发展与绿色发展的状况，需要借助于综合指标法构建长江经济带高质量发展与绿色发展评价指标体系。

本着整体性与个体性相结合，总量控制和结构布局相协调，数据的可获取性的原则，在借鉴有关学者相关研究成果基础上，构建了长江经济带绿色发展水平和高质量发展水平评价指标体系，分别如表3-2和表3-3所示。

（一）长江经济带绿色发展水平综合评价指标体系

长江经济带绿色发展水平综合评价指标体系如表3-2所示。

表3-2 长江经济带绿色发展水平评价指标体系

一级指标		二级指标
绿色发展水平指标体系	环境承载力（X1）	人均水资源量（立方米/人）（X11）
		人均耕地面积（亩/人）（X12）
		人均森林面积（公顷/人）（X13）
		能源供给总量（万吨标准煤）（X14）
		天然气供应量（亿立方米）（X15）
	环境管理力（X2）	环保支出占财政支出的比重（%）（X21）
		环境污染治理投资占地区生产总值比重（%）（X22）
		当年新增造林面积占总面积比重（%）（X23）
		人均绿地面积（亩/人）（X24）
		城市天然气普及率（%）（X25）
		生活垃圾无害化处理率（%）（X26）
		城市污水治理能力（万立方米/日）（X27）
	环境友好性（X3）	人均能源消费量（吨标准煤/人）（X31）
		人均水资源消费量（立方米/人）（X32）
		人均煤炭消费量（吨/人）（X33）
	环境抗压力（X4）	人均耕地保有量（亩/人）（X41）
		单位GDP建设用地面积降低率（%）（X42）
		单位GDP能耗（吨标准煤/万元）（X43）
		一般工业固体废物综合利用率（%）（X44）
	环境稳定性（X5）	地级及以上城市空气质量优良天数比例（%）（X51）
		细颗粒物（$PM_{2.5}$）未达标地级及以上城市浓度下降率（%）（E2）（X52）
		地表水达到或好于Ⅲ类水体比例（%）（X53）

指标的有关含义如下：①环境承载力，是指环境对人类活动的承受能力，用来衡量人与自然环境的和谐程度。环境承载力因时期、区域不同而有所差异，可通过转变经济增长方式进行调控，使其向有利方向发展。②环境管理力，是指协调人类活动与环境资源关系的能力，能运用多种合理有效的手段对人类破坏环境的行为进行限制和弥补，以保障环境质量。环境管理力的强弱直接关系到环境秩序和环境安全，可通过及时调整环保措施来提升环境管理力，以适应经济社会发展和环境变化。③环境友好性，是指人与自然环境之间关系的和谐程度，反映人类活动对自然资源的索取状况。人类活动对各类自然资源的消耗越多，则环境友

好性越弱，但可以通过改变生产生活方式提高资源利用效率或者开发新能源替换旧能源来加强环境友好性。④环境抗压力，是指环境应对外界干扰的耐受能力，其主要影响因素是人类活动。环境抗压力不仅依赖于环境自有的自然资源，也需要人类采取行动进行调节。目前，环境抗压力不仅是生态学研究内容之一，更是绿色发展的重要组成部分。⑤环境稳定性，是指环境内部的平衡状态，反映资源环境的质量和安全状况。环境稳定性是一种动态平衡，随时间、空间的变化而不同。时至今日，环境稳定性不仅与其自身调节机制有关，更与人类生产生活方式密切相关。

（二）长江经济带高质量发展水平综合评价指标体系

长江经济带高质量发展水平评价指标体系如表 3-3 所示。

表 3-3　长江经济带高质量发展水平评价指标体系

一级指标		二级指标
高质量发展水平指标体系	创新（Y1）	R&D 经费内部支出占 GDP 比重（%）（C1）
		万人发明专利拥有量（项）（C2）
		进入世界 500 强企业数量（家）（C3）
		平均受教育年限（年）（C4）
		高新技术企业数量（个）（C5）
		技术市场交易额（亿元）（C6）
	协调（Y2）	城乡人均消费水平差距（元）（C7）
		第三产业增加值占 GDP 比重（%）（C8）
		服务业增加值占第三产业的比重（%）（C9）
		人口老龄化程度（%）（C10）
	绿色（Y3）	人均森林面积（公顷/人）（C11）
		天然气供应量（亿立方米）（C12）
		环保支出占财政支出的比重（%）（C13）
		人均绿地面积（亩/人）（C14）
		环境污染治理投资占地区生产总值比重（%）（C15）
		城市污水治理能力（万立方米/日）（C16）
		一般工业固体废物综合利用率（%）（C17）
		生活垃圾无害化处理率（%）（C18）
	开放（Y4）	地区进出口总额（千美元）（C19）
		接待外国游客人次（百万人次）（C20）
		全社会固定资产投资额中外资占比（%）（C21）
		外商投资企业单位法人单位数（个）（C22）

续表

一级指标	二级指标
共享（Y5）	居民人均可支配收入（元）（C23）
	城镇职工基本医疗保险参保人数占总人口的比重（%）（C24）
	每万人拥有公共交通车辆数（标台）（C25）
	每万人拥有病床数（张）（C26）
	人均拥有图藏书量（册/人）（C27）
	每十万人拥有艺术表演团体机构个数（个）（C28）
	普通高校生师比（教师人数＝1）（C29）
有效（Y6）	人均 GDP（元/人）（C30）
	人均财政收入（元/人）（C31）
	固定资产投资效果系数（无量纲）（C32）
	劳动生产率（元/人）（C33）
	城镇登记失业率（%）（C34）

（左侧合并单元格：高质量发展水平指标体系）

指标的有关含义如下：

1. 创新维度评价指标

创新驱动发展战略是决胜全面建成小康社会必须实施的重大战略之一，在推动创新发展方面意义重大。因此，本书根据各地统计年鉴的数据可获得性，选取了高新技术产业产值、有 R&D 活动企业数、专利申请授权量、本年 R&D 活动经费内部支出合计、科学研究人员数五个指标来衡量区域经济发展的创新能力。①高新技术产业产值：高新技术产业产值就是高新技术产业的增加值；高新技术产业以高新技术为基础，从事一种或多种高新技术及其产品的研究、开发、生产和技术服务的企业集合。②有 R&D 活动企业数：区域企业中有从事科学研究与试验发展活动的企业个数。③专利申请授权量：专利申请中，给予授权的专利数量。④本年 R&D 活动经费内部支出合计：指当年从事科学研究与试验发展活动的内部经费支出金额。⑤科学研究人员数：特指具备某一学科专业知识的而从事科学研究的高级知识分子。

2. 协调维度评价指标

协调发展是经济健康持续发展的内在要求，协调发展就是要缩小城乡经济发展差距，从而使城乡协调发展，同时也要协调人与自然的关系。因此，本书根据各地统计年鉴的数据可获得性，选取了城乡人均可支配收入差距、城乡人均消费水平差距、城乡恩格尔系数差距、第三产业增加值占 GDP 比重、四个指标来衡量区域经济发展协调性。①城乡人均可支配收入差距：是指城镇居民可支配收入与农村居民人均可支配收入之差。②城乡人均消费水平差距：是指城镇居民人均消费与农村居民人均消费之差。③城乡恩格尔系数差距：是指城乡食品支出总额占个人消费支出总额比重的差额。④第三产业增加值占 GDP 比重：是指第三产业增加值占某一地区全部地区生产总值中的比重。

3. 绿色维度评价指标

根据各地统计年鉴的数据可获得性，选取了人均公园绿地面积、建成区绿化覆盖率、污水处理率、无害化处理厂日处理能力四个指标来衡量绿色生态高质量。①人均公园绿地面积：等于某一地区的公园绿地面积与该地区平均人口数量之比，它反映城镇公园绿地面积的人均占有量。②建成区绿化覆盖率：是指在一个城市中所建成区的绿化覆盖面积与该建成区面积之比。③污水处理率：是指经过处理的生活污水和工业废水量占全部污水排放总量的比重。④无害化处理厂日处理能力：无害化处理是指使垃圾不再污染环境，而且可以将其利用，变废为宝。

4. 开放维度评价指标

开放是高质量发展的必由之路，开放就意味着一个区域要与外界进行经济上的贸易往来以及人员的流动，而不是封闭式的发展。因此，本书根据各地统计年鉴的数据可获得性，选取了地区进出口总额、外贸依存度、接待境外旅游者人数、实际使用外资、旅游外汇收入、境外协议投资、境外投资新批项目数七个指标来衡量区域经济开放发展程度。

①地区进出口总额：是指实际进出一区域边境的货物总金额。②外贸依存度：是指一国或地区的经济依赖于对外贸易的程度；其定量表现是一国或地区进、出口贸易总额与其国或地区内生产总值之比。③接待境外旅游者人数：是指一个地区在报告期内接待由国外、港澳台来该地区旅游的游客人数。境外旅游者包括来中国参加观光、度假、探亲访友、就医疗养、购物、参加会议或从事经济、文化、体育、宗教等各种活动的外国人、港澳台同胞等所有入境游客。④实际使用外资：是指一个地区在报告期内的各级政府、部门、企业和其他经济组织通过对外借款、吸收外商直接投资和用其他方式筹措的境外现汇、设备、技术等。⑤旅游外汇收入：是指一个地区在报告期内通过接待境外旅游者而获得的外汇收入，包括入境游客在中国（大陆）境内旅行、游览过程中花费在交通、参观游览、住宿、餐饮、购物、娱乐等方面的实际支出。⑥境外协议投资：是指投资主体投入资产（包括货币、有价证券、实物、知识产权或技术、股权、债权等）和权益或提供担保等方式，已签订协议获得境外所有权、经营管理权及其他相关权益的活动。⑦境外投资新批项目数：是指投资主体投入资产（包括货币、有价证券、实物、知识产权或技术、股权、债权等）和权益或提供担保等方式，

通过国家有关部门批准的能够获得境外所有权、经营管理权及其他相关权益的活动的项目数。

5. 共享维度评价指标

共享是高质量发展的根本目标，提高居民生活质量，实现发展成果的共享，是判断高质量发展的基本标准，因为经济发展的目的是满足国民不断增加的物质和文化生活的需要。如果只注重经济发展的速度，而忽视人的发展，居民的消费水平就会较低，储蓄水平就会较高，城乡之间、区域之间、产业之间居民收入差距较大，收入分配不合理，这样的经济发展是低质量的。因此，本书根据各地统计年鉴的数据可获得性，选取了居民人均可支配收入、每万人拥有医院卫生院床位数、人均拥有公共图书馆藏量、人均住房建筑面积、商品房销售建筑面积、居民恩格尔系数、每万人拥有医师数、每万人拥有公共交通车辆、人均拥有道路面积指标来衡量共享维度评价。

6. 有效维度评价指标

有效性是衡量高质量经济发展的重要尺度之一，同时也是判断经济持续增长的基本条件。经济发展要有效率就表明了经济发展不能再走粗放式的发展道路，而应该区域发展。因此，本书根据各地统计年鉴的数据可获得性，选取了人均GDP、人均固定资产投资、城镇化率、城镇登记失业率、自来水综合生产能力五个指标来衡量区域性发展的效率性。①人均GDP：是指一个地区在报告期内的地方生产总值与其平均总人口数之比。②人均固定资产投资：表现为某一地区固定资产投资总额与该地区平均人口数之比。③城镇化率：是指一个地区城镇常住人口占该地区常住总人口的比例。④城镇登记失业率：是指一个地区在报告期内的城镇登记失业人员数占该地区全部就业人员与城镇登记失业人员总和的比重。其中全部就业人员包括城镇单位就业人员（不包括所使用的农村劳动力、聘用的离退休人员、港澳台及外方人员，但包括城镇单位中的不在岗职工）、城镇私营业主、个体户主、城镇私营企业和个体就业人员。⑤自来水综合生产能力：是指一个地区在某一报告期内按其设计能力计算的综合生产能力。

三、综合指数法

综合指数法是指将各项个体指标通过同度量处理转化为个体指数，再经过加权平均以计算出综合指数的一种综合评价方法。

在长江经济带绿色发展、高质量发展及耦合协调发展研究中，旨在通过这一方法将分散的长江经济带高质量发展与绿色发展以及两者耦合协调发展的评价指标体系信息合成一个综合信息，以掌握长江经济带高质量发展与绿色发展以及耦合协调发展的水平。

综合指数具体步骤如下：

（1）计算出一级指标的综合指数，公式如式（3－1）所示：

$$K_i = \frac{\sum \dfrac{X_{ij}}{X_{i0}} w_{ij}}{100} \times 100\% \qquad\qquad (3-1)$$

式中，K_i 为第 i 类一级指标水平综合指数；X_{ij} 为第 i 类一级指标的第 j 个二级指标的实际值；X_{i0} 为第 i 类一级指标的第 j 个二级指标的标准值；w_{ij} 为第 i 类一级指标的第 j 个二级指标的权数，且有：$\sum w_{ij} = 100$。

（2）计算出发展水平综合指数，公式如式（3－2）所示：

$$K = \frac{\sum K_i W_{ki}}{100} \times 100\% \qquad\qquad (3-2)$$

式中，K 为发展水平综合指数，W_{ki} 为第 i 类一级指标的权数，始终有：$\sum W_{ki} = 100$。

四、耦合协调度模型法

（一）概念

"耦合"是物理学概念，是指两个或两个以上的系统通过各种相互作用而彼此影响一致联合起来的现象。这种耦合的基础是两个系统存在某种联系，双方通过这种相互作用的联系机制，使各方的属性发生变化。绿色发展和高质量发展作为两个相互作用、相互影响的两个系统，无疑具备这种交互耦合的作用关系。而对绿色发展和高质量发展两个系统之间通过各自的耦合要素产生相互作用、彼此影响程度的度量，则是耦合度。

但仅关注绿色发展和高质量发展系统之间存在交互耦合作用关系是不够的，因为从协同学角度看，耦合作用仅是决定了系统由无序走向有序的趋势。除此之外，还要求绿色发展和高质量发展这两个系统之间要保持协调。协调，在内部是指系统中的各要素所表现出的各种具有质的规定性的不同性质的部分，在构成一个统一的有机的整体时所具有的相互和谐、相互一致的属性；在外部是指两个系统所表现出的各种具有质的规定性的不同性质的部分，在构成一个更大的、统一的、有机的系统时所具有的相互和谐、相互一致的属性。只有两个系统之间保持了协调，形成了协同作用，才能始终达到和谐一致的状态。所以，还有必要对这种和谐一致的程度进行度量，此为协调度。

旨在通过这一方法计算出长江经济带高质量发展与绿色发展两者之间的协调度，以定量分析两者之间协调发展的情况。

而将耦合度和协调度置于一个整体中所形成的一个新指标，则为耦合协调度。研究耦合协调度的方法即为耦合协调度模型法。

（二）计算步骤

一般计算过程如下：

1. 计算耦合度

公式如式（3-3）所示：

$$C_{XY} = \frac{2\sqrt{X \cdot Y}}{X + Y} \qquad (3-3)$$

式中，C_{XY}表示长江经济带高质量发展和绿色发展耦合度，X 表示长江经济带绿色发展水平综合指数，Y 表示长江经济带高质量发展水平综合指数。

从 $C_{XY} = \dfrac{2\sqrt{X \cdot Y}}{X + Y}$ 可以看出，C_{XY} 由变量 X、Y 决定，而 C_{XY} 的值达到最大，为 1 的前提条件是要 X、Y 均为正值且相等；反之，C_{XY} 的值最小，为 -1 的前提条件是 X、Y 均为负值且相等。其他情况则皆居于两者之间，即：$-1 \leqslant C_{XY} \leqslant 1$。需要注意的是，由于 C_{XY} 中的分子为 $2\sqrt{XY}$，表现为开平方根，而当 X 或 Y 其中的一个值为负时，都将难以开出平方根，所以，此时的计算，在分子中要将其负值取绝对值计算，但在分母中，负值的性质仍将不予改变。这也从一个侧面暴露了此种计算方法所存在的缺陷。

2. 计算耦合协调度

公式如式（3-4）和式（3-5）所示：

$$C = (C_{XY} \times T)^{\theta} \qquad (3-4)$$

$$T = \frac{2(X-100)(Y-100)}{(X-100)^2 + (Y-100)^2} \qquad (3-5)$$

X 和 Y 都要减去 100，是因为 X 和 Y 都是采用综合指数法计算而得，有一个标准值问题，从而将会导致其结果有可能大于 100% 或小于 100%。如此，都减去 100，显示出的是 X 和 Y 与标准值的离差，是高于或低于标准值的真实的水平。根据 T 的性质，其值为 $-1 \leqslant T \leqslant 1$。

式中，C 表示为长江经济带绿色发展和高质量发展耦合协调度；T 表示为长江经济带绿色发展和高质量发展的综合评价指数，反映两者的整体水平；θ 为待定参数，一般取 $\theta = 0.5$。

（三）耦合协调度评价标准

可借用廖重斌在《环境与经济协调发展的定量评判及其分类体系》[①] 一文中所提出的耦合协调度评价标准作为我们的评判标准，如表 3-4 所示。

---

① 廖重斌. 环境与经济协调发展的定量评判及其分类体系 [J]. 热带地理，1999（2）：171 - 177.

表3-4　耦合协调度评价标准

序号	耦合协调度	协调等级	序号	耦合协调度	协调等级
1	0~0.09	极度失调	6	0.50~0.59	勉强协调
2	0.10~0.19	严重失调	7	0.60~0.69	初级协调
3	0.20~0.29	中度失调	8	0.70~0.79	中级协调
4	0.30~0.39	轻度失调	9	0.80~0.89	良好协调
5	0.40~0.49	濒临失调	10	0.90~1.0	优质协调

五、数据包络分析法

数据包络分析法（Data Envelopment Analysis，DEA）由美国著名运筹学家Charnes、Cooper和Rhoades在1978年提出。它是一种非参数统计分析方法。

其基本思想是：以输入输出数据的分析为依据，以每个决策单元（Decision Making Units，DMU）为基本单位，通过求出每个决策单元综合效率的数量指标，并以是否获得100%效率为评价标准[1]，据此对各个DMU进行定级排序的一种综合评价方法。对于低于100%的无效率单位，DEA能够指出非有效的原因和程度，同时也会给出无效率单位相关指标的调整方向和调整程度。当系统A与系统B存在着一种相互依存、相互促进的互动关系时，系统A与系统B可以被看作是一种输入—输出的投入产出系统。

数据包络分析法适用于同类型的具有多输入和多输出投入产出系统的相对有效性的综合评价。

假设有n个部门或单位（在DEA中被称之为决策单元，即DMU），而每个DMU的投入要素为m种，其产出有s种，其中第j个决策单元DMU_{-j}的投入向量为：$x_j = (x_{1j}, x_{2j}, \cdots, x_{mj})^T > 0$，而产出向量为：$y_j = (y_{1j}, y_{2j}, \cdots, y_{mj})^T > 0$，$j = 1, 2, \cdots, n$，$m \geq s$，那么决策单元$DMU_{-j}$的效率评价指数为：

$$h_j = \frac{\sum_{r=1}^{s} u_r y_{rj}}{\sum_{i=1}^{m} v_i x_{ij}}, \quad i = 1, 2, \cdots, m; \ r = 1, 2, \cdots, s \quad (3-6)$$

式中，$u_r \geq 0$，为第r种产出的权重；$v_i \geq 0$，为第i种投入的权重。

所以，以第j_0个DMU的效率指数为优化目标，要求达到最大值，则目标函数为：

---

[1]　其中达到100%效率的单位，被称为相对有效率单位，而低于100%的单位，则被称为无效率单位。

$$\max \frac{\sum\limits_{r=1}^{s} u_r y_{rj_0}}{\sum\limits_{i=1}^{m} v_i x_{ij_0}} = h_{j_0} \qquad (3-7)$$

而对于所有 DMU 的效率指数，将其作为约束条件，即：

$$\text{s. t.} \quad \frac{\sum\limits_{r=1}^{s} u_r y_{rj}}{\sum\limits_{i=1}^{m} v_i x_{ij}} \leqslant 1 \qquad (3-8)$$

根据线性规划原理，可构造规模报酬不变的 C^2R 模型，如式（3-9）所示：

$$\begin{cases} \max \dfrac{\sum\limits_{r=1}^{s} u_r y_{rj_0}}{\sum\limits_{i=1}^{m} v_i x_{ij_0}} = h_{j_0} \\[4mm] \text{s. t.} \ \dfrac{\sum\limits_{r=1}^{s} u_r y_{rj}}{\sum\limits_{i=1}^{m} v_i x_{ij}} \leqslant 1 \end{cases} \qquad (3-9)$$

进一步地，对式（3-9）利用 Charnes - Cooper 变换（1962）实现转化，取对偶形式，引入松弛变量 s^+ 和剩余变量 s^-，将不等式约束化为等式约束，有下列模型：

$$\begin{cases} \min \theta \\[2mm] \text{s. t.} \ \sum\limits_{j}^{n} \lambda_j x_j + s^+ = \theta x_0 \\[2mm] \sum\limits_{j}^{n} \lambda_j y_j - s^- = y_0 \\[2mm] \lambda_j \geqslant 0, s^+ \geqslant 0, s^- \geqslant 0 \end{cases} \qquad (3-10)$$

如果式（3-10）所得最优解 θ^0、λ_j^0 都能满足 $\theta^0 = 1$，$s^{+0} = 0$，$s^{-0} = 0$，则 DMU_{-j_0} 为 DEA 有效，否则被视为无效。

利用数据包络分析法对系统 A 与系统 B 的协调发展进行综合评价，其实质是对系统 A 与系统 B 的相互促进效应的相对有效性开展综合评价。所谓相对有效性，是指当 DEA 有效时，说明系统 A 与系统 B 在所处的决策单元中的相互促进作用在所有决策单元中较为显著，或者说，其所处的决策单元是相对最有效的，并不代表系统 A 与系统 B 的相互促进效应在所有决策单元中有效，表现在由所有决策单元组成的系统中，也就意味着该发展系统并不一定是完全协调的。

六、层次分析法

20 世纪 70 年代初，美国运筹学家 T. L. Saaty 提出了一种集定量与定性分析相结合的多目标决策的系统分析方法，这就是目前在许多领域被广泛运用的层次分析法（Analytic Hierarchy Process，AHP），它通常适用于解决那些无法完全直接采用定量分析方法的决策问题，也更多地用于权重的确定。

其计算过程主要有以下一些步骤：

（一）运用德尔菲法确定相关指标以及对指标重要性的判断

德尔菲法，即专家咨询法。它具有三个明显的特点：

（1）匿名性——不知道专家姓甚名谁。

（2）多轮有控制的反馈——通常在三轮以上，并每轮都将专家的意见进行及时的反馈，以便集中专家的看法。

（3）小组的统计回答——每一轮都将专家的意见进行及时的统计，在最后一轮得出大多数专家的意见。

在综合评价中，德尔菲法被更多地应用于综合评价指标体系的确立和对指标重要性的判断。

（二）进行两两比较，构造判断矩阵

判断矩阵是关于同一层次中的各指标的相对重要性的判断值。而对于各指标相对重要性的判断，是基于两两比较的基础上所得到的。考虑到专家对指标相对重要性的判断有一定的难度，Saaty 在层次分析法中引进了九分位标度法。这是他采用了科学的实验方法，通过不断地比较而得到的一种有利于专家主观判断的尺度。如表 3－5 所示，且规定 $a_{ij} = 1/a_{ji}$，表示 y_i 比 y_j 的不重要程度。

表 3－5 尺度 a_{ij} 的含义

y_i/y_j	同等重要	重要	很重要	非常重要	异常重要	介于两者之间
a_{ij}	1	3	5	7	9	2, 4, 6, 8

当全部 P 个指标经过两两比较后，就可得到一个判断矩阵 $A = (a_{ij})_{n \times n}$：

$$A = \begin{pmatrix} a_{11} & \cdots & a_{1n} \\ \vdots & \vdots & \vdots \\ a_{m1} & \cdots & a_{mn} \end{pmatrix}$$

对于一个判断矩阵，应具有如下性质：

（a）$a_{ij} > 0$；

（b）$a_{ij} = 1/a_{ji}$。

（三）一致性检验

运用层次分析法的一个重要前提就是专家对各指标重要性程度的判断必须完全一致，但事实上，这是根本无法做到的，因为人有千百种，千百种人就会有千百种想法、看法，就不可能做到完全相同。此时，对判断矩阵合理性的论证是显得非常有必要的，这就是为什么要对判断矩阵是否具有一致性进行检验的原因所在。

一致性检验包括：

1. 单一检验

对每一个判断矩阵所做的一致性检验。

（1）最大特征根的计算，公式如式（3-11）所示：

$$\lambda_{max} = \frac{1}{n} \sum_{i=1}^{n} (p \bar{w})_i / w_i \tag{3-11}$$

（2）一致性指标的计算，公式如式（3-12）所示：

$$CI = \frac{\lambda_{max} - n}{n - 1} \tag{3-12}$$

（3）随机一致性比率的计算，公式如式（3-13）所示：

$$CR = CI/RI \tag{3-13}$$

其中，RI 为平均随机一致性标准，其具体指标值如表3-6所示。

（4）进行比较。对最终所计算出的 CR 指标值进行比较，当 CR < 0.1 时，一般可以认为所构造的判断矩阵具有满意的一致性，否则认为判断矩阵没有通过检验，这时就需要通过对其进行相应的调整，直至通过一致性检验为止。

表3-6　一致性指标 RI

n	1	2	3	4	5	6	7	8	9
RI	0	0	0.58	0.90	1.12	1.24	1.32	1.41	1.45

2. 总检验

所谓总的一致性检验是以下一层（第 k 层）对上一层（第 k+1 层）所确定的值为权重，对处于第 k 层的所有判断矩阵之间是否具有满意一致性所进行的检验。

假设第 k 层所对应的各判断矩阵的一致性指标值为 CI_j，随机性一致比率为 RI_j，而下一层（第 k 层）对上一层（第 k+1 层）所确定的值为权重，设为 a_j，则总的随机一致性检验指标为：

$$CR_{总} = \frac{\sum a_j CI_j}{\sum a_j RI_j} \tag{3-14}$$

其中，判断标准依然是当 $CR_{总} < 0.1$ 时，一般可以认为所构造的所有相关判断矩阵具有满意的一致性，相反，则需要调整判断矩阵。

（四）计算

在判断矩阵通过一致性检验后，就可以运用相关的方法进行相应的计算，而得到定量的结果。所以，构造判断矩阵的过程，就是由定性分析转向定量分析的过程。正在于层次分析法较好地解决了在决策过程中那些无法完全直接采用定量分析方法的决策问题，所以，在很多领域得到了广泛的运用。在综合评价中，它常常被用来作为确定指标权重的一种重要方法。

在实际计算中，由于方根法的简洁实用，故多用该方法。其过程为：

（1）将判断矩阵中每一行的元素相乘，得到乘积：$M_{A_i} = \prod_{i=1}^{n} a_{ij}$（$j = 1$，$2$，$\cdots$，$n$）。

（2）对 M_{A_i} 开 n 次方根，得：$\overline{W}_{A_i} = \sqrt[n]{M_{A_i}}$（$i = 1, 2, \cdots, n$）。

（3）当 $\overline{W}_{A_i}$ 不等于 1 时，对其进行归一化处理，得到：$W_{A_i} = \overline{W}_{A_i} \times 1/\sum_{i=1}^{n} \overline{W}_{A_i}$（$i = 1, 2, \cdots, n$）。

七、因子分析法

1904 年 Charles Spearman 在主成分分析方法的基础上，提出了一种新的方法，由于这种方法能够将相同本质的变量进行归纳总结，并最终形成一个能够代表这些变量所包含的相同信息的公共因子，而且，极为重要的是能够用这少数几个公共因子解释原始数据的大部分信息，所以，人们将其称为因子分析法（Factor Analysis）。它实际上是主成分分析方法的一种推广和应用的高级化。其特点是：

（1）降维性。由于能够用少数几个公共因子对原始数据的大部分信息进行解释，所以实际上达到了降维的目的。

（2）相关性。当多个指标可以用某一公共因子所表达时，意味着这多个指标在反映某一特征方面具有显著的相关性，相反，则表明具有较低的相关性。

（3）验证性。可以进行变量之间相互关系的假设检验。

（4）处理的特殊性。对主观方面因素而产生的偏差进行重点处理。

所以，因子分析法是对找出指标之间所具有的相互关系进行有效处理的一种综合评价方法。

因子分析模型也称为正交因子模型，用数学表达式表示为式（3 - 15）：

$$\begin{cases} X_1 = a_{11}F_1 + a_{12}F_2 + \cdots + a_{1m}F_m + \varepsilon_1 \\ X_2 = a_{21}F_1 + a_{22}F_2 + \cdots + a_{2m}F_m + \varepsilon_2 \\ \vdots \\ X_p = a_{p1}F_1 + a_{p2}F_2 + \cdots + a_{pm}F_m + \varepsilon_p \end{cases} \quad (3-15)$$

用矩阵表示，则为式（3-16）：

$$\begin{bmatrix} X_1 \\ X_2 \\ \vdots \\ X_p \end{bmatrix} = \begin{bmatrix} a_{11} & a_{12} & \cdots & a_{1m} \\ a_{21} & a_{22} & \cdots & a_{2m} \\ \vdots & \vdots & & \vdots \\ a_{p1} & a_{p2} & \cdots & a_{pm} \end{bmatrix} \begin{bmatrix} F_1 \\ F_2 \\ \vdots \\ F_m \end{bmatrix} + \begin{bmatrix} \varepsilon_1 \\ \varepsilon_2 \\ \vdots \\ \varepsilon_p \end{bmatrix} \quad (3-16)$$

可简记为：$X_{p \times 1} = A_{p \times m} F_{m \times 1} + \varepsilon_{p \times 1}$。

因子分析法的基本步骤如下：

（一）数据的预处理

由于指标存在着性质不同、量纲不同和数量级的差异，所以在综合评价中，并不能直接使用原始数据。否则，其结果就会导致评价结果差之毫厘，失之千里，使评价结论严重缺乏科学性。所以在采用因子分析法进行正式分析之前，首要的问题就是要对原始数据进行数据的预处理，以保证数据的可比性。数据的可比性是进行统计比较的重要前提之一。数据的预处理包括两方面的内容：

一方面是数据的正向化处理。按照评价指标值的大小与评价标准高低的关系进行分类，我们可将指标分为正向指标、适度指标和逆向指标三类。其中，正向指标是指其指标的数值大小越大越好的指标；适度指标是指其指标的数值既不是越大越好，也不是越小越好的指标，而是越靠近最优值表现情况为最优的指标；逆向指标是指标的数值越小越好的指标。鉴于这三类指标的性质不一，为了使所得到的结论具有可比较性，要将适度指标和逆向指标进行正向化处理，即都转成正向指标。

另一方面是数据的标准化处理。即对正向化后的数据在作标准化处理，其目的在于消除不同类型指标如绝对数、平均数乃至相对数的不同以及量纲的不同所产生的差异。

（二）变量适度性检验

在进行因子分析时，还要对原始数据之间的关系进行检验，其目的是对所采用的这些原始数据是否适合作因子分析进行验证。其检验方法为 KMO（Kaiser – Meyer – Olkin）检验。KMO 是 Kaiser、Meyer 和 Olkin 三人首字母的合成，他们共同提出了所谓的抽样适合性检验（Measure of Sampling Adequacy）。该检验是通过对原始数据之间的简单相关系数以及偏相关系数的相对大小进行检验以确定是否适合于因子分析的一种检验方法。计算公式为式（3-17）：

$$KMO = \frac{\sum\sum\limits_{i \neq j} r_{ij}^2}{\sum\sum\limits_{i \neq j} r_{ij}^2 + \sum\sum\limits_{i \neq j} p_{ij}^2} \qquad (3-17)$$

其中，r_{ij} 是指 x_i 与 x_j 之间的简单相关系数，p_{ij} 是指 x_i 与 x_j 在控制了剩余变量下的偏相关系数。

KMO 的值通常在 $0 \sim 1$，越接近于 1，说明原始数据之间的相关度越高，所选取的原始数据之间越适合作因子分析；而越接近于 0，则说明原始数据之间越不适合作因子分析。

Kaiser 给出了如表 3-7 所示的 KMO 度量标准：

表 3-7　KMO 度量标准

检测类别	值的范围	因子分析适合情况
KMO 值	>0.9	非常适合
	0.8 ~ 0.9	很适合
	0.7 ~ 0.8	适合
	0.6 ~ 0.7	勉强适合
	0.5 ~ 0.6	不太适合
	<0.5	不适合
P 值	≤0.01	适合

一个较低的 KMO 度量标准为：当 KMO >0.6 时可以认为适合作因子分析。

（三）特征值及特征向量

求相关系数矩阵 R 的特征值 $\lambda_1 \geq \lambda_2 \geq \lambda_3 \geq \cdots \geq \lambda_p \geq 0$ 及其相对应的单位特征向量 μ_1，μ_2，μ_3，$\cdots$，μ_p。

（四）确定因子的权重

方法有因子贡献法、熵值法等。常用的是熵值法。其原理在于，当所评价对象的某项指标值相差较大，但熵值又较小的情况出现时，这说明这项指标所能提供的有用信息是相对比较少的，这也就意味着该指标在指标体系中所起的作用相对较小，因此，其权重也相对较小。所以，在系统理论中，熵主要被用来计量指标所包含的有效信息量的大小，进而根据信息量的大小以确定指标的权重。需要注意的是，采用熵值法对长江经济带高质量发展和绿色发展以及耦合协调发展进行综合评价时，指标体系经过因子分析处理后，所提取的评价因子有可能会出现负数，此时可以运用标准化变换法对熵值法做出有效改进。

（五）公共因子的个数 m 的确定

可按两种方法加以确定：

（1）由前 m 个公共因子的累计方差贡献率不低于某一阈值（比如累计方差贡献率大于85%）来确定。该方法被称为累计方差贡献率确定法。

（2）只取特征值均大于或等于 1 的前 m 个公共因子。此方法被称为特征根确定法。

（六）计算因子得分和综合得分值

因子得分：

$$F_j = \omega_{j1}x_1 + \omega_{j2}x_2 + \omega_{j3}x_3 + \cdots + \omega_{jp}x_p (j = 1, 2, 3, \cdots, m) \tag{3-18}$$

式中，ω 为原始指标的相关系数矩阵。

根据各公因子得分最终计算出其综合评价值，即式（3-19）：

$$F = \sum_{j=1}^{m} a_j F_j (j = 1, 2, 3, \cdots, m) \tag{3-19}$$

第四章

长江经济带绿色发展水平实证研究

第一节　评价指标体系与评价方法

一、绿色发展水平测度的评价体系构建

考察绿色发展的内涵、运行机制和模式的相关内容可知，长江经济带绿色发展水平评价体系应当具有四方面功能：一是准确描述并客观反映绿色发展的水平与现状；二是综合评价与实时观测绿色发展的质量和趋势；三是为政府的宏观调控和管理提供理论依据；四是对企业的生产经营和公众的生活活动发挥导向作用。因此，绿色发展指标应当是全方面覆盖并具有指导性作用的综合性指标，能充分反映绿色发展的重要内涵、发展效率、发展质量、可持续性、环境制约性及发展的协调性等。值得说明的是，绿色发展是一种理想状态，在实际研究中不存在绿色发展指标的绝对标准值，但可以通过科学的研究方法并参考有关国际标准来确定参考标准值。

遵循整体性与个体性相结合、总量控制和结构布局相协调、数据的可获取性等原则，并借鉴《中国绿色发展指数年度报告》和有关学者的相关研究，构建了共包括5项一级指标和22项二级指标的长江经济带绿色发展水平评价体系（见表4-1）。

表4-1　绿色发展水平评价指标体系

一级指标	单位	二级指标	类型	指标解释
环境承载力（A）	立方米/人	人均水资源量（A1）	正	衡量水资源丰富程度
	亩/人	人均耕地面积（A2）	正	衡量土地资源利用程度
	公顷/人	人均森林面积（A3）	正	衡量自然环境条件状况
	千克标准煤/人	人均能源供给量（A4）	正	衡量能源供给能力
	立方米/人	人均天然气供应量（A5）	正	衡量清洁能源供给能力

一级指标	单位	二级指标	类型	指标解释
环境管理力（B）	%	环保支出占财政支出的比重（B1）	正	反映对环境的保护程度
	%	环境污染治理投资占地区生产总值比重（B2）	正	反映环保工作的力度
	%	当年新增造林面积占总面积比重（B3）	正	反映环保工作的进度
	亩/人	人均绿地面积（B4）	正	衡量环境的绿化情况
	%	城市天然气普及率（B5）	正	反映清洁能源的使用情况
	%	生活垃圾无害化处理率（B6）	正	反映城市固体废物处理情况
	万立方米/日	城市污水治理能力（B7）	正	反映城市水质量管理状况
环境友好性（C）	吨标准煤/人	人均能源消费量（C1）	负	衡量能源索取程度
	立方米/人	人均水资源消费量（C2）	负	衡量水资源消耗情况
	吨/人	人均煤炭消费量（C3）	负	衡量煤炭资源消耗情况
环境抗压力（D）	亩/人	人均耕地保有量（D1）	正	衡量土地资源现状
	%	单位GDP建设用地面积降低率（D2）	正	反映土地资源的保护状况
	吨标准煤/万元	单位GDP能耗（D3）	负	反映资源产出率
	%	一般工业固体废物综合利用率（D4）	正	反映城市环境面临的压力
环境稳定性（E）	%	地级及以上城市空气质量优良天数比例（E1）	正	反映城市空气质量稳定状况
	%	细颗粒物（$PM_{2.5}$）未达标地级及以上城市浓度下降率（E2）	正	反映城市空气污染状况
	%	地表水达到或好于Ⅲ类水体比例（E3）	正	反映地表水质量状况

资料来源：笔者根据《中国绿色发展指数年度报告》和有关学者相关研究构建。

二、研究方法的选取

（一）综合指数法

综合指数法，是在确定一套完整科学的评价指标体系的基础上，对各级及各项指标个体指数加权平均得到综合指数值的一种方法，以实现综合水平的评价。

一般公式为：

$$K = \frac{\sum \frac{x_i}{x_0} w_i}{\sum w_i} \qquad\qquad (4-1)$$

式（4-1）中，x_i 为指标的实际值，x_0 为指标的标准值（选取依据为国际或国家有关标准，若未制定标准，则按其特性选取中位数、最大值或最小值）；w_i 为指标的权数（通过离散系数法确定）。

（二）Q 型聚类分析法

Q 型聚类分析法是通过综合利用多个变量的信息对样本进行分类处理的分析方法，主要通过聚类谱系图直观表现其分类结果。

第二节　长江经济带绿色发展指数的测算

一、数据来源

以长江经济带 11 省市作为测度对象，研究样本期为 2007 ~ 2017 年。指标数据主要来源于《中国环境统计年鉴（2018）》、《长江经济带发展报告（2017—2018）》、各省市相关年份的统计年鉴、《国民经济和社会发展统计公报》以及环境管理部门官方公布的有关数据，部分不能直接获取的指标数据通过相关计算而得，旨在保证数据的真实性、全面性和分析结果的可靠性。

二、指标权重

以 2007 ~ 2017 年长江经济带 11 省市的各项指标平均值为处理对象，通过离散系数法确定权数，得到权重计算结果（见表 4-2）。

表 4-2　绿色发展水平评价指标权重体系

一级指标	权重	二级指标	权重
环境承载力（A）	0.196	人均水资源量（A1）	0.086
		农村家庭居民人均耕地面积（A2）	0.065
		人均森林面积（A3）	0.046
		人均能源供给量（A4）	0.349
		人均天然气供应量（A5）	0.454
环境管理力（B）	0.179	环保支出占财政支出的比重（B1）	0.078
		环境污染治理投资占地区生产总值比重（B2）	0.080
		当年新增造林面积占总面积比重（B3）	0.384
		人均绿地面积（B4）	0.088

续表

一级指标	权重	二级指标	权重
环境管理力（B）	0.179	城市天然气普及率（B5）	0.019
		生活垃圾无害化处理率（B6）	0.167
		城市污水治理能力（B7）	0.184
环境友好性（C）	0.066	人均能源消费量（C1）	0.462
		人均水资源消费量（C2）	0.057
		人均煤炭消费量（C3）	0.481
环境抗压力（D）	0.226	人均耕地保有量（D1）	0.002
		单位 GDP 建设用地面积降低率（D2）	0.707
		单位 GDP 能耗（D3）	0.208
		一般工业固体废物综合利用率（D4）	0.084
环境稳定性（E）	0.332	地级及以上城市空气质量优良天数比例（E1）	0.047
		细颗粒物（$PM_{2.5}$）未达标地级及以上城市浓度下降率（E2）	0.912
		地表水达到或好于Ⅲ类水体比例（E3）	0.041

资料来源：本书计算所得。

三、计算结果

基于上述指标体系和权重结果，对长江经济带 11 省市的指标数据进行操作，得到各地区一级指标的发展指数和绿色发展综合指数（见表 4-3～表 4-8）。

表 4-3　长江经济带环境承载力指数　　　　　单位：%

省市＼年份	2007	2008	2009	2010	2011	2012	2013	2014	2015	2016	2017
上海	96.5	102.1	111.3	145.2	172.6	199.3	217.2	219.6	231.7	241.8	251.7
江苏	104.0	113.5	125.9	162.7	199.3	228.2	249.6	272.4	311.1	308.9	345.6
浙江	44.6	48.3	54.9	68.2	69.4	88.2	95.8	125.1	124.8	145.1	169.3
安徽	36.7	44.0	49.4	59.0	63.6	73.8	82.7	93.1	98.6	116.5	110.0
江西	24.0	27.0	25.4	40.3	30.8	48.6	44.7	51.2	56.6	64.0	65.6
湖北	45.1	50.1	55.5	71.5	82.5	93.5	106.2	114.5	122.0	139.9	152.0
湖南	37.5	46.2	49.7	58.9	61.0	73.3	81.6	88.4	89.7	94.6	95.0
重庆	70.6	72.4	75.8	91.1	96.4	112.7	112.3	114.6	119.5	133.3	158.7
四川	213.1	203.7	177.5	183.8	193.9	198.8	202.8	209.0	212.4	231.7	241.8
贵州	20.7	21.8	19.7	21.6	17.5	24.1	22.9	33.6	34.0	34.8	44.4
云南	37.0	36.9	29.4	33.5	28.3	31.1	31.8	32.9	35.3	40.5	44.0

资料来源：本书计算所得。

表4-4　长江经济带环境管理力指数　　　　单位:%

年份 省市	2007	2008	2009	2010	2011	2012	2013	2014	2015	2016	2017
上海	45.7	53.0	66.8	59.9	49.4	57.5	55.3	58.3	76.9	80.5	74.8
江苏	169.4	158.5	148.5	142.4	126.5	129.5	135.1	134.9	134.0	136.0	140.7
浙江	100.7	87.0	130.2	96.5	131.8	124.5	116.2	109.5	128.2	112.9	104.6
安徽	108.7	100.7	124.0	92.9	89.5	85.8	140.2	117.0	125.5	93.2	95.1
江西	156.3	153.4	112.1	92.1	76.0	69.6	70.9	64.6	79.1	84.8	84.1
湖北	104.8	108.2	100.2	105.1	96.9	97.1	101.7	97.5	99.1	92.9	104.3
湖南	64.4	65.0	79.9	96.6	116.4	105.3	92.1	91.1	98.3	90.3	85.9
重庆	119.3	110.0	92.0	131.0	109.9	94.2	90.3	80.0	87.0	82.0	81.7
四川	128.6	136.3	108.5	88.8	74.2	62.9	66.5	64.0	87.1	96.0	99.1
贵州	113.5	101.4	102.9	84.7	74.6	62.6	85.0	77.1	86.2	81.8	88.8
云南	123.5	138.4	123.4	101.3	85.0	74.9	70.2	65.8	70.9	65.7	60.6

资料来源:本书计算所得。

表4-5　长江经济带环境友好性指数　　　　单位:%

年份 省市	2007	2008	2009	2010	2011	2012	2013	2014	2015	2016	2017
上海	78.8	80.3	80.7	83.4	80.8	80.2	84.3	87.1	96.0	97.2	98.7
江苏	100.6	94.8	90.9	87.7	81.6	73.4	72.5	71.7	73.0	71.9	70.5
浙江	105.5	97.7	98.1	95.2	93.8	90.7	91.1	92.2	92.5	92.2	91.5
安徽	183.0	162.4	156.3	144.5	131.1	122.0	118.1	114.4	113.2	113.0	112.3
江西	228.9	210.2	202.6	195.7	174.1	162.2	160.5	151.7	147.2	143.4	144.7
湖北	137.7	128.1	127.3	116.6	101.0	90.6	89.1	109.4	110.5	111.1	111.3
湖南	156.8	146.2	143.4	133.6	128.1	117.6	129.1	134.4	137.2	135.3	133.7
重庆	180.5	169.0	143.5	130.5	119.8	112.1	113.4	121.6	117.2	117.8	122.6
四川	202.6	185.6	167.1	150.9	148.2	146.4	145.3	147.5	152.5	171.1	178.3
贵州	121.2	113.3	112.7	101.5	95.5	87.1	87.3	84.8	85.1	85.0	82.2
云南	159.3	155.2	148.7	136.7	128.7	122.3	123.8	123.0	132.3	140.6	141.9

资料来源:本书计算所得。

表4-6　长江经济带环境抗压力指数　　　　单位:%

年份 省市	2007	2008	2009	2010	2011	2012	2013	2014	2015	2016	2017
上海	201.7	218.9	221.5	182.2	198.0	179.6	161.4	144.9	149.8	127.2	273.0
江苏	237.4	183.8	148.4	106.7	197.7	240.4	113.6	112.7	81.5	87.3	122.0
浙江	172.4	173.6	139.0	68.9	228.1	259.3	150.5	131.8	131.2	170.0	113.7
安徽	202.1	235.6	139.0	151.4	176.6	163.1	101.3	130.8	96.5	124.9	159.8
江西	106.4	190.7	98.9	100.3	120.9	150.4	108.6	115.4	107.4	68.6	122.5
湖北	153.2	159.8	75.6	133.3	51.7	158.1	166.6	249.3	131.1	135.9	134.2
湖南	180.5	178.4	137.9	96.6	155.9	155.5	264.7	178.2	136.2	128.3	135.0
重庆	100.5	229.3	211.6	156.6	169.3	242.9	165.5	95.4	91.9	98.3	128.8
四川	257.8	244.5	213.5	116.9	200.9	223.3	132.4	60.0	59.4	53.8	54.5
贵州	247.3	193.8	203.7	132.4	189.8	240.6	205.3	181.4	166.1	70.3	45.9
云南	95.2	179.9	145.4	101.8	129.0	140.9	157.8	174.5	133.0	67.9	72.5

资料来源:本书计算所得。

表4-7　长江经济带环境稳定性指数　　　　单位:%

年份 省市	2007	2008	2009	2010	2011	2012	2013	2014	2015	2016	2017
上海	38.4	124.6	101.7	70.9	42.9	293.5	143.9	78.1	77.1	373.8	179.2
江苏	58.5	127.0	172.7	201.1	112.3	36.6	37.0	141.5	247.5	273.3	157.1
浙江	127.7	41.7	241.9	39.6	103.1	321.4	147.9	371.5	306.0	308.8	137.5
安徽	135.4	138.4	165.0	102.9	72.6	42.1	77.0	112.5	40.7	101.2	118.2
江西	128.0	130.8	103.3	88.1	189.4	240.1	85.3	49.2	36.8	46.7	176.1
湖北	107.6	109.1	87.9	105.0	81.8	109.1	115.7	142.8	115.9	120.6	125.8
湖南	109.5	108.9	102.3	95.9	114.5	112.8	142.6	123.8	115.8	112.9	113.4
重庆	98.6	58.5	79.1	140.2	233.9	92.6	142.8	199.5	294.4	61.4	142.8
四川	137.4	132.8	178.1	219.1	249.6	194.3	225.0	293.9	283.6	230.9	192.4
贵州	113.3	100.5	115.8	100.7	78.0	141.2	132.3	181.3	154.0	195.3	169.7
云南	192.4	306.2	177.1	144.2	394.7	60.8	77.5	111.8	167.5	122.3	61.7

资料来源:本书计算所得。

表 4 - 8　长江经济带绿色发展综合指数　　　　　单位:%

年份 省市	2007	2008	2009	2010	2011	2012	2013	2014	2015	2016	2017
上海	90.6	125.6	122.9	109.4	107.0	192.7	142.3	117.9	125.0	221.1	190.4
江苏	130.4	140.6	148.1	154.0	149.0	139.3	115.8	154.7	190.4	200.1	177.3
浙江	115.1	84.6	152.3	65.6	129.2	210.9	128.7	203.3	184.8	195.7	129.3
安徽	129.4	136.6	128.4	106.1	101.1	88.7	97.6	113.7	84.6	108.8	121.4
江西	114.3	133.1	95.1	89.2	121.3	146.4	84.9	74.0	71.5	68.2	123.6
湖北	107.0	110.0	83.5	105.5	79.0	113.6	121.0	150.9	117.0	122.1	127.9
湖南	106.4	106.8	98.6	91.3	114.5	113.6	148.1	123.9	113.5	110.1	111.0
重庆	102.6	116.3	114.9	131.8	162.4	132.0	130.5	132.6	165.3	91.2	130.3
四川	182.0	175.9	172.6	161.1	189.3	174.9	165.8	173.3	174.8	162.7	153.1
贵州	125.9	107.1	114.2	89.4	91.9	122.9	115.8	127.2	116.4	107.8	96.7
云南	125.3	184.6	129.3	104.6	189.4	79.6	88.3	102.9	114.0	85.0	65.7

资料来源: 本书计算所得。

四、长江经济带绿色发展水平的分析

（一）长江经济带绿色发展水平总体特征分析

由表 4 - 3 可知，长江经济带环境承载力存在时空差异：从时间维度看，2007～2017 年，11 省市环境承载力整体水平逐年提升，其中，上海、江苏、四川三地的环境承载力指数一直保持较高水平；浙江、安徽、湖北、重庆各地区奋起直追，环境承载力指数持续上升；江西、湖南、贵州、云南四地区略显落后，环境承载力指数增速缓慢。从空间维度看，环境承载力在各地区存在较大差异，根据表 4 - 3 数据进一步计算可得，环境承载力指数地区差异值（极差 = 最大值 - 最小值）由 2007 年的 192.4%（最大值为四川的 213.1 - 最小值为贵州的 20.7）增长到 2017 年的 301.6%（最大值为江苏的 345.6 - 最小值为云南的 44.0，下同），年均增速为 4.60%（$\sqrt[10]{\dfrac{301.6}{192.4}} \times 100\% - 100\% = \sqrt[10]{1.567567568} \times 100\% - 100\% = 4.6\%$）。由此可见，长江经济带各地区环境的承载力水平较不均衡，并且地区差异表现出逐年扩大的态势。

由表 4 - 4 可知，2007～2017 年，长江经济带环境管理力整体水平较好：从时间维度看，江苏、浙江两地区的环境管理力指数一直保持较好水平，上海、湖北、湖南各地区的环境管理力指数逐步提升，其余地区环境管理力指数均有所下降。从空间维度看，长江经济带环境管理力的地区差异较小，根据表 4 - 4 数据进一步计算可得，环境管理力地区差异值由 2007 年的 123.7% 缩小为 2017 年的

80.1%，年均降低3.20%。由此可见，长江经济带环境管理力的空间差异呈现出缩小趋势，各地区环境管理力水平逐渐均衡。

由表4-5可知，2007~2017年，长江经济带环境友好性整体水平略显弱势：从时间维度看，上海的环境友好性指数呈现出逐年上升的趋势，其余地区的环境友好性指数均出现不同程度的下降。从空间维度看，环境友好性存在一定的地区差异，根据表4-5数据进一步计算可得，地区差异值由2007年的150.1%缩减为2017年的107.8%，年均降低率为2.56%。由此可见，长江经济带各地区环境友好性差异正在逐年缩小，各地区环境友好性水平日益平衡。

由表4-6可知，2007~2017年，长江经济带环境抗压力整体水平较好：从时间维度看，四川、云南、贵州各地区的环境抗压力指数呈现出曲折下降的态势，其余地区环境抗压力指数均保持较好水平。从空间维度看，各地区的环境抗压力差异较大，根据表4-6数据进一步计算可得，地区差异值由2007年的162.6%增长到2017年的227.1%，年均增长3.61%。由此可见，长江经济带各地区环境抗压力水平较不均衡，且地区差异逐年扩大。

由表4-7可知，2007~2017年，长江经济带环境稳定性整体水平表现良好：从时间维度看，长江经济带环境稳定性整体水平有所提升，其中除云南省以外，其余地区环境稳定性指数均有上升趋势。从空间维度看，各地区的环境稳定性存在明显差异，根据表4-7数据进一步计算可得，地区差异值由2007年的99.0%增长到2017年的130.7%，年均增速为2.91%。由此可见，长江经济带环境稳定性的地区差异呈现出逐渐扩大的趋势。

由表4-8可知，2007~2017年，长江经济带绿色发展整体水平稳中向好：从时间维度看，长江经济带绿色发展水平逐渐提升，安徽、江西、四川、贵州、云南一直保持较好水平；上海、江苏、浙江、湖北、湖南、重庆各地区均呈现出逐年递增的良好态势。从空间维度看，长江经济带绿色发展水平存在地区差异，根据表4-8数据进一步计算可知，地区差异值由2007年的91.4%上升到2017年的124.7%，年均增速为2.80%。由此可见，长江经济带绿色发展水平的空间差异程度逐年增大。

（二）长江经济带绿色发展水平局部特征分析

通过Q型聚类分析法并运用SPSS软件对长江经济带11省市进行绿色发展水平聚类分析（见表4-9和图4-1）。

表4-9　长江经济带群集成员

省市	5群集	4群集	3群集
上海	1	1	1
江苏	1	1	1

续表

省市	5 群集	4 群集	3 群集
浙江	2	1	1
安徽	3	2	2
江西	3	2	2
湖北	3	2	2
湖南	3	2	2
重庆	1	1	1
四川	4	3	3
贵州	3	2	2
云南	5	4	2

资料来源：笔者根据计算结果绘制。

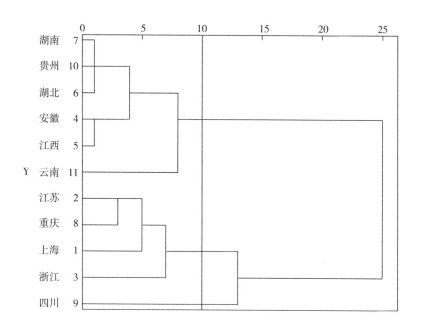

图 4-1 长江经济带 Q 型聚类分析谱系

基于 Q 型聚类分析结果，根据绿色发展水平，将 11 省市分为三个级别：第一级别为绿色发展水平较高地区；第二级别为绿色发展水平较好地区；第三级别为绿色发展水平一般地区。需要说明的是，此次分类具有相对性，具体分类情况如下：

第一级别：四川。

第二级别：江苏、浙江、上海、重庆。

第三级别：安徽、江西、湖北、湖南、贵州、云南。

上述分类结果表明：第一级别只有四川省，仅占比 9%；第二级别共涵盖 4 个省市，占比 36%；第三级别共有 6 个省市，占比高达 55%。通过比较三个级别各地区的地域分布可知，长江经济带各地区绿色发展总体表现出由东向西水平递减的形势，绿色发展水平存在空间差异。

第一级别的四川省的测度结果显示，该省在环境承载力、环境管理力、环境友好性、环境稳定性方面成效显著，这与该省赋予绿色发展以事关全局的重要地位密不可分。四川省位于长江上游，长江是一道重要的生态保护屏障，对于维护长江经济带生态安全这一重要使命定当义不容辞，因此，极为重视发展质量，尤其是在贯彻落实绿色发展这一重要国家战略过程中，始终坚持习近平总书记的"绿水青山就是金山银山"的发展指导思想，并牢固树立绿色发展这一新兴理念，在筑牢长江上游生态屏障，构建四川绿色发展体系等方面，开展大规模绿化全川行动，实施污染防治"三大战役"，全力推进各项政策措施落实到位，截至目前，已累计出台 58 项绿色发展改革措施。得益于此，四川全省的空气质量明显提升，自然生态系统的功能逐步优化，绿色化经济体系逐步形成，产业转型升级明显加快、战略性新产业和高端成长型产业的比例明显增加，以清洁能源为主的能源消费结构也在全国率先实现，绿色发展的体制机制基本建立。由此可见，四川省绿色发展成效显著，生态环境质量稳中向好，长江上游生态屏障进一步筑牢。

第二级别的江苏、浙江、上海、重庆的测度结果表明，在绿色发展上各有强弱。①江苏省的环境承载力、环境管理力一直保持在较高水平，环境稳定性逐年增强，但是环境抗压力和环境友好性有逐年减弱之势。究其原因：一方面，江苏省致力于绿色江苏的建设，不断推进使用清洁能源的生产方式，降低煤炭、石油能源的使用，努力实现单位 GDP 能耗的降低；通过加大城乡建设投资力度，着力改善人居环境，增加绿化面积，提高空气和水的质量；在工业"三废"管理方面较为严格，努力提高废水处理率、工业固体废物利用率，废气无害化处理率。通过以上举措，江苏省绿色发展取得显著成效。另一方面，在经济发展过程中，环境污染、生态受损逐步成为江苏省突出问题，产业结构重、开发强度大、排放总量高等问题还未得到彻底解决，与其他省市相比，江苏省能源、资源消耗较大，且污染物排放较多，由此，江苏省的绿色发展水平还不能完全满足人民群众对美好生活环境的需求。②浙江省的环境承载力和环境稳定性逐年提升，环境管理力基本保持稳定，环境抗压力和环境友好性水平出现下降趋势。一方面，浙江省较早地重视了生态文明建设和节能减排工作，并且紧跟生态文明建设的步伐，切实有效地实施绿色发展各项措施，持续优化生产能源结构、提高能源产出效率。另一方面，浙江省的环境抗压力和环境友好性却出现下降趋势，这主要是因为：一是自然资源。虽然浙江省的水资源总量较大，但由于人口分布密集，人均水资源占有量较低，且"七山二水一分田"的特殊地形使得浙江省陆域面积和人均耕地面积较小，自然资源的限制较大。二是工业"三废"。虽然一般工业固体废物的综合利用率一直在提高，但固体废物违法倾倒、擅自填埋的恶劣事件时有发生，对周边生态环境具有严重的威胁性。三是能源消耗。由于产业集聚，浙江省已成为一个能源消耗大省，但能源供给却不能满足能源消耗，这一直是制约该省绿色发展的瓶颈。③上海市的环境承载力和环境管理力稳步提升，环境抗压力保持较高水平，环境稳定性和环境友好性较弱。一方面，在经济发展取得巨大成就的同时，上海在绿色发展上也不遗余力，通过实施一系列政策措施来加强环境保护和治理工作。另一方面，上海市的生态环境方面依然有"短板"，主要原因如下：一是自然条件因素。上海市在基础自然资源方面比较短缺，如水资源紧张状况依然存在，森林和绿地面积仍然较少。二是"三废"问题。由于产业集聚程度高、人口分布密集、能源消耗强度高，上海市的各类污染物排放量居高不下，再加上"三废"无害化处理能力仍有较大缺口，导致大气污染问题仍然存在，水体污染形势依然不可小觑。总而言之，上海市环境质量与国家、国际标准对照仍存在一定差距。④重庆市的环境承载力、环境稳定性和环境友好性整体水平较好，环境管理力和环境抗压力整体水平一般。一方面，重庆不断探索绿色发展新道路，大力开展美丽山水城市建设，经过不懈努力，绿色发展已初具雏形。另一方面，重庆市人均自然资源拥有量整体偏低。

第三级别的安徽、江西、湖北、湖南、贵州、云南的测度结果表明，此类型地区在绿色发展上各有优劣。①安徽省的环境抗压力、环境友好性和环境稳定性有下降趋势，主要是因为在追求经济发展的过程中，安徽省在资源环境方面受到的约束日益明显。一方面，环境污染问题的出现，导致耕地面积减少、水资源日趋紧张。另一方面，安徽省对环境保护和管理工作的重视程度有待加强，工业"三废"处理能力和生活垃圾无害化处理能力仍有缺口，导致废弃物污染仍然是该省环境面临的一大威胁。②江西省的环境管理力、环境友好性呈现减弱趋势，环境稳定性存在较大波动。绿色发展出现此类形势是"有迹可循"的，江西省的经济发展与环境保护的矛盾比较突出，面对环保问题压力较大，加之部分地方政府和领导干部对环保工作的执行力度不够强，对工业"三废"排放的管理不够严格，导致大气和水污染问题依然不容乐观，部分环境问题并未得到彻底解决。③湖北省的环境管理力、环境稳定性、环境抗压力和环境友好性整体水平较低。一方面，由于资源主导型的产业结构布局、重化工业分布密集、"三废"处理能力有限，产生很多环境污染问题。另一方面，由于资源枯竭、环境恶化，人均自然资源拥有量不断减少。④湖南省的环境承载力和环境管理力水平相对较低，环境抗压力和环境友好性出现降低趋势，此种绿色发展形势是由多方面原因造成的：一是该省土地资源约束日益明显，导致人均耕地较少，耕地保护形势十分严峻；二是工业固体废物综合利用率依然较低，且生活垃圾无害化处理能力存在不足，仍需提升；三是高耗能行业占比较大，能源利用效率较低，单位 GDP 能耗仍然高于其他很多省市，而且对环境造成的污染也很严重。⑤贵州省的环境承载力、环境管理力和环境稳定性整体水平一般，自然因素和人为因素共同导致了此种绿色发展形势的出现。在自然资源方面，与周边省市相比，贵州省的人均水资源量和人均耕地面积较低；在能源利用效率与能源结构上，虽然单位 GDP 能耗不断下降，但目前仍高于其他很多省市，且清洁能源天然气的供应和使用比重仍相对较小，节能任务依旧任重道远。⑥云南省的环境承载力和环境管理力整体水平一般，环境抗压力和环境稳定性波动较大，由此说明云南省在生态文明建设初显成效的同时依然存在诸多问题亟须解决：一是环境质量，水和空气污染问题仍然存在，水质和空气质量还有待改善；二是能源结构与消耗，清洁能源天然气的供应和使用比重仍相对较低，且单位 GDP 能耗依然较高；三是环境管理，环境污染治理投资较少，工业固体废物综合利用率较低，且生活垃圾无害化处理能力和城市污水治理能力也有待提高。

五、提升长江经济带绿色发展水平的对策建议

（一）研究结论

从时间维度看，长江经济带绿色发展水平呈现出稳中向好的发展态势。2007～2017 年，绿色发展综合指数平均值均大于 100%，并且由 2007 年的 120.8% 上升到 2017 年的 127.6%，年均增速 0.51%，各地区绿色发展综合指数平均值亦超过 100%，由此说明长江经济带绿色发展水平整体较好。此外，长江经济带绿色发展综合指数平均值在 2013 年之前存在波动，2011 年达到最大增长值为 20.6%，2013 年出现最大降低值为 16.0%，由此可知，2013 年之前，长江经济带的绿色发展水平较不稳定。2013 年之后，长江经济带绿色发展综合指数平均值逐渐趋于平稳，这就意味着长江经济带在绿色发展进程中逐渐步入正轨、迈向成熟。

从空间维度看，长江经济带绿色发展水平并不均衡，地区差异依然存在。每年，6～10 个地区的绿色发展综合指数大于 1，比例高达 54.5%～90.9%；1～5 个地区的绿色发展指数小于 1，比例达到 9.1%～45.5%，由此表明各地区的绿色发展水平不尽相同。另外，长江经济带各地区绿色发展水平大致呈现由东向西梯次分布的局势，绿色发展水平在一定程度上与经济发展水平大体一致，下游地区借助较好的经济基础，绿色发展水平相对较好，中上游地区则由于经济基础相对薄弱，绿色发展水平相对较低。

分析测度结果可知，上海、江苏、浙江等下游地区的绿色发展综合指数平均值高于长江经济带平均值，这主要得益于三省市一直坚持并自觉践行绿色发展理念，着重突出绿色发展导向，强调经济与生态和谐发展，注重经济发展的可持续性，并走在全国前列率先进行绿色发展的有效探索，由此生态环境质量得到逐步改善、绿色发展事业取得显著成就。江西、湖北、湖南、贵州、云南等地的绿色发展综合指数平均值低于长江经济带平均水平，这些地区位于长江中上游，虽然拥有丰富的自然资源优势，但由于对绿色发展理念的认识不足、环境管理水平较低等原因导致绿色发展水平低于长江经济带的平均水平。

在绿色发展水平综合评价中，四川省是一个例外，其虽然地处长江上游地区，但绿色发展水平较高。究其原因：一是四川省的地理区位优势明显，有良好的资源禀赋、丰富的生态资源，绿色发展空间较大；二是在经济发展上，四川紧随下游地区，取得了快速的发展，有足够的资金实力用于绿色生态环境建设；三是科技创新为产业转型升级提供超强动力，新兴产业的快速发展减轻了环境压力；四是政府十分重视绿色发展工作，出台一系列相关政策支持环境建设和绿色发展，使得其绿色发展的表现优异，走在长江经济带各省市前列。

（二）对策建议

长江经济带绿色发展水平整体较好，但并不是"面面俱到"，而是"强中有弱"。如何客观地认清长江经济带绿色发展存在的问题，如何走生态优先、绿色发展之路，如何实现在绿色发展中兼顾经济效益、社会效益和生态效益，使长江经济带这一黄金水道充满生机活力，需要国家相关部门、各地政府部门、企业、公众等社会各界通过生态修复、产业升级、环境治理等途径协调合作、共同发力。

1. 竭力保护自然资源，全力保障能源供给，持续增强环境承载力

一是针对环境承载力中的人均水资源量、农村居民人均耕地面积和人均森林面积等自然资源方面，推进生态修复治理，坚持实施生态修复工程，坚决完成水土流失治理、沙漠化治理、退耕还林等工作，以此保持耕地与森林面积；在农村合理连片分布生活区、种植区、养殖区、工业区，制定合理的土地使用规划，绝对禁止胡乱占用耕地，以此保证充足的耕地后备资源；科学调整农业结构，注重农、林、牧、渔的比重分配，以此保障农业、林业足够的用地面积。二是针对保障能源供给方面，只有在保护好能源资源的基础之上加以合理开发和利用，并在实际利用过程中提高利用效率，才能实现能源供给的长效机制，才能保障足够的能源供给能力。

2. 勇于探索机制创新，整体实施统筹兼顾，提升环境管理能力

针对环境管理力中的各项指标，在此提供以下建议：一是针对环保支出和污

染治理投资方面，应加大环境治理投资力度，扩大环保支出规模，适当降低对固定资产投资的狂热追逐，打破常态化政府管理，全力满足环境保护工作所需。二是针对生活垃圾无害化处理方面，应完善与创新环境管理方式，改革生态补偿制度，加大生态补偿力度，探索运用 PPP 模式建设垃圾资源化处置项目，充分发挥环境科技在环境管理中的关键作用；还应加大力度建设绿色城乡，深入开展城乡环境综合整治工作，提高城乡污染治理的针对性和效率，将城市成熟的环境管理与污染治理方法科学延伸至乡村，因地制宜开展行动，建立和完善乡村环境管理体系，以此提高环境治理水平。三是针对城市污水治理方面，深入推进"五水共治"，加大力度治理污染水体，早日实现县级及以上地区生活、工业污水全处理、全达标以及乡村污水处理设施全覆盖，并且同时落实生活污水治理设施长效运维管护机制。四是针对新增造林面积方面，在城市发展中，对土地使用结构的改变难以避免，但要以留有充足的绿化面积为最基本原则进行土地使用结构的调整，以此保障造林面积的增加空间。

3. 促进产业转型升级，提高经济发展质量，努力维护环境友好性

根据环境友好性中的各项指标，在此针对能源资源消耗提供三点建议。一是在供给侧结构性改革的良好契机下，以降低煤炭消费量和削减落后化工产能为重点，深入开展能源结构调整改革专项行动，对各地"三高"企业进行环境负面清单管理，依法治理和严厉打击环境污染违法行为，调整长期以来形成的重煤炭型能源消耗结构、重化工型产业布局结构等。二是立足于各地区主导产业自身特点，大力鼓励企业创新，加强制造业关键技术攻关，加速科技成果转化，尽早实现转型升级和绿色生产。三是努力培育壮大战略性新兴产业，充分发挥科技含量高、产品附加值大并兼顾环境效益的优势，大力支持生产生活服务业发展，提高产业融合度、激发创新活跃性，以此推动产业结构向高端化、智能化、绿色化迈进，构建现代化创新型产业体系。

4. 探索发展新路径，节能减排齐提升，加大环境抗压力

一是在耕地和建设用地方面，经济发展水平提高的同时，同步提升土地合理高效的利用水平，通过合理调整经济结构，科学优化产业布局，合理规划土地利用方式，以此提高土地利用效率，增加土地利用效益；提高土地管控能力，完善土地利用计划调控制度，通过计划调节土地利用进程，推进后备土地资源合理配置工作，消除土地使用过程中存在的铺张浪费的现象。二是在单位 GDP 能耗方面，统筹抓好环境治理工作，践行低碳、循环的绿色产业发展路径，持续优化沿岸产业布局，加大力度提升传统落后产业，推进污染型企业转型升级，大力发展节能环保产业，增强新旧动能持续转换动力，以此提升节能减排水平，提高资源利用率，降低 GDP 能耗，从而深化"资源节约型"社会发展，推动经济由高速

增长向高质量发展迈进。

5. 实施"碧水蓝天"工程，打好生态治理持久战，竭力保持环境稳定性

一是在空气质量方面，下大力气开展大气污染防治行动，打好大气污染防治攻坚战。可通过建立以 $PM_{2.5}$ 为重点的监测网络，完成长江经济带空气质量预测预报系统建设，加强实施长江经济带空气质量大治理、大保护，推动大气污染联防联控机制建设。二是在水质方面，严格控制重点抓好河流治理，大力推行湖长制与河长制，实行"一河一湖一策"，采取全流域生态保护与修复整体措施。可通过构建地表水环境预警监测与评估体系，建立区域水污染防治协作体系，督促各省市加强环境科技，积极履行环境保护职责，协作完成长江经济带生态治理。以治水为突破口能够倒逼产业转型升级，从根源上抑制污染问题反弹。三是从根源出发，严格实行环境监测，加大力度保护环境。针对企业，不仅要提高污染物排放标准，还应强化企业排污责任，此外健全环保信用评价、实施信息强制性披露也不可忽视，对环保执行最严执法，对破坏环境行为进行严厉打击，力守"一江清水，一片蓝天"。

第三节　绿色发展：长江经济带与全国的比较

一、数据

（一）数据来源

主要数据来源于《中国统计年鉴》(2006~2017)、《中国环境统计年鉴》(2006~2017)、全国各省份 2006~2017 年统计年鉴、《长江经济带统计年鉴》(2007~2017)、2007~2017 年相关国民经济和社会发展统计公报等。

（二）全国的数据

根据绿色发展水平测度的评价体系，所收集的全国和长江经济带各个指标的数据如表 4-10~表 4-19 所示。

表 4-10　2007~2017 年全国环境承载力各项指标平均值

年份\指标	人均水资源量（立方米/人）	农村家庭居民耕地面积（亩/人）	人均森林面积（公顷/人）	人均能源供给量（千克标准煤/人）	人均天然气供应量（立方米/人）
2007	1954.92467	2.23574	0.31855	1.19988	1.02870
2008	2095.19067	2.28375	0.31601	1.29536	1.22673
2009	2051.77433	2.35032	0.36020	1.38621	1.35033
2010	2419.38333	2.39129	0.35727	1.55721	1.62526

续表

年份\指标	人均水资源量（立方米/人）	农村家庭居民耕地面积（亩/人）	人均森林面积（公顷/人）	人均能源供给量（千克标准煤/人）	人均天然气供应量（立方米/人）
2011	1877.76067	2.48742	0.35470	1.97451	2.26263
2012	2356.28367	2.51677	0.35110	2.23183	2.65016
2013	2183.64033	2.55903	0.34808	2.47964	2.96076
2014	2115.84800	2.58581	0.34420	2.62016	3.21446
2015	2024.67333	2.60496	0.34032	2.78608	3.46880
2016	2349.43367	2.61246	0.33619	3.10714	3.90520
2017	2139.67733	2.70974	0.33254	3.29813	4.21156

表4-11　2007~2017年全国环境管理力各项指标平均值

指标\年份	环保支出占财政支出的比重（%）	环境污染治理投资占地区生产总值比重（%）	当年新增造林面积占面积比重（%）	人均绿地面积（亩/人）	城市天然气普及率（%）	生活垃圾无害化处理率（%）	城市污水治理能力（万立方米/日）
2007	2.89335	1.34	23.47277	0.28800	93.02645	62.96000	0.79387
2008	3.07682	1.49	23.10776	0.27615	93.48871	67.55333	0.83774
2009	3.30350	1.50	22.63718	0.30712	95.42129	71.20000	0.86839
2010	3.30814	1.46	18.79957	0.31450	96.12645	78.47333	0.94871
2011	2.89246	1.47	16.70781	0.32663	96.28871	80.94333	0.99710
2012	2.77717	1.39	13.23361	0.33805	96.00774	84.88000	1.05613
2013	2.81540	1.27	13.32866	0.31838	97.28806	88.48667	1.08387
2014	2.75509	1.31	10.61384	0.32613	97.22742	91.22333	1.13645
2015	3.07322	1.28	13.31687	0.34001	97.59419	92.99333	1.17710
2016	2.83439	1.24	10.45157	0.34737	96.86323	95.46000	1.23387
2017	3.08805	1.35	9.92979	0.35427	97.97742	6.73000	1.28355

表4-12　2007~2017年全国环境友好性各项指标平均值

指标\年份	人均能源消费量（千克标准煤/人）	人均水资源消费量（立方米/人）	人均煤炭消费量（千克/人）
2007	106.04141	18.76996	97.28991
2008	112.07061	19.06432	106.38537
2009	117.75384	19.24238	111.60214

续表

指标 年份	人均能源消费量 （千克标准煤/人）	人均水资源消费量 （立方米/人）	人均煤炭消费量 （千克/人）
2010	127. 61321	19. 42580	117. 06077
2011	138. 65320	19. 70064	127. 13776
2012	145. 19451	19. 81229	143. 00352
2013	146. 73983	19. 94667	145. 48466
2014	149. 43309	19. 66080	144. 07116
2015	151. 38257	19. 68903	143. 91297
2016	156. 06220	19. 48483	141. 82607
2017	159. 11317	19. 49483	141. 64726

表 4 – 13　2007~2017 年全国环境抗压力各项指标平均值

指标 年份	人均耕地保有量 （亩/人）	单位 GDP 建设用地 面积降低率（%）	单位 GDP 能耗（等价值） （吨标准煤/万元）	一般工业固体废物 综合利用率（%）
2007	1. 31553	15. 57209	1. 47407	82. 57418
2008	1. 40250	10. 45909	1. 28511	67. 37732
2009	1. 40330	8. 88569	1. 23430	69. 57746
2010	1. 39150	17. 65381	1. 10370	70. 26323
2011	1. 38138	18. 98485	0. 99680	86. 00751
2012	1. 37171	6. 65974	0. 94466	69. 37703
2013	1. 36212	5. 49883	0. 87865	70. 58778
2014	1. 35218	2. 08351	0. 83972	70. 15306
2015	1. 34281	– 0. 43129	0. 81782	68. 10478
2016	1. 43211	3. 66056	0. 79597	65. 66554
2017	1. 42281	4. 29674	0. 68888	67. 85674

表 4 – 14　2007~2017 年全国环境稳定性各项指标均值　　　　单位:%

指标 年份	地级及以上城市空气质量 优良天数比率	细颗粒物（PM$_{2.5}$）（PM$_{10}$）未达标 地级及以上城市浓度下降比率	地表水达到或好于 Ⅲ类水体比例
2007	85. 61667	3. 49000	53. 93417
2008	82. 15167	11. 52222	56. 70000
2009	89. 70000	4. 39700	57. 07667

年份 \ 指标	地级及以上城市空气质量优良天数比率	细颗粒物（PM$_{2.5}$）（PM$_{10}$）未达标地级及以上城市浓度下降比率	地表水达到或好于Ⅲ类水体比例
2010	92. 22222	2. 43385	63. 80000
2011	92. 81111	4. 02143	61. 77333
2012	95. 46250	5. 48625	64. 64286
2013	72. 84000	− 12. 76880	58. 78867
2014	82. 88000	9. 10313	57. 38933
2015	84. 88750	7. 38824	60. 09278
2016	82. 97000	6. 21944	63. 25944
2017	82. 02222	5. 95294	66. 63111

表 4 – 15　2007 ~ 2017 年长江经济带环境承载力各项指标平均值

年份 \ 指标	人均水资源量（立方米/人）	农村家庭居民人均耕地面积（亩/人）	人均森林面积（公顷/人）	人均能源供给量（千克标准煤/人）	人均天然气供应量（立方米/人）
2007	2124. 41818	1. 14818	0. 11957	1. 44270	1. 433636
2008	2196. 76364	1. 15727	0. 11907	1. 51460	1. 539091
2009	1848. 55273	1. 17636	0. 14827	1. 55224	1. 629182
2010	2437. 27273	1. 20818	0. 14784	1. 83525	2. 011455
2011	1636. 76636	1. 20727	0. 14724	2. 10575	2. 392727
2012	2303. 21636	1. 24091	0. 14653	2. 35417	2. 758091
2013	1865. 73818	1. 25634	0. 14575	2. 58055	3. 054545
2014	2212. 15545	1. 25721	0. 14507	2. 77076	3. 315091
2015	2316. 95000	1. 26035	0. 14414	2. 93265	3. 541455
2016	2586. 24273	1. 26176	0. 14317	3. 15085	3. 843364
2017	2242. 02182	1. 26537	0. 14224	3. 42920	4. 322182

表 4 – 16　2007 ~ 2017 年长江经济带环境管理力各项指标平均值

年份 \ 指标	环保支出占财政支出的比重（%）	环境污染治理投资占地区生产总值比重（%）	当年新增造林面积占总面积比重（%）	人均绿地面积（亩/人）	城市天然气普及率（%）	生活垃圾无害化处理率（%）	城市污水治理能力（万立方米/日）
2007	2. 61468	1. 51	26. 20954	0. 21250	94. 11636	70. 14545	0. 88636
2008	2. 95533	1. 54	24. 25113	0. 22066	95. 34818	75. 16364	0. 92909

续表

指标 年份	环保支出占财政支出的比重（%）	环境污染治理投资占地区生产总值比重（%）	当年新增造林面积占总面积比重（%）	人均绿地面积（亩/人）	城市天然气普及率（%）	生活垃圾无害化处理率（%）	城市污水治理能力（万立方米/日）
2009	3.14587	1.56	22.07777	0.27226	96.14364	79.72727	0.96091
2010	2.99146	1.52	18.04666	0.27710	96.45909	84.48182	1.01636
2011	2.54553	1.49	15.86621	0.29084	96.33818	84.05455	1.07636
2012	2.51869	1.53	12.41150	0.29987	96.56364	89.76364	1.16545
2013	2.47086	1.48	13.80669	0.30094	97.23909	94.10000	1.22455
2014	2.37245	1.47	10.96570	0.30409	97.46455	96.45455	1.29636
2015	2.54566	1.5	14.32995	0.30982	97.72091	96.70909	1.34455
2016	2.59109	1.52	11.38863	0.31907	97.77636	97.89091	1.44273
2017	2.77670	1.54	10.80473	0.32891	98.13818	98.45455	1.49273

表 4-17　2007~2017 年长江经济带环境友好性各项指标平均值

指标 年份	人均能源消费量（千克标准煤/人）	人均水资源消费量（立方米/人）	人均煤炭消费总量（千克/人）
2007	100.82804	22.53536	96.16435
2008	107.57940	23.04581	99.90837
2009	113.89054	23.37109	106.53197
2010	124.45612	23.57390	114.10544
2011	135.73253	23.84436	126.37363
2012	143.46311	23.73745	126.38909
2013	142.83878	24.10390	122.73245
2014	143.66946	23.67527	118.74348
2015	145.71278	23.84272	116.29407
2016	155.01430	23.70090	117.04155
2017	152.75728	23.97272	118.03219

表 4-18　2007~2017 年长江经济带环境抗压力各项指标平均值

指标 年份	人均耕地保有量（亩/人）	单位GDP建设用地面积降低率（%）	单位GDP能耗（等价值）（吨标准煤/万元）	一般工业固体废物综合利用率（%）
2007	1.21625	10.76936	1.24518	84.55095
2008	1.21747	10.92520	1.12270	72.44190
2009	1.16477	4.26230	1.06384	72.84582

续表

指标 年份	人均耕地保有量（亩/人）	单位 GDP 建设用地面积降低率（%）	单位 GDP 能耗（等价值）（吨标准煤/万元）	一般工业固体废物综合利用率（%）
2010	1.15902	10.92788	0.97443	74.79665
2011	1.15655	14.35285	0.84536	85.84947
2012	1.15188	10.04649	0.79619	72.64250
2013	1.15131	7.42822	0.70618	72.92446
2014	1.14231	1.72418	0.65600	73.73070
2015	1.13799	4.28057	0.61925	73.58675
2016	1.12731	4.82300	0.55455	69.48697
2017	1.13046	4.79614	0.52564	71.39652

表 4-19　2007~2017 年长江经济带环境稳定性各项指标平均值　　单位:%

指标 年份	地级及以上城市空气质量优良天数比率	细颗粒物（PM₂.₅）（PM₁₀）未达标地级及以上城市浓度下降比率	地表水达到或好于Ⅲ类水体比例
2007	87.27500	2.60000	61.77500
2008	80.80000	4.85000	73.53300
2009	88.94000	6.37500	51.12000
2010	91.56000	2.08300	65.07500
2011	92.34000	4.64300	64.65000
2012	94.38000	5.14300	68.42500
2013	67.64400	10.45200	67.60000
2014	78.82800	15.62100	64.05000
2015	79.38000	6.21400	65.51700
2016	80.28000	3.32900	70.45000
2017	79.66000	2.42900	73.80000

二、基本面的比较分析

主要采用统计学中的一系列方法分别对全国各省份和长江经济带各省份的绿色发展水平进行测度、分析、比较和评价，目的是找到长江经济带各省市与国家总体绿色发展水平的差距，发现目前存在的亟须解决的问题，再以国家相关政策要求为主要遵循原则，找到解决问题的有效方法，进一步明确未来的发展方向。

（一）平均值比较

将全国的表4－10～表4－14与长江经济带11省市的表4－15～表4－19进行比较可以发现：

首先，从整体来看，根据以上数据处理结果，可以看出不论是在全国范围还是在长江经济带，2006～2017年，所有正向指标都整体呈现出逐年递增趋势，所有负向指标都整体呈现出逐年递减趋势，这表明全国的绿色发展进程正在稳步推进，绿色发展这一巨大理念正在我国经济健康发展中发挥着巨大作用。

其次，从局部来看，我们可以将全国的数据与长江经济带的数据先进行简单的比较，通过比较分析我们可以发现，长江经济带各项正向指标均值都明显高于国家指标均值，各项负向指标均值都明显低于国家指标均值，这说明长江经济带的绿色发展进程走在国家前列，在贯彻绿色发展这一理念的执行力方面，长江经济带各省市都在贡献着巨大的力量。

（二）折线图比较分析

在以上的平均值比较分析中，还不能直观地观察数据变化情况，所以也不能准确地做出更多的判断，这时就需要加以图形表示进行进一步的分析。因为折线图是最直观也是应用最广泛的图形分析方法，所以采用折线图来进一步展示各指标数据平均值处理后的结果。

（1）环境承载力各项指标数据折线图。根据反映环境承载力的全国和长江经济带各项指标自行绘制折线图，如图4－2～图4－7所示。

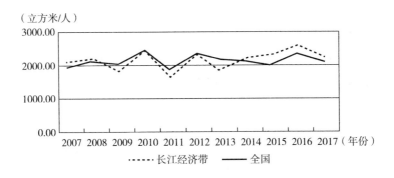

图4－2　2007～2017年人均水资源比较分析

资料来源：各折线图均为自行绘制，下同。

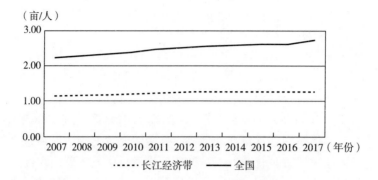

图 4 − 3 2007～2017 年农村人均耕地面积比较分析

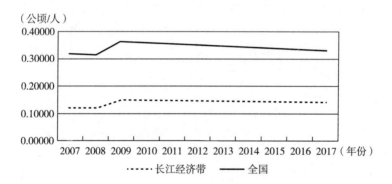

图 4 − 4 2007～2017 年森林面积比较分析

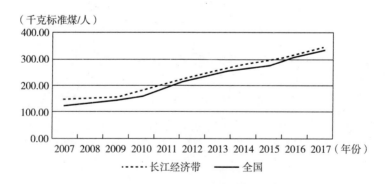

图 4 − 5 2007～2017 年人均能源供给量比较分析

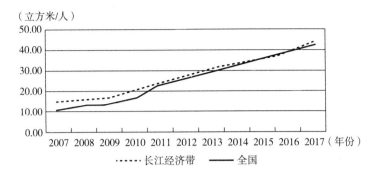

图4-6 2007~2017年人均天然气供应量比较分析

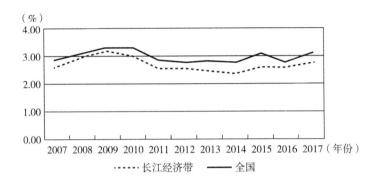

图4-7 2007~2017年环保支出占财政比比较分析

根据以上折线图分析来看,在人均水资源量、能源供给总量和天然气供应量三个方面,长江经济带各省市均值和全国平均水平相差无几,但在农村居民人均耕地面积、人均森林面积上,长江经济带各省市均值明显低于全国平均水平,这说明,长江经济带在环境承载力上相对于全国来说比较弱。这是由于长江经济带特殊的地理位置和资源禀赋,河流众多,土地相对较少;在经济结构中,工业相比农业对经济支撑较大,所以工业占地较多;最近几年对农业结构进行调整,农业、林业比重下降,牧业、渔业比重上升;还有就是长江经济带人口比较密集,人均水平就比较低。所以导致长江经济带人均耕地、人均森林面积较小,环境承载力较弱,但这并不能代表长江经济带的绿色发展水平低。

(2)环境管理力各项指标数据折线图。根据反映环境管理力的全国和长江经济带各项指标自行绘制折线图,如图4-8~图4-14所示。

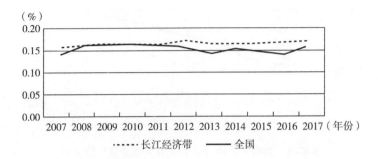

图4-8　2007～2017年环境污染治理投资占地区生产总值比重比较分析

资料来源：各折线图均为自行绘制，下同。

图4-9　2007～2017年当年新增造林面积占总面积比重比较分析

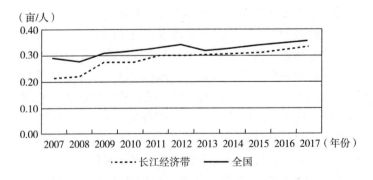

图4-10　2007～2017年人均绿地面积比较分析

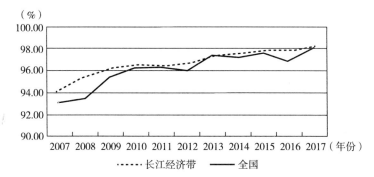

图 4 – 11　2007～2017 年城市天然气普及率比较分析

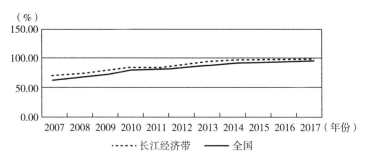

图 4 – 12　2007～2017 年生活垃圾无害化处理率比较分析

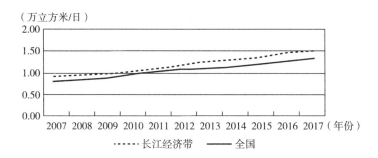

图 4 – 13　2007～2017 年城市污水治理能力比较分析

　　由图 4 – 8～图 4 – 14 可以看出，长江经济带在当年新增造林面积占总面积比重上与全国平均水平相当，在环保支出占财政支出比重、环境污染治理投资占 GDP 比重、人均绿地面积上都低于国家平均水平，这表示环境管理力较弱，但也不排除财政支出、GDP 较高、人口较密集或者污染程度较轻等因素；在天然气普及率、生活垃圾无害化处理率和城市污水治理能力上均高于国家平均水平，这说明长江经济带在环境管理力方面效率较高。

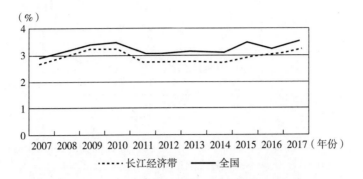

图 4 – 14 2007～2017 年环保支出占财政支出比重比较分析

（3）环境友好性各项指标数据折线图。根据反映环境友好性的全国和长江经济带各项指标自行绘制折线图，如图 4 – 15～图 4 – 21 所示。

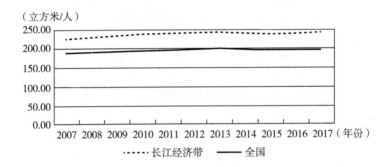

图 4 – 15 2007～2017 年人均水资源消费量比较分析

资料来源：各折线图均为自行绘制，下同。

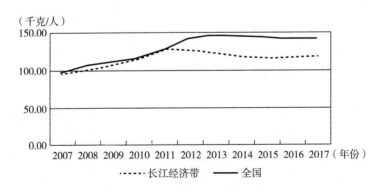

图 4 – 16 人均煤炭消费量比较分析

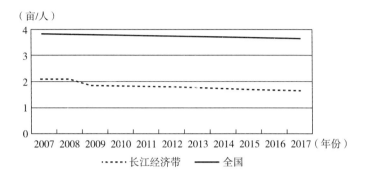

图 4－17　人均耕地保有量比较分析

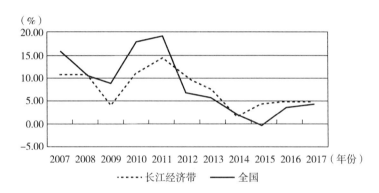

图 4－18　2007～2017 年单位 GDP 建设用地面积降低率比较分析

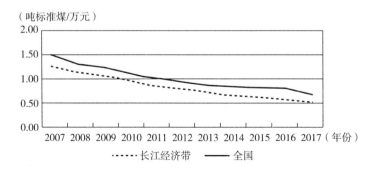

图 4－19　2007～2017 年单位 GDP 能耗比较分析

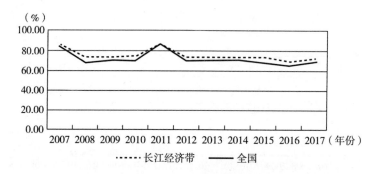

图 4 - 20　2007～2017 年一般工业固体废物综合利用率比较分析

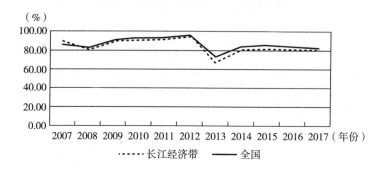

图 4 - 21　2007～2017 年地级以上城市空气质量优良天数比较分析

从图 4 - 15～图 4 - 21 分析结果来看，长江经济带在能源消费总量上与国家平均水平相当，在水资源消费总量、2012 年以后的单位 GDP 建设用地面积降低率、一般工业固体废物综合利用率上高于国家平均水平，在煤炭消费总量、耕地保有量、单位 GDP 能耗上低于国家平均水平。这说明长江经济带的轻工业在经济结构中占较大比重，生产效率较高，重视工业污染防范，所以煤炭消费较少，单位 GDP 能耗较少，水资源消费较多，一般工业固体废物综合利用率较高，造成的污染也相对较轻；单位 GDP 建设用地面积降低率有逐年升高的趋势，这说明长江经济带对建设用地的把控愈加严格，对合理用地的重视愈加强烈；耕地保有量方面，虽然一直低于国家平均水平，且呈现逐年减少的趋势，但是从折线图上可以看出变化趋势逐渐减缓，斜率逐渐降低，耕地减少速度逐渐降低。在环境友好性这一方面，长江经济带还是优于国家平均水平的。

（4）环境稳定性各项指标数据折线图。根据反映环境稳定性的全国和长江经济带各项指标自行绘制折线图，如图 4 - 22 和图 4 - 23 所示。

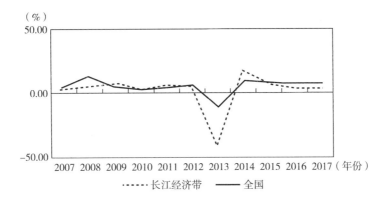

图 4 - 22　2007～2017 年细颗粒物未达标地级及以上城市浓度下降比率比较分析

资料来源：各折线图均为自行绘制，下同。

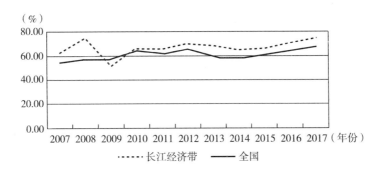

图 4 - 23　2007～2017 年地表水达到或好于Ⅲ类水体比例比较分析

从图 4 - 22 和图 4 - 23 的分析结果来看，长江经济带在空气质量优良天数比例、细颗粒物未达标地级及以上城市浓度下降比率与国家平均水平相当，但是我们可以观察到，在 2013 年的细颗粒物未达标地级及以上城市浓度下降比率上，水平明显低于国家平均水平，这是因为在 2013 年，长江经济带的云南省细颗粒物浓度下降比率竟然低到 -266%，在很大程度上拉低了长江经济带的整体水平，如果 2013 年除去云南省的这一例外指标数据，长江经济带的平均降低率是 -0.0315%，仍高于国家平均水平的 -12.7688%。在地表水达到或好于Ⅲ类水体比例上高于国家平均水平，这说明长江经济带水质管理较好。

三、绿色发展综合指数的比较分析

（一）综合指数计算结果

运用综合指数法计算综合指数，全国一级指标综合指数计算结果如表 4 - 20～表 4 - 24 所示。

表 4 - 20　2007～2017 年国家环境承载力综合指数计算表　　　单位:%

综合指数 年份	人均 水资源量	农村家庭居民 耕地面积	人均森林 面积	人均能源 供给量	人均天然气 供应量	环境承载力 综合指数
2007	9.746	8.812	2.857	21.246	18.012	60.673
2008	10.446	9.001	2.834	22.937	21.480	66.697
2009	10.229	9.264	3.230	24.546	23.644	70.912
2010	12.062	9.425	3.204	27.574	28.458	80.721
2011	9.362	9.804	3.181	34.963	39.618	96.926
2012	11.747	9.920	3.149	39.519	46.403	110.737
2013	10.887	10.086	3.122	43.907	51.842	119.842
2014	10.549	10.192	3.087	46.395	56.284	126.506
2015	10.094	10.267	3.052	49.333	60.737	133.483
2016	11.713	10.297	3.015	55.018	68.379	148.421
2017	10.668	10.680	2.982	58.400	73.743	156.472
均值	10.682	9.795	3.065	38.531	44.418	106.490

表 4 - 21　2007～2017 年国家环境管理力综合指数计算表　　　单位:%

综合指数 年份	环保支出 占财政 支出的比重	环境污染治理 投资占地区 生产总值比重	当年新增造林 面积占面积 比重	人均 绿地 面积	城市 天然气 普及率	生活垃圾 无害化 处理率	城市污水 治理能力	环境管理力 综合指数
2007	7.37	2.52	49.20	6.88	1.48	21.09	11.94	100.48
2008	7.83	2.80	48.44	6.60	1.49	22.62	12.60	102.38
2009	8.41	2.82	47.45	7.34	1.52	23.85	13.06	104.45
2010	8.42	2.74	39.41	7.52	1.53	26.28	14.27	100.17
2011	7.37	2.76	35.02	7.81	1.53	27.11	15.00	96.59
2012	7.07	2.61	27.74	8.08	1.53	28.43	15.88	91.34
2013	7.17	2.39	27.94	7.61	1.55	29.63	16.30	92.59
2014	7.02	2.46	22.25	7.80	1.55	30.55	17.09	88.71
2015	7.83	2.40	27.91	8.13	1.55	31.14	17.70	96.67
2016	7.22	2.33	21.91	8.30	1.54	31.97	18.56	91.83
2017	7.86	2.54	20.81	8.47	1.56	22.54	19.30	83.09
均值	7.60	2.58	33.46	7.69	1.53	26.84	15.61	95.30

表 4 - 22　2007～2017 年国家环境抗压力综合指数计算表　　单位:%

年份 \\ 综合指数	人均耕地保有量	单位 GDP 建设用地面积降低率	单位 GDP 能耗（等价值）	一般工业固体废物综合利用率	环境抗压力综合指数
2007	0.1606	275.1978	8.4598	7.6776	291.4957
2008	0.1604	184.8383	9.7038	6.2646	200.9670
2009	0.1602	157.0324	10.1032	6.4692	173.7650
2010	0.1601	311.9870	11.2987	6.5329	329.9787
2011	0.1601	335.5098	12.5104	7.9968	356.1771
2012	0.1600	117.6943	13.2009	6.4505	137.5057
2013	0.1600	97.1781	14.1927	6.5631	118.0938
2014	0.1599	36.8208	14.8507	6.5227	58.3540
2015	0.1598	- 7.6220	15.2483	6.3322	14.1184
2016	0.1597	64.6912	15.6669	6.1054	86.6233
2017	0.1597	75.9341	18.1024	6.3092	100.5055
均值	0.1600	149.9329	13.0307	6.6567	169.7804

表 4 - 23　2007～2017 年国家环境稳定性综合指数计算表　　单位:%

年份 \\ 综合指数	地级及以上城市空气质量优良天数比率	细颗粒物未达标地级及以上城市浓度下降比率	地表水达到或好于Ⅲ类水体比例	环境稳定性综合指数
2007	6.391	17.678	3.176	27.245
2008	6.133	58.363	3.339	67.835
2009	6.696	22.272	3.361	32.329
2010	6.884	12.328	3.757	22.969
2011	6.928	20.370	3.638	30.936
2012	7.126	27.789	3.807	38.722
2013	5.438	- 64.678	3.462	- 55.778
2014	6.187	46.110	3.379	55.676
2015	6.337	37.423	3.539	47.299
2016	6.194	31.503	3.725	41.422
2017	6.123	30.153	3.924	40.200
均值	6.403	21.756	3.555	31.714

表4-24　2007~2017年国家环境友好性综合指数计算表　　　单位:%

年份＼综合指数	人均能源消费量	人均水资源消费量	人均煤炭消费量	环境友好性综合指数
2007	65. 350	5. 872	69. 286	140. 509
2008	61. 835	5. 781	63. 363	130. 978
2009	58. 850	5. 728	60. 401	124. 979
2010	54. 304	5. 674	57. 584	117. 561
2011	49. 980	5. 594	53. 020	108. 594
2012	47. 728	5. 563	47. 138	100. 429
2013	47. 225	5. 525	46. 334	99. 085
2014	46. 374	5. 606	46. 788	98. 768
2015	45. 777	5. 598	46. 840	98. 215
2016	44. 404	5. 656	47. 529	97. 590
2017	43. 553	5. 653	47. 589	96. 796
均值	51. 398	5. 659	53. 261	110. 318

由以上指标综合指数计算表可得出2007~2017年国家绿色发展综合指数,如表4-25所示。

表4-25　2007~2017年国家绿色发展综合指数　　　单位:%

年份＼综合指数	环境承载力综合指数乘以权重	环境管理力综合指数乘以权重	环境抗压力综合指数乘以权重	环境稳定性综合指数乘以权重	环境友好性综合指数乘以权重	国家绿色发展综合指数
2007	11. 727	17. 90	65. 5399	8. 996	9. 254	113. 421
2008	12. 892	18. 24	45. 1854	22. 398	8. 626	107. 345
2009	13. 707	18. 61	39. 0693	10. 674	8. 231	90. 293
2010	15. 603	17. 85	74. 1924	7. 584	7. 743	122. 971
2011	18. 735	17. 21	80. 0828	10. 214	7. 152	133. 396
2012	21. 404	16. 28	30. 9168	12. 785	6. 614	87. 997
2013	23. 164	16. 50	26. 5522	- 18. 417	6. 526	54. 324
2014	24. 452	15. 81	13. 1203	18. 383	6. 505	78. 268
2015	25. 801	17. 23	3. 1744	15. 617	6. 468	68. 287
2016	28. 688	16. 36	19. 4764	13. 677	6. 427	84. 631
2017	30. 244	14. 80	22. 5977	13. 273	6. 375	87. 295
均值	20. 583	16. 982	38. 173	10. 471	7. 266	93. 475

长江经济带各级指标数据综合指数计算结果如表4-26~表4-30所示。

表4-26　2007~2017年长江经济带环境承载力综合指数计算表

综合指数 年份	人均 水资源量	农村家庭居民 人均耕地面积	人均森林 面积	人均能源 供给量	人均天然气 供应量	环境承载力 综合指数
2007	10.592	4.526	1.072	25.546	25.102	66.838
2008	10.952	4.561	1.068	26.819	26.949	70.349
2009	9.216	4.637	1.330	27.486	28.526	71.194
2010	12.151	4.762	1.326	32.497	35.220	85.956
2011	8.160	4.758	1.320	37.287	41.896	93.422
2012	11.483	4.891	1.314	41.685	48.293	107.666
2013	9.302	4.952	1.307	45.694	53.484	114.739
2014	11.029	4.955	1.301	49.062	58.046	124.393
2015	11.551	4.968	1.293	51.928	62.010	131.750
2016	12.894	4.973	1.284	55.792	67.296	142.239
2017	11.178	4.987	1.276	60.721	75.680	153.842
均值	10.773	4.816	1.263	41.320	47.500	105.672

表4-27　2007~2017年长江经济带环境管理力综合指数计算表　　　单位:%

综合指数 年份	环保支出 占财政 支出的比重	环境污染治理 投资占地区 生产总值比重	当年新增造林 面积占总面积 比重	人均 绿地 面积	城市 天然气 普及率	生活垃圾 无害化 处理率	城市污水 治理能力	环境管理力 综合指数
2007	6.658	2.836	54.940	5.079	1.498	23.492	13.331	107.835
2008	7.525	2.892	50.835	5.275	1.518	25.173	13.974	107.191
2009	8.011	2.930	46.279	6.508	1.531	26.701	14.452	106.411
2010	7.617	2.855	37.829	6.624	1.536	28.293	15.286	100.040
2011	6.482	2.798	33.259	6.952	1.534	28.150	16.188	95.363
2012	6.414	2.873	26.017	7.168	1.537	30.062	17.528	91.600
2013	6.292	2.779	28.942	7.193	1.548	32.184	18.417	97.356
2014	6.041	2.761	22.986	7.269	1.552	32.303	19.497	92.409
2015	6.482	2.817	30.038	7.406	1.556	32.388	20.222	100.910
2016	6.598	2.855	23.873	7.627	1.557	32.784	21.699	96.992
2017	7.071	2.892	22.649	7.862	1.562	32.973	22.451	97.460
均值	6.836	2.844	34.332	6.815	1.539	29.500	17.550	99.415

表4-28 2007～2017年长江经济带环境抗压力综合指数计算表　　　单位：%

年份 综合指数	人均耕地保有量	单位GDP建设用地面积降低率	单位GDP能耗（等价值）	一般工业固体废物综合利用率	环境抗压力综合指数
2007	0.152	190.322	10.015	7.861	208.350
2008	0.152	193.076	11.108	6.735	211.071
2009	0.151	75.325	11.722	6.773	93.971
2010	0.151	193.123	12.798	6.954	213.026
2011	0.151	253.651	14.752	7.982	276.535
2012	0.150	177.547	15.663	6.754	200.114
2013	0.150	131.275	17.659	6.780	155.865
2014	0.150	30.471	19.010	6.855	56.486
2015	0.150	75.648	20.138	6.842	102.778
2016	0.150	85.234	22.487	6.461	114.333
2017	0.150	84.760	23.724	6.638	115.272
均值	0.151	135.494	16.280	6.967	158.891

表4-29 2007～2017年长江经济带环境稳定性综合指数计算表　　　单位：%

年份 综合指数	地级及以上城市空气质量优良天数比率	细颗粒物未达标地级及以上城市浓度下降比率	地表水达到或好于Ⅲ类水体比例	环境稳定性综合指数
2007	6.515	13.170	3.638	23.323
2008	6.032	24.567	4.330	34.928
2009	6.639	32.291	3.010	41.941
2010	6.835	10.551	3.832	21.218
2011	6.893	23.518	3.807	34.218
2012	7.046	26.051	4.029	37.126
2013	5.050	52.942	3.981	61.973
2014	5.885	79.125	3.772	88.781
2015	5.926	31.476	3.858	41.259
2016	5.993	16.862	4.148	27.004
2017	5.947	12.304	4.346	22.596
均值	6.251	29.351	3.886	39.488

表 4－30　　2007～2017 年长江经济带环境友好性综合指数计算表　　单位:%

综合指数 年份	人均能源消费量	人均水资源消费量	人均煤炭消费量	环境友好性综合指数
2007	68.729	4.891	70.097	143.717
2008	64.416	4.782	67.470	136.669
2009	60.847	4.716	63.275	128.838
2010	55.681	4.675	59.076	119.432
2011	51.055	4.622	53.341	109.018
2012	48.304	4.643	53.334	106.281
2013	48.515	4.572	54.923	108.011
2014	48.235	4.655	56.768	109.658
2015	47.558	4.623	57.964	110.145
2016	44.705	4.650	57.594	106.949
2017	45.365	4.597	57.110	107.073
均值	53.037	4.675	59.178	116.890

由以上指标综合指数计算表可得出长江经济带绿色发展综合指数,如表 4－31 所示。

表 4－31　　2007～2017 年长江经济带绿色发展综合指数　　单位:%

综合指数 年份	环境承载力综合指数乘以权重	环境管理力综合指数乘以权重	环境抗压力综合指数乘以权重	环境稳定性综合指数乘以权重	环境友好性综合指数乘以权重	长江经济带绿色发展综合指数
2007	13.430	19.215	46.845	7.701	9.465	96.656
2008	14.135	19.100	47.457	11.533	9.001	101.227
2009	14.305	18.961	21.129	13.848	8.485	76.728
2010	17.271	17.826	47.897	7.006	7.866	97.865
2011	18.771	16.993	62.176	11.298	7.180	116.418
2012	21.633	16.322	44.994	12.258	7.000	102.207
2013	23.054	17.348	35.045	20.462	7.114	103.023
2014	24.994	16.466	12.700	29.314	7.222	90.697
2015	26.472	17.981	23.109	13.623	7.254	88.439
2016	28.580	17.283	25.707	8.916	7.044	87.529
2017	30.911	17.366	25.918	7.461	7.052	88.708
均值	21.233	17.715	35.725	13.038	7.698	95.409

由以上国家和长江经济带绿色发展综合指数表显示,长江经济带绿色发展水

平整体高于国家水平，但不论是我国还是长江经济带，绿色发展整体水平都较低。从表中可以看出，2007～2017 年，国家和长江经济带的绿色发展综合指数平均值分别为 93.475% 和 95.409%，均未达到 100%。而且在这 11 年间，国家和长江经济带绿色发展综合指数大于 100% 的都分别只有 4 个年份，比例只有 36%。究其原因，其实质是环境管理力较弱、环境稳定性较差、环境友好性较差。

从长江经济带的绿色发展综合指数表可以看出，2007～2017 年，绿色发展水平竟然有逐年降低的趋势，而且在这 11 年间绿色发展水平很不稳定，其中最高的是 2011 年，综合指数高达 116.418%，最低的是 2009 年，综合指数只有 76.728%，相对差异超过 39.690%。以这 11 年的综合指数平均值为标准，有 5 个年份低于平均值，而且都是最近几年。在五项一级指标中，环境稳定性指标中的二级指标离散系数最大，为 66%，虽然远低于国家指标的最高离散系数 138%，但是也说明了长江经济带的绿色发展过程中，应该更加注重保持环境稳定性。

（二）动态分析

动态比较 2007～2017 年的绿色发展综合指数可以发现，我国绿色发展水平在 2013 年之前是逐渐下降的，在 2013 年之后又逐步上升，而长江经济带有 2009 年和 2014 年两个转折点，可以看出长江经济带绿色发展水平在 2014 年之前较不稳定，在 2014 年之后趋于稳定。这表明在最近几年，长江经济带在绿色发展过程中逐渐步入正轨，迈向成熟。

具体来看，可以观察到，长江经济带在环境管理力、环境友好性方面的发展是趋于稳定状态，但在环境稳定性方面起伏较大，在环境承载力这一方面逐年增强，但在环境抗压力方面却是逐年降低。

（三）具体指标分析

由以上分析结果可以看出，长江经济带绿色发展综合指数平均值为 95.409%，大于国家综合指数 93.475%，这说明长江经济带绿色发展水平整体略高于国家水平。但是通过具体比较分析可以发现，长江经济带绿色发展水平其实是强中有弱，在所有评价指标上并不是"面面俱到"。

在环境承载力方面，长江经济带综合指数平均为 105.672%，略低于国家平均水平的 106.490%，这主要是由于长江经济带的农村家庭居民人均耕地面积综合指数平均为 4.816%，人均森林面积综合指数平均为 1.263%，分别低于国家平均水平的 9.795% 和 3.065%，这说明长江经济带农村居民人均耕地面积和人均森林面积较少，通过分析主要有以下原因：长江经济带的国土面积占国家的 21%，耕地面积占 34%，森林面积占 40%，可见依托毗邻长江的区位优势使长江经济带具有得天独厚的耕地和森林资源，与全国其他地区相比占有较大优势，但人均却低于国家水平，一是由于对经济支撑较大的工业占地面积较多，导致耕地、森林面积减少；二是由于长江经济带对农业结构的调整，牧业、渔业比重逐渐上升，农业、林业比重逐渐下降，导致农业、林业用地减少；三是由于长江经济带人口过于密集，人均时分母过于庞大，导致本来占有优势的耕地资源和森林资源人均水平较低。

在环境管理力方面，长江经济带综合指数平均为99.415%，高于95.30%的国家平均水平，但是长江经济带环保支出占财政支出比重的综合指数平均为6.836%，人均绿地面积综合指数平均为6.815%，分别低于7.60%及7.69%的国家平均水平。环保支出占财政支出比重的发展水平较低，一是由于对固定资产投资的狂热追逐导致环保支出虽然逐年增加，但所占比重仍然不高；二是就目前来讲，环保工作在政府管理中已经趋于常态化，但环保支出规模与其他领域相比仍然偏小，与生态环境保护工作所需投入仍有一定差距。人均绿地面积较少，不仅是因为人口密度大，而且城市发展中对土地的使用结构发生了改变，导致留于绿化的土地面积较少。

在环境抗压力方面，长江经济带综合指数均值为158.891%，低于国家平均水平的169.780%，这主要是因为单位GDP建设用地面积降低率平均综合指数为135.494%，低于149.933%的国家平均水平。这说明长江经济带单位GDP建设用地面积降低率较低，反映出经济发展水平提高的同时，土地节约集约利用水平并没有同步提高，这是由多方面原因所造成的。经济结构不够合理，产业布局不够优化，经济转型未完全实现，土地利用方式不够合理化，土地利用效率、效益还有待提升。土地利用管控仍然存在问题，土地粗放浪费的现象依然存在。土地利用计划调控制度不够完善，通过计划调节促进土地节约集约利用的作用不够显著。对于存量土地的盘活和闲置土地的处置工作还未完全推进。

在环境稳定性方面，长江经济带综合指数平均水平为39.488%，高于31.714%的国家平均水平，但是都未超过100%，其中主要是空气质量与水质问题。近年来，随着社会不断进步，工业、交通运输业快速发展，人们生活水平大幅提高，工厂愈发增多，汽车也逐渐普遍，与此同时，烟囱与车辆却成了污染源，颗粒物及大量的有害物质直接排向空气，改变了空气的正常组成，使空气质量变坏。由于近年来化工厂的不合格废水随意排放，生活污水未经过处理就汇入河流，导致水质下降。

在环境友好性方面，长江经济带的综合指数平均为116.890%，高于110.318%的国家平均水平，但是在水资源消耗总量上综合指数平均值为4.675%，低于5.659%的国家平均水平，这说明，长江经济带消耗水资源较多。这主要是由于长江经济带的区位优势和资源优势聚集了较多的企业、工厂，在进行生产经营活动的时候，消耗了较多的水资源。

通过对长江经济带绿色发展水平与国家的比较分析，发现了一些现存问题，并对这些问题的成因进行了剖析。总的来说，长江经济带绿色发展水平优于国家平均水平，但是依然存在较多问题，目前环境形势仍然比较严峻，接下来要面临的挑战依然不容忽视。

四、绿色发展中应注意的问题

（一）在发展思路上，要体现绿色发展的理念

思路具有纲领性，决定着未来出路，同理，经济发展思路决定着经济发展方式与路径。如果我们基于绿色发展理念进行思路构想，就能把经济发展方向定位于绿色发展这一"巨人肩膀"之上。改革开放以后，我国虽已打开经济发展的大门，经济发展速度也得到快速提升，但尚未完全接轨科学发展这一重要思路，同时也很难与绿色发展理念共源同流。主要表现在如下方面：①GDP崇拜。在以GDP作为主要政绩考核指标体系下，各地表现为重复建设、地方割据、部门对垒等。②政绩型思路。各地地方政府出于政绩的考虑，忽视民生工程，大操大办面子工程。③媚外型思路。各地为招商引资，忽视引资质量，在世界产业转移过程中抓住了机会，也给发展环境造成巨大的负面影响。在经济发展道路具有客观规律性与现实需求性，一是要在尊重经济发展客观规律的基础之上，融入绿色发展的思想；二是要避免把区域经济视为地方权力经济的错误思想，并进一步消除权力化的思想障碍；三是要改变经济建设的局限性思想，站在更高的经济视角之上，积极树立全国共下一盘经济棋的大绿色发展理念。在经济新常态下，生态理念需要融入经济转型，以降低经济运行对生态的负面影响为最高原则，综合运用清洁生产、环境设计、绿色制造等手段，调整产业形态，转变经济结构。

（二）在发展战略上，要确立绿色发展的目标

经济发展战略具有总体性和整体性，经济发展战略就是经济发展与管理的总趋势、总目标。无论是国家还是地方，在制定科学合理的经济发展战略时，都必须将绿色发展作为战略主题与目标。过去，国家或地区在确定经济发展战略目标时，定位参差不齐。表现为：①缺乏以绿色发展为主题的统一协调的战略目标。中央和地方政府在战略思维和战略定位上均未达成一致性。②经济发展着眼于短期的经济效益。强调经济增长速度的做法贯用至今，高投资、高耗能、高产出、高污染、低产出的"四高一低"的怪圈周而复始。③忽视绿色发展过程中可能产生的重大问题。尽管总体发展战略目标已定位于绿色发展，但仍需具有时段化特性，与此同时要保证绿色发展这根链条上的每一个细节都是科学的、环保的，仍然具有很大的困难，可持续的绿色发展也难以达成链接。

（三）在发展手段上，要采取发展加绿的举措

要实现经济发展的战略目标，就必须采取与之相应的发展手段。过去，我们的经济运行手段比较老套。其表现为：①在发展规模上，追求大而全。②在发展效益上，追求数量胜过质量。③在管理手段上，"见物不见人"。当前，工业是经济的主体，工业经济绿色发展，首先要将产业集群化布局，避免走分散粗放之路，从而实现社会经济效益最大、资源高效利用、环境损害最小。此外，需要将创新元素植入经济系统。生态经济的核心目标是实现区域社会经济和生态环境配置和谐化，科技创新是第一驱动力。

（四）在发展环境上，要注重绿色发展的规范

制度是显性的规范，制度是实行经济绿色发展的基本保障，没有绿色发展的制度，就没有绿色发展的发展。创建经济绿色发展制度应切实确立市场经济体制，市场是配置资源的基本手段，应从市场化入手，全面系统地创建绿色发展的各项经济制度，依法治国，依法行政，依法生活，依法发展，上升到经济立法绿色发展的最高阶段。

（五）在发展过程中，要把握绿色发展的原则

绿色发展的原则共有四个，即：

（1）"4R"原则——包括减量化原则、再利用原则、再循环原则和再重组原则。

（2）"食物链"原则——就是引导企业在物质和能量交换过程中要形成类似自然生态系统的"生产食物链"的原则。

（3）关联原则——就是在一个系统内外要形成产业链、创新链、资金链各链条上和各链条之间的一种共生耦合关系的原则。

（4）统筹兼顾原则——就是要让"软硬件"建设充分协调起来的原则。

第五章

长江经济带高质量发展水平实证研究

第一节　综合评价指标体系与评价方法

一、高质量发展的综合水平评价指标体系的构建

金碚（2018）指出"高质量发展是能够更好满足人民不断增长的真实需要的经济发展方式、结构和动力状态"。理论导向方面，不仅注重经济发展的效率性和发展公平性，而且要考虑生态环境的保护与人的全面发展；詹新宇（2016）指出"经济增长质量涉及经济增长的结构与效率、生态环境、社会协调等多个方面，因此经济增长质量指数必须是多方面指标综合的结果"。因此，对区域经济高质量发展水平的测度应综合考虑经济发展的方方面面，不仅要追求高质量的经济成果，还要追求高质量的经济效率；不但要把握经济高质量发展的当前能力，还要把握经济高质量发展的潜力与前景。高质量发展的本质就是经济效率的提升。基于此，高质量发展综合水平评价指标体系构建如表5-1所示。

表5-1　长江经济带高质量发展水平评价指标体系

总目标	一级指标	二级指标
高质量发展	创新	R&D 经费内部支出占 GDP 比重（%）
		万人发明专利拥有量（项）
		进入世界 500 强企业数量（家）
		平均受教育年限（年）
		高新技术企业数量（个）
		技术市场交易额（亿元）
	协调	城乡人均消费水平差距
		第三产业增加值占 GDP 比重（%）
		服务业增加值占第三产业的比重（%）
		人口老龄化程度

续表

总目标	一级指标	二级指标
高质量发展	绿色	人均森林面积（公顷/人）
		天然气供应量（亿立方米）
		环保支出占财政支出的比重（%）
		人均绿地面积（亩/人）
		环境污染治理投资占地区生产总值比重（%）
		城市污水治理能力（万立方米/日）
		一般工业固体废物综合利用率（%）
		生活垃圾无害化处理率（%）
	开放	地区进出口总额（千美元）
		接待外国游客人次（百万人次）
		全社会固定资产投资额中外资占比（%）
		外商投资企业单位法人单位数（个）
	共享	居民人均可支配收入（元）
		城镇职工基本医疗保险参保人数占总人口的比重（%）
		每万人拥有公共交通车辆数（标台）
		每万人拥有病床数（张）
		人均拥有图书藏书量（册/人）
		每十万人拥有艺术表演团体机构个数（个）
		普通高校生师比（教师人数=1）
	有效	人均GDP（元/人）
		人均财政收入（元/人）
		固定资产投资效果系数（无量纲）
		劳动生产率（元/人）
		城镇登记失业率（%）

表5-1中各指标释义如下：

（1）创新指标。区域经济的创新能力，主要从区域的创新资源、创新成果两个方面来反映区域经济创新能力，其中，创新资源主要从"R&D经费内部支出占GDP比重""进入世界500强企业数量""平均受教育年限""高新技术企业数量"四个指标来反映，衡量创新成果的有"万人发明专利拥有量""技术市场交易额"两个指标。

（2）协调指标。区域经济发展的协调性，主要从城乡发展的协调性、产业结构的协调性以及区域人口协调性三个方面来反映区域经济发展的协调性水平的高低，其中，城乡协调发展程度主要通过"城乡人均消费水平差距"指标来反映，"第三产业增加值占 GDP 比重"与"服务业增加值占第三产业的比重"两个指标来衡量区域产业结构的协调性，衡量区域人口协调性主要通过"人口老龄化程度"指标来衡量。

（3）绿色指标。区域绿色发展水平的高低，主要通过区域环境承载力、环境管理能力以及环境抗压力三个方面来反映，其中，环境承载能力主要从"人均森林面积""天然气供应量""人均绿地面积"三个指标来反映，环境管理能力主要从"环保支出占财政支出的比重""环境污染治理投资占地区生产总值比重""城市污水治理能力"三个指标来反映，环境抗压力主要从"一般工业固体废物综合利用率"和"生活垃圾无害化处理率"两个指标来反映。

（4）开放指标。区域开放程度主要从外贸进出口额、国外游客人数、外资投入以及外资企业数四个方面来反映，其中，外贸进出口额通过"地区进出口总额"指标来反映，国外游客人数通过"接待外国游客人次"指标来反映，外资投入通过指标"全社会固定资产投资额中外资占比"来反映，外资企业数通过"外商投资企业单位法人单位数"指标来反映。

（5）共享指标。区域共享程度主要从区域公共交通设施、公共医疗、居民人均生活水平及人均享受的文化教育资源四个方面来体现，其中，公共交通设施主要通过"每万人拥有公共交通车辆数"指标来体现，公共医疗主要通过"城镇职工基本医疗保险参保人数占总人口的比重"和"每万人病床数"两个指标来反映，通过"居民人均可支配收入"指标来衡量居民人均生活水平的高低，人均享受的文化教育资源主要从"普通高校生师比""每十万人拥有艺术表演团体机构个数""人均拥有图书藏书量"三个指标来衡量。

（6）有效指标。区域经济发展效率的高低也是区域经济高质量发展的本质，本书主要通过"人均 GDP""人均财政收入""固定资产投资效果系数""劳动生产率""城镇登记失业率"五个指标来衡量区域经济发展效率的高低，其中，固定资产投资效果系数是一定时期内国内生产总值的增长额与全社会固定资产投资完成额的比值，反映单位固定资产投资所增加的国民收入，计算公式为"固定资产投资效果系数 = 报告期地区生产总值增量/同期固定资产投资额×100%"。

二、高质量发展综合水平的评价方法

通过对长江经济带 11 省市经济高质量发展综合指数的计算，对长江经济带 2007～2017 年 11 省市的经济高质量发展水平进行考察分析，具体的测度步骤如下：

第一，指标标准化。高质量发展水平的评价指标体系中，由于各指标的计量单位以及方向存在差异，因此为了使各项指标的反映能力以及评价方向保持一致，在对数据进行分析处理前，我们要对指标进行无量纲化与逆向指标正向化处理，本书用到的处理方法即为均值化处理方法。

正向指标均值化公式为 $y_i = \dfrac{x_i}{\bar{x}}$，逆向指标均值化公式为 $y'_i = \dfrac{1}{x_i / \bar{x}}$，其中，$\bar{X}$ 为每个评价指标的样本均值，x_i 为每个指标的实际值，y_i 为均值化后的评价值。

第二，确定指标的权重。在多指标综合评价过程中，各个指标所起的作用是不同的，因此，要对不同的指标赋予不同的权重；离散系数法是根据指标数值的离散程度反映各指标的重要性，符合区域质量发展水平的测度特征，区域高质量发展水平的测度，不是取决于差异小的指标，而是差异大的指标。因此，对于区域经济的高质量发展的水平来说，其评价指标变化差异越大，指标越重要。离散系数法计算权重的公式为 $c_i = \dfrac{\delta_i}{\bar{x}_i}$，其中，用 δ_i 表示标准差，$\bar{x}_i$ 表示均值，c_i 表示离散系数；最后将离散系数归一化，可得各指标的权重。

第三，长江经济带高质量发展的综合指数计算。综合指数法能够较好地反映长江经济带高质量发展水平的综合性、整体性和层次性，所以，通过综合指数法对全国各省域的高质量发展水平进行排名并做出相应的分析。综合指数法是通过多项指标的差异进行对指被评价对象的整体的评价进行的评价。其计算公式：$Z = \sum\limits_{i=1}^{p} \omega_i y_i$，其中，$Z$ 是被评价对象获得的综合指数，ω_i 为第 i 项指标的权数，y_i 为第 i 项指标均值化处理后的值，p 为评价指标的个数。

第二节　长江经济带高质量发展水平测度

一、测度结果

总体来看，2007~2017 年长江经济带高质量综合发展指数呈现上升的趋势（见图 5-1），其中，上海市的高质量发展综合指数和历年增速一直是第一位。长江下游区域上海、浙江、江苏三省市的高质量综合发展指数要明显高于长江经济带中上游区域，而且长江下游区域内各省市的高质量发展综合发展指数的差异程度明显大于中上游区域内各省市的高质量发展综合发展指数的差异程度。长江经济带中上游区域内各省市中高质量综合发展指数增速比较快的是湖北省，其在长江中上游区域中一枝独秀。

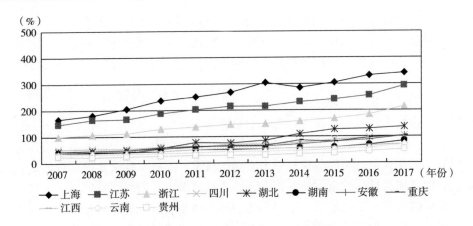

图 5-1　2007~2017 年长江经济带高质量综合发展指数变化趋势

　　从长江经济带各省市增幅来看（见表 5-2），2007~2017 年，长江经济带高质量综合发展指数从 2007 年的 720.55 上升至 2017 年的 1567.6，年均增量为 77 个百分点。可见，长江经济带作为我国经济发展全局中的重要支撑带，其高质量发展水平也处于领先水平。

表 5-2　2007~2017 年长江经济带高质量发展综合指数　　　　单位:%

省市　　年份	上海	江苏	浙江	四川	湖北	湖南	安徽	重庆	江西	云南	贵州
2007	165.61	146.71	100.69	51.62	44.04	39.6	39.47	39.08	38.88	31.09	23.76
2008	180.1	164.44	108.05	52.83	45.79	40.07	45.96	42.07	44.45	33.93	22.76
2009	203.8	166.57	111.83	54.46	48.9	40.52	48.27	42.65	46.33	35.03	25.13
2010	236.88	187.48	128.23	61.03	56.34	44.26	58.2	53.62	44.65	37.03	27.18
2011	252.00	201.93	137.24	61.75	79.18	51.41	62.28	62.08	50.32	39.85	28.65
2012	267.5	214.82	146.05	69.85	76.78	51.93	62.59	67.03	54.18	44.22	30.31
2013	304.89	215.42	149.74	71.66	85.46	53.11	63.98	65.64	52.94	43	29.62
2014	286.1	231.52	157.34	75.86	109.81	57.23	69.64	84.5	56.18	45.67	32.94
2015	304.44	240.4	169.06	87.2	126.46	59.42	79.56	81.02	58.74	51.49	35.93
2016	332.59	255.01	183.73	94.83	129.85	67.15	87.06	96.11	64.91	55.15	42.69
2017	341.18	291.65	214.85	103.51	135.64	83.6	101.53	101.83	71.6	71.65	50.56

二、长江经济带高质量发展水平的空间变化测度

　　本书选取 2007 年、2012 年、2015 年、2017 年长江经济带高质量发展综合指

数的值，利用 ArcGIS 10.3 将其可视化，以此为基础，对长江经济带 2007～2017
年的高质量发展综合指数的时空差异进行测度。根据高质量综合发展指数的高
低，将综合指数在 200 以上的排为第一阵列，综合指数在 100～200 的排为第二
阵列，综合指数在 100 以下的排为第三阵列，据此，将长江经济带 11 个省市分
为三个阵列（见表 5－3），通过对比可以分析 2007 年、2012 年、2015 年、2017
年长江经济带三阵列的变化。

表 5－3 长江经济带三阵列变化

阵列	2007 年	2012 年	2015 年	2017 年
第一阵列	上海、江苏、浙江	上海、江苏	上海、江苏	江苏、浙江、上海
第二阵列	安徽、江西、湖南、湖北、重庆、四川	浙江	浙江、湖北	安徽、湖北、重庆、四川
第三阵列	贵州、云南	安徽、江西、湖南、湖北、重庆、四川、贵州、云南	安徽、江西、湖南、重庆、四川、贵州、云南	江西、湖南、贵州、云南

从总体变化趋势来看，2007 年、2012 年、2015 年、2017 年长江下游区域大
都集中在第一阵列，长江中上游区域大都集中在第二阵列与第三阵列。

对第一阵列区域变化进行分析，2007 年第一阵列的地区有江苏、上海、浙
江；2012 年与 2015 年第一阵列的地区有上海、江苏；2017 年第一阵列的区域有
江苏、上海、浙江。由此可见，2007～2017 年，第一阵列的区域几乎没有变化，
而且长江下游的江苏、上海、浙江三个省市一直处在第一阵列。从长江下游区域
内的三个省市的变化来分析，其中，三个省（市）经济高质量发展指数大小关
系一直保持不变，即上海市＞江苏省＞浙江省；从三个省市的综合发展指数的变
化来看，上海市经济高质量综合发展指数由 2007 年的 165.61 上涨到 2017 年的
341.18，11 年间上海市的经济高质量综合发展指数增长了 175.57，年均增速为
15.96%；江苏省经济高质量综合发展指数由 2007 年的 146.71 上升到 2017 年的
291.65，11 年间江苏省经济高质量综合发展增量达到 144.94，年均增速约为
13.18%；浙江省经济高质量综合发展指数由 2007 年的 100.69 上涨到 2017 年的
214.85，11 年间浙江省经济高质量综合发展增量达到 14.16，年均增速为
10.38%。可见，长江下游区域中，上海市的经济高质量综合发展指数增速高于
江苏省，江苏省的经济高质量综合发展指数增速高于浙江省。

对第二阵列区域变化进行分析，2007 年第二阵列的区域有安徽、江西、湖
南、湖北、重庆、四川六个省市；2012 年第二阵列的区域只有浙江省一个省份；
2015 年第二阵列的区域有湖北、浙江两个省份。而 2017 年第二阵列的区域有安

徽、湖北、重庆、四川四个省份。由此可见，2007～2017年第二阵列的区域数量由2007年的六个减少到2017年的四个，其中，2017年安徽、湖北、重庆、四川四个省市依然在第二阵列；而江西、湖南两省份下降到了第三阵列。第二阵列区域中，安徽、湖北两省份是长江中游区域，重庆、四川两省市是长江上游区域，江西、湖南两省份是长江中游区域。由此可见，2007～2017年长江中游区域中江西、湖南两省份经济高质量发展综合指数与安徽、湖北两省份经济高质量发展综合的差距拉大。从长江经济带中游区域内的四个省市的变化来分析，湖北省经济高质量综合发展指数由2007年的44.04上升到2017年的135.64，11年间湖北省的经济高质量综合发展指数增长了91.6，年均增速为8.33%；湖南省经济高质量综合发展指数由2007年的39.6增长到2017年的83.6，11年间湖南省的经济高质量综合发展指数增长了44，年均增速为4%；江西省经济高质量综合发展指数由2007年的38.88上涨到2017年的71.6，11年间江西省的经济高质量综合发展指数增量为32.72，年均增速为2.97%；安徽省经济高质量综合发展指数由2007年的39.47上涨到2017年的101.53，11年间安徽省的经济高质量综合发展指数增量为62.06，年均增速为5.64%。由此可见，长江中游中，湖北、安徽两省经济高质量综合发展指数的增速远远大于湖南、江西两省，从四个省份在阵列图中的分布来看，湖北、安徽两省处在第二阵列，湖南、江西两省从2007年的第二阵列中下滑到2017年的第三阵列。总结得出，长江中游中的湖北、安徽两省份一直保持在第二阵列区域的一个重要原因是区域经济高质量综合发展指数的增速比较高。

对第三阵列区域变化进行分析，2007年第三阵列的区域有云南、贵州两个省市；2012年第三阵列的区域有安徽、江西、湖南、湖北、重庆、贵州、四川、云南八个省市；2015年第三阵列的区域有安徽、江西、湖南、重庆、贵州、云南、四川七个省市；2017年第三阵列的区域有江西、湖南、贵州、云南四个省份。可见，2007～2017年第二阵列的区域数量由2007年的两个省份上升到了2017年的四个省市，其中，云南、贵州两省份一直处在第三阵列没有变化。而江西和湖南两省份从第二阵列下降到了第三阵列。从长江经济带上游区域内的四个省市的变化来分析，重庆市经济高质量综合发展指数由2007年的39.08上升到2017年的101.83，11年间重庆市的经济高质量综合发展指数增长了62.75，年均增速为5.70%；四川省经济高质量综合发展指数由2007年的51.62上升到2017年的103.51，11年间四川省的经济高质量综合发展指数增长了51.89，年均增速为4.71%；云南省经济高质量综合发展指数由2007年的31.09上升到2017年的71.65，11年间云南省的经济高质量综合发展指数增长了40.56，年均增速为3.69%；贵州省经济高质量综合发展指数由2007年的23.76上升到2017

年的 50.56，11 年间贵州省的经济高质量综合发展指数增长了 26.8，年均增速为 2.44%。由此可见，长江上游中云南与贵州两省份经济高质量综合发展指数的增速远远低于重庆、四川两省市，从四个省份在阵列图中的分布来看，云南、贵州两省一直处在第三阵列区域，重庆、四川两省市一直处在第二阵列区域。可见，长江上游区域内各省市经济高质量发展的差异一直比较大，而且没有缩小的态势。

总体而言，从长江经济带高质量发展的综合指数可以看出长江下游区域经济高质量发展水平远远高于长江中上游区域经济高质量发展水平，而且长江下游区域经济高质量发展综合指数与中上游区域相比增速较快。

通过长江经济带上、中、下游区域各省市经济高质量发展综合指数的对比分析可以看出，长江下游区域中，2007～2017 年，三个省市经济高质量发展指数大小关系一直保持不变，即上海市＞江苏省＞浙江省，而且上海市的经济高质量综合发展指数增速高于江苏省，江苏省的经济高质量综合发展指数增速高于浙江省。2007～2017 年，长江经济带中游区域中，江西、湖南两省份经济高质量发展综合指数与安徽、湖北两省份经济高质量发展综合的差距拉大。长江中游中的湖北、安徽两省份一直保持在第二阵列区域的一个重要原因是区域经济高质量综合发展指数的增速比较高。2007～2017 年，长江经济带上游区域中，云南与贵州两省份经济高质量综合发展指数的增速远远低于重庆、四川两省市，而且长江上游区域内各省市经济高质量发展的差异一直比较大，而且没有缩小的态势。

三、提升长江经济带高质量发展综合水平的对策与建议

（一）结论

通过上述分析，我们可以得到下列结论：

（1）长江经济带高质量发展的综合指数是长江下游区域经济高质量发展水平远远高于长江中上游区域经济高质量发展水平，而且长江下游区域经济高质量发展综合指数与中上游区域相比增速较快。

（2）2007～2017 年，三个省市经济高质量发展指数大小关系一直保持不变，即上海市＞江苏省＞浙江省，而且上海市的经济高质量综合发展指数增速高于江苏省，江苏省的经济高质量综合发展指数增速高于浙江省。

（3）2007～2017 年，长江经济带中游区域中，江西、湖南两省份经济高质量发展综合指数与安徽、湖北两省份经济高质量发展综合的差距拉大。长江中游中的湖北、安徽两省份一直保持在第二阵列区域的一个重要原因是区域经济高质量综合发展指数的增速比较高。

（4）2007～2017 年，长江经济带上游区域中，云南与贵州两省份经济高质量综合发展指数的增速远远低于重庆、四川两省市，而且长江上游区域内各省市

经济高质量发展的差异一直比较大，而且没有缩小的态势。

（二）对策建议

1. 推进长江经济带绿色引领下的高质量发展

新时代我国已从高速增长阶段转变为高质量发展阶段，长江经济带 11 个省市的 GDP 占全国 GDP 的比例超过了 45%。然而，长江经济带还存在着水资源治理与生态修护等问题，例如区域的污染物排放量超过了水功能区的纳污能力，饮用水的水源地存在着安全隐患等。长江经济带高质量发展一定要坚持生态发展为引领的发展方式，走出一条低碳、循环、可持续发展之路。2018 年，政府工作报告指出，要以绿色发展为引领，来推动长江经济带的发展，要积极深化对"共抓大保护、不搞大开发"的认识，长江经济带要以绿色发展来推动高质量发展。具体而言，第一，应该提高长江经济带的环境准入门槛，实行环境优先；从长江流域资源环境保护的角度制定更加严格的产业政策。第二，应进一步加大对长江经济带水环境的保护力度和执法力度，关闭高污染、高耗能企业，追究对环境造成重大污染和损失的企业及个人法律责任。第三，强化长江经济带的环境和经济综合决策机制，把生态环境保护置于决策阶段之中，强化环境保护对于经济发展的把关和引导作用。

2. 推动长江下游区域优质资源对外辐射，促进公共服务共享均衡化

从长江经济带上、中、下游区域来看，下游区域的高质量发展水平要明显高于中上游区域，因此，注重协调各地区经济活力，实现长江经济带内龙头城市、区域中心城市、区域重要城市等不同等级的城市提高对周边的辐射和资源共享能力。第一，应该加强长江经济带上、中、下游区域政府部门对接协作，制定上、中、下游区域的公共服务共享均衡的行动方案，通过推动长江下游的优质公共服务资源共建、托管等形式加大下游区域对中上游区域的辐射带动作用。第二，长江经济带应建立跨区域养老、社保政策的相互衔接机制，特别是适应中上游区域企业需要做好跨区域服务。第三，充分借助信息技术手段和长江经济带下游优质医疗教育资源向中上游延伸，实现长江经济带一体化与提升行动，通过多种形式提高长江经济带中上游区域各类学校的办学水平，如通过联合办学、学校管托、设立分校、师资互派等形式。

3. 推动流域内创新要素的有序流动，促进创新驱动高质量发展

通过前文分析长江经济带高质量综合发展指数，权重最大的就是创新指数，而且各区域高质量综合发展指数存在差距的主要原因也是创新指数，可见创新对长江经济带高质量发展起着决定性的作用，因此，应该通过长江经济带各区域内的创新要素流动以缩小区域差距，从而进一步提升区域高质量发展水平。具体应着眼于以下几点：第一，依托长江下游中上海市的科技创新的要素禀赋优势，加

快长江经济带区域科技规划和创新资源联动，从而建立长江经济带创新信息交流平台以及沟通机制。第二，建立健全协同创新项目分配与创新收益机制，实现共建、共享、共创、共管。第三，简化创新项目的办理手续，鼓励科技成果在长江经济带各区域范围内跨地转化，引导长江经济带上、中、下游企业加强科技成果转化应用，培育优秀的技术经纪人，让技术经纪人在长江经济带创新协同发展中发挥桥梁纽带作用。

4. 提升上中下游协调发展力，推动长江经济带高质量发展

从长江经济带的上中下游区域经济高质量发展的分析来看，上中下游区域的发展水平还存在较大的差距，因此，应该通过建立健全协同三大区域的经济发展相关机制，推动长江经济带高质量发展。第一，立足长江经济带三大区域的经济状况及优势条件，打破地区间行政壁垒、三地产业同质化竞争、发展不平衡的僵局，打造综合立体交通走廊，加快建设沿江各港口之间的多式联运和集中托运，积极推进互联互通，以此推进产业转移、产业链对接以及要素的流动，实现长江经济带上中下游协同发展，进而推动区域高质量发展。第二，上下游各区域根据不同的产业生产类型、资源产出率、地域分布、行业规模等因素，制定有针对性的产业政策，发挥自身比较优势，并形成相互补充的协同格局，进而推动区域高质量发展。第三，充分利用黄金水道，优先发展若干个绿色环保的重点战略性新兴产业和先进制造业。通过战略性新兴产业和先进制造业引领产业转型升级，实现各区域的协同发展。

第三节　高质量发展：区域的视角

一、高质量发展指标的无量纲化处理

高质量发展的指标无量纲化处理结果如表5-4所示。

表5-4　高质量发展的指标无量纲化处理结果

指标 省份	C1	C2	C3	C4	C5	C6	C7	C8	C9	C10	C11	C12	C13	C14	C15	C16	C17
北京	4.27	8.99	206.52	1.22	11.53	123.87	1.52	1.77	1.27	0.97	0.08	3.92	1.21	1.18	0.24	0.69	9.36
天津	1.71	2.16	3.84	1.16	8.08	14.19	1.13	1.12	0.99	1.10	0.02	0.95	0.62	0.56	0.84	0.64	11.86
河北	0.72	0.26	12.49	0.97	6.13	1.74	0.82	0.85	0.82	1.00	0.17	0.85	1.35	0.65	0.99	1.18	7.47
山西	0.79	0.37	13.93	0.99	1.77	1.85	0.74	0.99	0.96	0.84	0.22	0.73	1.24	0.61	2.67	0.62	6.97
内蒙古	0.44	0.19	0.00	1.01	1.29	1.33	1.10	0.90	0.78	0.86	2.83	0.40	1.43	0.99	1.78	0.72	5.68

指标 省份	C1	C2	C3	C4	C5	C6	C7	C8	C9	C10	C11	C12	C13	C14	C15	C16	C17
辽宁	1.17	0.93	2.88	1.06	9.07	10.02	1.11	0.96	0.91	1.16	0.36	0.47	0.71	1.15	0.74	1.44	6.32
吉林	0.71	0.56	5.28	1.06	5.16	2.55	0.77	0.87	1.01	0.96	0.81	0.30	1.33	0.83	0.67	0.79	8.62
黑龙江	0.69	0.59	0.00	1.06	2.26	4.41	0.78	1.00	0.96	0.94	1.48	0.34	1.16	1.22	0.76	1.08	8.39
上海	2.98	4.37	33.62	1.16	14.67	26.77	1.83	1.42	1.04	1.17	0.01	2.23	0.50	1.61	0.49	0.46	11.52
江苏	1.73	1.66	7.20	1.05	57.71	20.17	1.11	1.01	0.95	1.26	0.05	2.61	0.96	1.53	0.67	3.47	11.33
浙江	1.53	1.79	6.24	1.00	32.99	5.32	1.13	1.06	0.98	1.05	0.32	0.86	0.74	1.00	0.70	1.70	11.19
安徽	1.21	0.51	0.00	0.98	11.09	5.82	0.88	0.84	0.99	1.19	0.18	0.67	0.89	0.88	0.72	1.12	10.57
福建	1.00	0.60	3.36	0.99	9.46	1.98	0.92	0.94	0.92	0.96	0.62	0.35	0.68	0.73	0.84	0.74	10.01
江西	0.73	0.18	2.40	0.95	8.84	2.13	0.70	0.83	0.95	0.97	0.64	0.18	0.75	0.67	0.54	0.65	6.93
山东	1.45	0.72	5.76	1.00	24.41	10.21	1.11	0.92	0.84	1.14	0.07	1.90	0.82	1.08	1.29	3.44	11.25
河南	0.76	0.28	2.40	0.93	11.44	1.99	0.95	0.78	0.91	0.97	0.11	0.95	0.89	0.59	0.84	1.04	8.89
湖北	1.28	0.65	6.24	1.04	10.27	20.23	0.94	0.93	1.02	1.10	0.34	0.94	0.89	0.68	0.80	1.56	9.32
湖南	0.48	0.48	0.00	0.97	9.82	3.80	0.95	0.97	1.06	1.19	0.43	0.62	0.90	0.52	0.57	0.95	9.19
广东	1.55	1.69	22.09	0.97	71.96	21.62	1.50	1.10	0.96	0.76	0.25	3.38	0.90	1.80	0.36	3.59	10.73
广西	0.48	0.24	0.00	0.94	3.80	0.55	0.97	0.86	0.95	1.06	0.79	0.09	0.75	1.04	0.93	0.68	8.35
海南	0.31	0.29	1.92	0.95	0.65	0.12	0.82	1.12	0.79	0.89	0.61	0.08	0.85	2.38	0.56	0.19	8.98
重庆	0.96	0.62	0.00	1.01	5.16	3.82	1.18	0.97	1.00	1.41	0.29	1.17	1.34	0.82	0.56	0.60	9.78
四川	1.16	0.49	0.00	0.98	11.37	7.92	0.77	0.89	1.09	1.36	0.60	2.38	0.89	0.70	0.56	1.10	7.00
贵州	0.36	0.22	0.00	0.90	2.52	0.95	0.92	1.07	0.96	1.03	0.51	0.08	0.98	0.81	1.11	0.28	6.43
云南	0.52	0.26	0.00	0.92	1.98	1.75	0.92	0.98	1.10	0.87	1.16	0.02	1.06	0.54	1.01	0.49	5.78
陕西	1.61	0.88	4.32	1.05	5.14	20.84	1.00	0.87	0.98	1.02	0.64	0.90	1.17	0.60	1.27	0.54	7.95
甘肃	1.09	0.26	0.00	0.97	1.20	4.24	0.90	1.00	1.09	0.94	0.53	0.45	1.29	0.59	1.84	0.36	6.67
青海	0.31	0.18	0.00	0.91	0.41	1.38	0.94	0.80	0.86	1.19	0.74	1.99	0.46	1.68	0.51	1.27	0.08	6.51
宁夏	0.62	0.29	0.00	0.94	0.21	1.01	0.98	1.08	0.73	0.26	0.61	1.48	1.84	3.64	0.18	8.67
新疆	0.36	0.19	0.48	0.93	0.44	0.20	0.91	0.89	1.14	0.74	0.86	1.11	0.77	1.51	1.53	0.59	6.51

指标 省份	C18	C19	C20	C21	C22	C23	C24	C25	C26	C27	C28	C29	C30	C31	C32	C33	C34
北京	1.17	2.92	2.24	0.47	2.43	2.21	3.01	1.10	1.39	1.88	1.62	0.92	2.13	3.39	1.71	2.12	0.42
天津	1.16	0.91	0.52	1.76	1.36	1.71	1.73	0.62	1.01	1.85	0.57	0.99	2.10	2.43	1.14	2.08	1.03
河北	0.94	0.41	0.45	0.50	0.43	0.77	0.60	1.24	0.90	0.50	0.85	1.01	0.81	0.55	0.77	0.81	1.09

续表

指标 省份	C18	C19	C20	C21	C22	C23	C24	C25	C26	C27	C28	C29	C30	C31	C32	C33	C34
山西	0.93	0.13	0.36	0.46	0.08	1.03	0.82	1.07	1.04	0.73	1.40	1.02	0.73	0.76	1.00	0.73	0.99
内蒙古	1.01	0.10	0.90	0.21	0.09	0.94	0.89	1.75	1.03	1.00	0.87	1.02	1.33	1.16	0.76	1.34	1.10
辽宁	0.97	0.81	1.44	1.94	1.83	0.92	1.70	0.91	1.23	1.43	0.70	0.98	1.17	1.08	0.27	1.17	1.08
吉林	0.67	0.17	0.56	0.58	0.19	0.94	0.98	1.32	1.06	1.10	0.31	1.01	0.95	0.68	0.75	0.96	1.07
黑龙江	0.62	0.24	0.84	0.44	0.16	1.49	1.11	1.90	1.08	0.85	0.27	0.94	0.77	0.53	0.81	0.78	1.25
上海	1.04	3.62	3.10	2.36	5.46	2.09	2.93	0.85	1.38	5.36	0.82	0.97	2.12	3.56	1.83	2.11	1.16
江苏	1.15	4.44	2.05	3.69	4.84	0.88	1.32	1.26	0.99	1.47	0.65	0.93	1.63	1.47	1.18	1.63	0.90
浙江	1.17	2.64	2.31	1.35	3.01	0.93	1.45	1.29	0.97	1.87	1.89	0.98	1.50	1.34	1.16	1.50	0.89
安徽	0.99	0.32	0.87	0.72	0.34	1.14	0.55	0.78	0.80	0.57	3.20	1.06	0.66	0.58	0.80	0.66	1.02
福建	1.14	1.23	0.89	2.03	1.34	1.16	0.84	0.82	0.84	1.26	1.50	0.98	1.25	0.97	1.16	1.25	1.09
江西	1.07	0.27	0.25	1.30	0.21	1.28	0.60	0.71	0.79	0.79	0.61	1.00	0.67	0.61	0.83	0.67	0.95
山东	1.13	1.96	1.50	1.53	2.70	1.41	0.86	0.67	1.05	0.82	0.53	1.01	1.21	0.84	0.97	1.22	0.98
河南	1.02	0.41	0.51	0.39	0.22	0.94	0.56	0.92	0.45	0.79	0.74	0.46	0.87	0.74	0.93		
湖北	0.89	0.29	1.07	0.72	0.45	1.26	0.76	0.87	1.01	0.87	0.62	1.01	0.90	0.67	1.14	0.90	1.03
湖南	1.03	0.19	0.61	0.83	0.22	0.55	0.59	0.77	0.67	0.50	1.05	0.77	0.53	1.16	0.78	1.21	
广东	0.96	8.04	4.42	2.97	4.25	0.72	1.51	0.64	0.83	1.12	0.55	1.07	1.31	1.28	1.72	1.31	0.73
广西	1.11	0.28	1.03	0.77	0.21	0.73	0.47	0.63	0.80	0.88	0.34	1.01	0.63	0.47	0.95	0.63	0.96
海南	1.04	0.09	0.30	1.37	0.08	0.83	1.00	0.60	0.79	0.99	1.08	1.08	0.75	0.93	1.07	0.75	0.76
重庆	1.16	0.40	0.61	1.16	0.21	0.82	0.81	0.71	1.00	0.79	2.26	1.01	0.92	1.02	0.97	0.92	1.06
四川	1.08	0.41	0.82	0.53	0.33	0.92	0.73	0.86	1.05	0.72	0.80	1.05	0.68	0.59	0.98	0.68	1.21
贵州	1.06	0.06	0.14	0.35	0.06	0.74	0.46	0.91	0.63	0.32	1.02	0.50	0.57	1.11	0.50	1.02	
云南	1.03	0.16	1.70	0.25	0.17	0.65	0.47	0.93	0.95	0.71	0.65	1.04	0.52	0.56	0.89	0.52	1.16
陕西	1.03	0.18	1.04	0.52	0.10	0.74	0.70	1.24	0.69	0.67	1.01	0.87	0.77	0.93	0.87	1.03	
甘肃	0.61	0.07	0.04	0.43	0.04	0.66	0.56	0.77	0.93	0.87	0.79	1.05	0.49	0.42	0.78	0.49	0.80
青海	1.01	0.01	0.02	0.57	0.02	0.50	0.74	1.43	1.07	1.21	0.85	0.75	0.62	0.83	0.75	1.01	
宁夏	0.94	0.03	0.01	0.37	0.02	0.66	0.79	0.99	1.00	1.67	0.86	1.00	0.81	0.79	0.89	0.81	1.21
新疆	0.86	0.19	0.28	0.21	0.06	0.64	1.01	1.15	1.32	1.00	0.84	0.99	0.76	0.80	0.85	0.75	0.94

注：C1～C34 的含义见表 3-3 "长江经济带高质量发展水平评价指标体系"。

二、高质量发展指标权重的计算

在多指标综合评价过程中，各个指标所起的作用是不同的，为了评价指标测算的科学性，需要对不同性质的指标赋予不同的权重；离散系数法赋权是指标数值的离散程度来反映各指标的重要性，符合区域经济质量发展的水平高的测度特征，区域经济高质量发展水平的测度，不是取决于差异小的指标，而是差异大的指标。因此，对于区域经济的高质量发展的水平来说，其评价指标变化差异越大，指标越重要。因此，采用离散系数法来确定各指标的权数是合适的。

首先，将评价指标标准化，用标准差（δ_i）除以其均值（$\bar{x}_i$），得到其离散系数（c_i），其公式为：

$$c_i = \frac{\delta_i}{x_i}$$

通过离散系数法得到各指标的离散系数以后，再将各指标的离散系数进行归一化处理，便可得各指标的权重。

表 5-5　高质量发展指标权重的计算

一级指标	权重	二级指标	二级指标统计量及权重			
			平均数（$\bar{x}_j$）	标准差（δ_j）	离散系数（v_j）	权重（ω_j）
创新	0.37	R&D 经费内部支出占 GDP 比重（C1）	1.10	0.82	0.75	0.08
		万人发明专利拥有量（C2）	1.03	1.70	1.65	0.18
		进入世界 500 强企业数量（C3）	11.37	36.97	3.25	0.35
		平均受教育年限（C4）	1.00	0.08	0.07	0.01
		高新技术企业数量（C5）	11.36	16.04	1.41	0.15
		技术交易额（C6）	10.73	22.33	2.08	0.23
协调	0.03	城乡人均消费水平差距（C7）	1.01	0.24	0.24	0.34
		第三产业增加值占 GDP 比重（C8）	0.99	0.19	0.19	0.27
		服务业增加值占第三产业的比重（C9）	0.99	0.11	0.11	0.15
		人口老龄化程度（C10）	1.01	0.17	0.17	0.24
绿色	0.19	人均森林面积（C11）	0.57	0.61	1.05	0.22
		天然气供应量（C12）	1.00	0.97	0.97	0.21
		环保支出占财政支出的比重（C13）	1.01	0.28	0.28	0.06
		人均绿地面积（C14）	0.99	0.46	0.47	0.10
		环境污染治理投资占地区生产总值比重（C15）	1.03	0.69	0.67	0.14
		城市污水治理能力（C16）	1.03	0.91	0.88	0.19
		一般工业固体废物综合利用率（C17）	8.61	1.85	0.21	0.05
		生活垃圾无害化处理率（C18）	1.00	0.15	0.15	0.03

续表

一级指标	权重	二级指标	二级指标统计量及权重			
			平均数 ($\bar{x}_j$)	标准差 (δ_j)	离散系数 (v_j)	权重 (ω_j)
开放	0.2	地区进出口总额（C19）	1.03	1.72	1.67	0.34
		接待外国游客人次（C20）	1.03	0.97	0.94	0.19
		全社会固定资产投资额中外资占比（C21）	1.03	0.85	0.83	0.17
		外商投资企业单位法人单位数（C22）	1.03	1.52	1.47	0.30
共享	0.12	居民人均可支配收入（C23）	1.01	0.41	0.41	0.14
		城镇职工基本医疗保险参保人数占总人口的比重（C24）	1.02	0.63	0.61	0.21
		每万人拥有公共交通车辆数（C25）	0.99	0.32	0.33	0.11
		每万人拥有病床位数（C26）	1.01	0.16	0.16	0.05
		人均拥有图书藏书量（C27）	1.16	0.88	0.76	0.25
		每十万人拥有艺术表演团体机构个数（C28）	0.94	0.62	0.66	0.22
		普通高校生师比（C29）	1.00	0.05	0.05	0.02
有效	0.09	人均GDP（C30）	1.01	0.46	0.46	0.21
		人均财政收入（C31）	1.01	0.77	0.76	0.35
		固定资产投资效果系数（C32）	1.01	0.31	0.30	0.14
		劳动生产率（C33）	1.01	0.46	0.45	0.21
		城镇登记失业率（C34）	1.00	0.17	0.17	0.08

三、高质量发展综合指数的计算

由于综合指数法能够较好地反映高质量发展水平的综合性、整体性和层次性，因此，通过综合指数法对全国各省域的高质量发展水平进行排名并做了相应的分析。综合指数法是通过多项指标的差异进行对指被评价对象整体的评价进行的评价。其计算公式如下：

$$z = \sum_{i=1}^{p} \omega_i y_i \text{ 或 } z = \sum_{i=1}^{p} \omega_i y'_i$$

式中，Z 是被评价对象获得的综合指数，ω_i 为第 i 项指标的权数，y_i 与 y'_i 为第 i 项指标均值化处理后的值，P 为评价指标的个数。

表 5-6 为全国 30 个省份 2007～2017 年的高质量发展指数及综合排名。

表5－6 2007～2017年高质量发展指数及综合排名

排名	2007 年 省份	综合发展指数（%）	2008 年 省份	综合发展指数（%）	2009 年 省份	综合发展指数（%）	2010 年 省份	综合发展指数（%）	2011 年 省份	综合发展指数（%）
1	北京	276.67	北京	318.04	北京	384.82	北京	415.49	北京	536.67
2	广东	185.87	广东	203.07	上海	203.80	上海	236.88	广东	259.12
3	上海	165.61	上海	180.10	广东	195.20	广东	224.40	上海	252.00
4	江苏	146.71	江苏	164.44	江苏	166.57	江苏	187.48	江苏	201.93
5	浙江	100.69	浙江	108.05	浙江	111.83	浙江	128.23	浙江	137.24
6	天津	88.17	山东	92.72	山东	95.32	山东	104.94	山东	110.54
7	山东	85.63	天津	89.11	天津	90.92	天津	96.60	天津	103.53
8	辽宁	72.74	辽宁	81.00	辽宁	84.50	辽宁	89.34	辽宁	93.89
9	福建	57.57	福建	60.64	福建	62.79	福建	72.96	福建	80.41
10	海南	55.94	四川	52.83	海南	57.04	四川	61.03	湖北	79.18
11	黑龙江	52.43	海南	51.72	河北	56.00	河北	59.34	河北	77.83
12	四川	51.62	黑龙江	50.89	四川	54.46	安徽	58.20	安徽	62.28
13	河北	47.08	吉林	49.79	黑龙江	50.90	黑龙江	57.74	重庆	62.08
14	吉林	46.91	河北	46.89	吉林	50.69	湖北	56.34	四川	61.75
15	内蒙古	44.22	内蒙古	46.44	湖北	48.90	海南	55.00	吉林	58.73
16	湖北	44.04	安徽	45.96	安徽	48.27	吉林	54.53	黑龙江	56.32
17	青海	40.33	湖北	45.79	内蒙古	48.16	重庆	53.62	陕西	56.08
18	湖南	39.60	江西	44.45	江西	46.33	内蒙古	52.75	内蒙古	54.98
19	陕西	39.53	重庆	42.07	陕西	43.13	陕西	47.24	河南	52.81
20	安徽	39.47	陕西	40.75	重庆	42.65	江西	44.65	湖南	51.41
21	重庆	39.08	青海	40.63	湖南	40.52	湖南	44.26	江西	50.32
22	江西	38.88	湖南	40.07	河南	40.48	河南	43.77	海南	49.36
23	广西	36.62	河南	36.99	青海	40.01	青海	41.62	广西	42.98
24	宁夏	36.25	广西	36.90	广西	37.60	广西	40.69	青海	41.40
25	河南	35.04	山西	34.90	山西	35.51	山西	39.57	新疆	41.32
26	山西	34.81	新疆	34.57	云南	35.03	新疆	39.34	山西	41.19
27	新疆	33.83	云南	33.93	新疆	34.70	云南	37.03	云南	39.85
28	云南	31.09	宁夏	32.35	宁夏	32.02	宁夏	36.21	宁夏	37.95
29	甘肃	27.48	甘肃	28.44	甘肃	29.79	甘肃	31.03	甘肃	32.96
30	贵州	23.76	贵州	22.76	贵州	25.13	贵州	27.18	贵州	28.65

续表

排名	2012 年		2013 年		2014 年		2015 年		2016 年		2017 年	
	省份	综合发展指数（％）	省份	综合发展指数（％）	省份	综合发展指数（％）	省份	综合发展指数（％）	省份	综合发展指数（％）	省份	综合发展指数（％）
1	北京	577.72	北京	628.18	北京	676.29	北京	723.92	北京	807.33	北京	876.52
2	广东	267.60	上海	304.89	广东	299.71	广东	312.52	广东	346.30	广东	368.16
3	上海	267.50	广东	304.49	上海	286.10	上海	304.44	上海	332.59	上海	341.18
4	江苏	214.82	江苏	215.42	江苏	231.52	江苏	240.40	江苏	255.01	江苏	291.65
5	浙江	146.05	浙江	149.74	浙江	157.34	浙江	169.06	浙江	183.73	浙江	214.85
6	山东	130.68	山东	133.25	天津	139.45	天津	148.71	天津	156.26	山东	172.98
7	天津	122.29	天津	126.44	山东	138.40	山东	144.42	山东	150.78	天津	160.00
8	辽宁	111.05	辽宁	99.17	湖北	109.81	湖北	126.46	湖北	129.85	湖北	135.64
9	福建	81.82	福建	86.39	辽宁	99.05	陕西	109.36	陕西	116.80	陕西	126.86
10	湖北	76.78	河北	86.38	陕西	97.99	辽宁	103.79	辽宁	106.38	福建	123.39
11	河北	74.49	湖北	85.46	福建	87.96	福建	89.86	福建	99.82	辽宁	121.81
12	四川	69.85	山西	81.46	重庆	84.50	四川	87.20	重庆	96.11	四川	103.51
13	黑龙江	67.96	陕西	81.24	山西	83.57	河北	86.41	四川	94.83	重庆	101.83
14	重庆	67.03	四川	71.66	河北	80.96	山西	85.51	安徽	87.06	安徽	101.53
15	陕西	65.08	重庆	65.64	四川	75.86	重庆	81.02	山西	81.37	河北	91.96
16	吉林	63.29	安徽	63.98	安徽	69.64	安徽	79.56	河北	78.87	山西	86.19
17	安徽	62.59	吉林	59.93	河南	59.98	河南	66.53	吉林	74.84	湖南	83.60
18	内蒙古	61.90	内蒙古	58.35	吉林	59.73	吉林	63.12	湖南	67.15	吉林	76.09
19	河南	60.98	河南	56.89	内蒙古	59.64	内蒙古	62.09	江西	64.91	河南	74.67
20	江西	54.18	黑龙江	56.28	黑龙江	59.12	湖南	59.42	内蒙古	64.14	云南	71.65
21	湖南	51.93	湖南	53.11	湖南	57.23	江西	58.74	河南	62.78	江西	71.60
22	山西	50.68	江西	52.94	江西	56.18	黑龙江	58.74	黑龙江	60.05	黑龙江	68.07
23	海南	48.46	新疆	46.63	新疆	48.31	海南	55.16	海南	55.69	内蒙古	64.87
24	新疆	45.13	青海	43.46	海南	47.28	云南	51.49	云南	55.15	广西	64.24
25	云南	44.22	云南	43.00	云南	45.67	新疆	49.62	广西	53.07	青海	57.16
26	广西	43.91	海南	42.12	青海	44.51	甘肃	49.19	新疆	52.55	海南	53.53
27	青海	42.28	广西	40.26	广西	43.19	广西	47.50	青海	48.99	宁夏	53.46
28	宁夏	36.57	宁夏	38.94	甘肃	41.55	青海	47.20	甘肃	46.33	新疆	51.63
29	甘肃	35.29	甘肃	38.04	宁夏	41.00	宁夏	43.03	宁夏	44.11	甘肃	51.34
30	贵州	30.31	贵州	29.62	贵州	32.94	贵州	35.93	贵州	42.69	贵州	50.56

四、高质量发展的综合指数的时空差异分析

选取 2007 年、2012 年、2015 年、2017 年的高质量发展的综合指数的值，利用 ArcGIS 10.3 将其可视化，以此为基础来分析我国 2007～2017 年高质量发展综合指数的时空差异。

根据高质量综合发展指数的高低将我国 30 个省份分为五大阵列（见表 5－7），通过对比 2007～2017 年五大阵列省份的变化趋势进行分析。从总体变化趋势来看，前三阵列都集中在东部沿海地区，第四阵列与第五阵列都集中在中西部地区。

表 5－7 全国各省市自治区高质量发展五阵列变化

阵列	2007 年	2012 年	2015 年	2017 年
第一阵列	北京、上海、广东	北京	北京	北京
第二阵列	江苏、浙江、山东、天津	上海、江苏、广东	上海、江苏、广东	上海、江苏、广东
第三阵列	黑龙江、辽宁、福建、海南、四川	辽宁、天津、山东、浙江	天津、山东、浙江、湖北	天津、山东、浙江
第四阵列	吉林、内蒙古、河北、安徽、江西、湖北、湖南、广西、重庆、陕西、青海	黑龙江、吉林、内蒙古、河北、安徽、福建、海南、湖北、四川、重庆、陕西	辽宁、山西、安徽、湖南、福建、重庆、陕西	黑龙江、安徽、福建、海南、湖北、四川、重庆、陕西
第五阵列	山西、河南、甘肃、宁夏、云南、贵州、新疆	山西、河南、江西、湖南、甘肃、宁夏、青海、云南、贵州、广西、新疆	黑龙江、吉林、内蒙古、河北、河南、海南、四川、山西、宁夏、云南、贵州、青海、甘肃、新疆	辽宁、吉林、内蒙古、河北、河南、江西、湖北、湖南、广西、云南、贵州、青海、甘肃、宁夏、新疆

对前三阵列进行分析，前三阵列的地区数量由 2007 年的 12 个下降到 2017 年的 7 个，其中，第一阵列的地区数量由 2007 年的 3 个下降到 2017 年的 1 个，第二阵列的地区数量由 2007 年的 4 个下降到 2017 年的 3 个，第三阵列的地区数量由 2007 年的 5 个下降到 2017 年的 3 个。2007 年第一阵列有北京、上海、广东三个省市，而 2012 年、2015 年、2017 年的第一阵列只有北京一个市，由此可见北京、上海、广东三个省市的高质量发展的差距在逐渐地扩大。究其原因，北京与上海、广东的差异逐渐扩大主要来自于创新指数的差异，其中，北京市的创新指数明显大于上海、广东地区的创新指数。2007 年第二阵列有江苏、浙江、山东、天津四个省市，而 2012 年、2015 年、2017 年第二阵列有江苏、上海、广东三个省市，其中，2007～2017 年，江苏一直处在高质量综合发展的第二阵列没有变动，上海与广东从第一阵列区域下降到了第二阵列区域。由此可知，江苏省的高质量发展综合指数的增长一直保持一个平稳的状态，浙江、山东、天津三个省市的高质量发展综合指数相较于江苏省而言，其增长速度存在一个下降的趋

势，究其原因，江苏省的创新指数的增长速度几乎是浙江、山东、天津三省市增长速度的三倍，由此可见，致使江苏省域浙江、山东、天津等区域的高质量发展综合指数差异增大的主要原因也是创造指标的差异。2007 年第三阵列有四川、黑龙江、辽宁、福建、海南五个省份，2012 年第三阵列有浙江、山东、辽宁三个省份，2015 年第三阵列有山东、湖北、浙江、天津四个省市，2017 年第三阵列有山东、天津、浙江三个省市。由此可见，2014～2017 年，湖北省高质量发展综合指数相对而言存在下降趋势。

对第四阵列的地区数量的变化趋势进行分析，第四阵列的地区数量由 2007 年的 11 个下降到 2017 年的 8 个，其中安徽、重庆、陕西三个省份保持在第四阵列，其他区域都下降到了第五阵列；对第五阵列的地区数量的变化趋势进行分析，第五阵列的地区数量由 2007 年的 7 个上升到 2017 年的 15 个，其中，2012 年第五阵列的地区数量为 11 个，2015 年第五阵列的数量为 15 个，2017 年第五阵列的数量也为 15 个，而且大都是中西部区域。

总体而言，我国高质量发展的综合指数东部沿海地区的水平远远高于中西部地区，而且中部地区的高质量发展的综合指数与西部地区相比存在上涨的趋势。从东中西部区域的高质量发展的综合指数的对比来看，东部区域的高质量发展的综合指数的增长速度明显快于中西部地区，而且东部与西部地区的高质量发展的综合指数的差异程度也在逐渐地增大。对致使高质量发展的综合指数的差距扩大的原因进行进一步分析发现，创新指数的差距的扩大是导致高质量发展综合指数差距扩大的主要原因。

五、我国四大经济区域的差异分析

使用综合指数法计算各省份的高质量发展水平的综合指数，然后通过计算东北、东部、中部、西部四个地区高质量发展水平的综合指数的差距之和来度量我国高质量发展水平的区域差异程度。通过对区域高质量发展的差异经济进行对比分析；度量区域差异程度的指标有很多，比如极差系数、基尼系数、泰尔系数等；由于泰尔系数将区域经济的差异分为组内差异和组间差异，结合本书中所要分析的我国区域高质量发展的综合发展水平的差异，因此，本书利用泰尔系数对东北、东部、中部、西部四大区域间的差异与区域内的差异进行对比分析。

设第 i 地区的第 j 省市的高质量综合发展指数为 A_{ij}，第 i 个地区的第 j 个省市的人口数为 P_{ij}，全国所有省市的高质量发展指数之和为 A，全国总人口数为 P，则全国各省市间高质量发展水平的差距的泰尔指数的计算公式为：

$$T = \sum_i \sum_j \left(\frac{A_{ij}}{A} \right) \ln \left(\frac{A_{ij}/A}{P_{ij}/P} \right) \qquad (5-1)$$

设第 i 地区高质量发展的综合指数为 A_i，第 i 地区的人口为 P_i，则第 i 地区内的省市之间的高质量发展水平的差异如下：

$$T_P = \sum_j \left(\frac{A_{ij}}{A_i}\right) \ln\left(\frac{A_{ij}/A_i}{P_{ij}/P_i}\right) \qquad (5-2)$$

可以对全国各省市间的高质量发展水平的差异进行分解:

$$T = \sum_i \left(\frac{A_i}{A}\right) T_P + \sum_i \left(\frac{A_i}{A}\right) \ln\left(\frac{A_i/A}{P_i/P}\right) = T_{SR} + T_{ER} \qquad (5-3)$$

其中,TSR 表示的是全国各省份间的差异之和,TER 表示的是东、中、西部间差异之和。

按照上述的方法,反映中国区域高质量发展的综合指数的差异的泰尔指数具体计算结果如图 5 - 2 和图 5 - 3 所示。

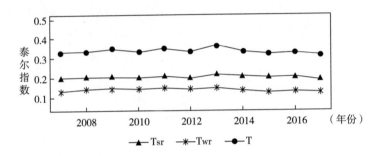

图 5 - 2 2007 ~ 2017 年泰尔指数变化趋势

(一) 我国区域高质量发展综合指数的总泰尔指数分析

泰尔指数的大小反映的是所考察范围内各区域高质量发展水平的差异性的大小,通过泰尔指数的时间序列可以清楚地看出各年份差异变化的动态过程。从图 5 - 2 可以看出,2007 ~ 2017 年,反映中国区域高质量发展水平的差异性的总的泰尔指数(T)呈现略微下降的趋势。其中,四大经济区域内的高质量发展水平的差异性的总的泰尔指数(Tsr)大于四大经济区域间的高质量发展水平的差异性的总的泰尔指数(Twr),由此得出,中国区域高质量发展水平的差距主要来源于区域内的差距,而不是区域间的差距。

从地区内高质量发展的综合发展指数差距变化趋势来看,2007 ~ 2017 年,地区内高质量发展的综合指数的差距基本上没有很大的波动,其中,2007 ~ 2009年,地区内高质量发展水平的差异程度呈现逐年略微增大的趋势,但到 2011 年又下降到与 2009 年相同的差异水平。2013 年地区内的高质量发展的综合指数的差异程度达到最大;之后,2013 ~ 2017 年地区内的高质量发展水平的差距呈现逐年缩小的趋势。

从地区间高质量发展的综合指数差距变化趋势来看,2007 ~ 2017 年,地区间的高质量发展的综合指数的差距波动很小,其中,2007 ~ 2009 年,地区间的高质量发展的综合指数的差异程度呈现逐年略微增加的趋势，2007～2013年，地区间的高质量发展的综合指数的差异程度呈现波动的趋势，但是，到2013年地区间的高质量发展的综合指数的差异程度达到最大。2014～2017年地区间的高质量发展的综合指数的差异程度呈现逐年缩小的趋势。

总之，近几年我国的高质量发展的综合指数的差异程度呈现逐年缩小的趋势，其中，我国的区域高质量发展的综合指数的差异程度主要来自区域内的差异程度，而且近几年，四大经济区域内高质量发展的综合指数的差异程度与区域间高质量发展的综合指数的差异程度都呈现缩小的趋势。

（二）四大经济区域高质量发展综合指数的泰尔指数分析

比较四大经济区域的泰尔指数的变化趋势（见图5-3），可以发现东部区域的泰尔指数呈现逐年上升的趋势，说明东部地区内部的高质量发展综合指数的差异在不断地扩大；西部区域的泰尔指数呈现逐年下降的趋势，说明西部地区内部的高质量发展综合指数的差异在不断地缩小；中部区域的泰尔指数在2012年后呈现快速增加的趋势，说明中部地区内部的高质量发展综合指数的差异在2012年之后不断扩大；东北区域的泰尔指数在2007～2017年基本上保持在一个稳定的状态，说明东北地区内部的高质量发展综合指数的差异处在一个稳定的状态。

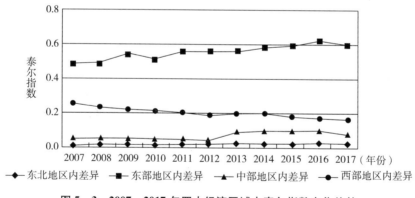

图5-3　2007～2017年四大经济区域内泰尔指数变化趋势

对比分析四大经济区域内部的高质量发展综合指数的差异程度的大小来看，东部地区内部的高质量发展综合指数的差距最大，东北地区内部的高质量发展综合指数的差距最小；西部地区内部高质量发展综合指数的差距大于中部地区内部高质量发展综合指数的差距，而且，中西部地区的高质量发展综合指数的内部差距在逐年接近。

总体来看，我国区域高质量发展的综合指数的差异程度主要来自区域内部，而通过对我国四大经济区域的内部差异进行进一步的分析可以发现，东部地区的差异最大，中部和东北地区的差异相对较小，西部地区大于中部与东北部地区，但是呈现逐年缩小的趋势。由此可见，我国区域的高质量发展的差异程度主要来自东部地区的内部差异。

第四节　高质量发展：高新技术产业的视角

"高技术"一词最早出现于20世纪60年代，目前学术界还没有统一的界定，但是对其的理解与认识基本上是一致的。高新技术其实是一个相对的动态概念，受到时间和地区差异的影响，即现在的高新技术，在若干年以后，可能就变成了一般的技术，某一个国家或地区的高新技术，放在别的国家或地区，也许就只是一般的技术。产业概念是介于宏观经济单位与微观经济细胞的一个"集合概念"。王玉春（2006）指出要准确把握高新技术产业的概念就应该追溯到产业结构理论中的产业分类。在高新技术产业分类中，高新技术与产业化并不是同一范畴的概念，其中，产业化主要是技术的支持，只有将技术融入到产业体系之中，才能实现技术本身的价值。高新技术产业化是指技术研究、开发、推广、扩散等的过程。要发展高新技术，根本的着眼点就是高新技术产业。关于高新技术产业的定义，比较公认的就是1994年OECD通过对其10个成员国的22个产业部门进行的开发经费销售额的比例研究所得出的标准：只要开发销售额经费超过7%，其产业就可以称为高新技术产业。按照这一定义，我国高新技术产业在《中国统计年鉴》中一共可分为四大类，即航空航天、电子和通信设备、制药、计算机和办公机械。本书研究的高新技术产业主要的对象也就是以下五类：高新技术制造业，计算机及办公设备制造业；航空、航天器及设备制造业；电子及通信设备制造业；信息化学品制造业；医药、医疗仪器设备及仪器仪表制造业。

一、高新技术产业高质量发展指标体系的构建

根据前文中的高新技术产业高质量发展的定义，并基于"五大发展理念"建立了创新能力、协调性、绿色水平、开放性、共享性、有效性6个一级指标、34个二级指标的高新技术高质量发展评价体系，如表5-8所示。

表5-8　高新技术产业高质量发展评价指标体系

一级指标	权重	二级指标	单位	权重	指标类型
创新能力	0.23	高新技术产业新产品开发经费支出	万元	0.1269	正指标
		高新技术产业新产品销售收入	万元	0.1268	正指标
		高新技术产业R&D人员折合全时当量	人年	0.1259	正指标
		高新技术产业R&D经费内部支出	万元	0.1272	正指标
		高新技术产业有效发明专利数	件	0.1238	正指标

续表

一级指标	权重	二级指标	单位	权重	指标类型
创新能力	0.23	高新技术产业引进技术经费支出	万元	0.1184	正指标
		高新技术产业技术改造经费支出	万元	0.1253	正指标
		高新技术产业研发机构从业人员数	人	0.1255	正指标
协调性	0.12	人口老龄化率	%	0.2544	逆指标
		区域第三产业增加值占 GDP 比重	%	0.2433	正指标
		区域服务业增加值占第三产业的比重	%	0.2495	正指标
		区域城乡收入差距	元	0.2529	逆指标
绿色发展水平	0.18	环保支出占财政支出的比重	%	0.1561	正指标
		人均绿地面积	亩/人	0.1627	正指标
		环境污染治理投资占地区生产总值比重	%	0.1875	正指标
		城市污水治理能力	万立方米/日	0.1614	正指标
		一般工业固体废物综合利用率	%	0.1487	正指标
		生活垃圾无害化处理率	%	0.1836	正指标
开放性	0.14	高新技术产业出口交货值	亿元	0.2033	正指标
		高新技术产业外资企业数	个	0.2056	正指标
		高新技术产业主营业务收入中外资企业占比	%	0.2039	正指标
		高新技术产业外资企业新开工项目	个	0.193	正指标
		高新技术产业外资企业新增固定资产投资额	亿元	0.1942	正指标
共享性	0.21	居民人均可支配收入	元	0.1491	正指标
		城镇职工基本医疗保险参保人数占总人口的比重	%	0.1439	正指标
		每万人拥有公共交通车辆数	标台	0.1412	正指标
		每万人拥有病床位数	张	0.143	正指标
		人均拥有图书藏书量	册/人	0.1392	正指标
		每十万人拥有艺术表演团体机构个数	个	0.135	正指标
		普通高校生师比	教师人数＝1	0.1485	逆指标
有效性	0.12	高新技术产业项目建成投产率	%	0.2545	正指标
		高新技术产业固定资产交付使用率	%	0.2516	正指标
		区域劳动生产率	元/人	0.2511	正指标
		城乡登记失业率	%	0.2428	逆指标

创新能力测度指标。从高新技术产业创新资源与创新成果两方面反映区域高新技术产业的创新能力。创新资源方面，主要从创新人力资源与创新资金投入两

个维度来反映，其中，创新人力资源由"高新技术产业 R&D 人员折合全时当量"和"高新技术产业研发机构从业人员数"两个指标进行刻画；创新资金投入主要从高新技术产业技术引进改造的强度、新产品研发的 R&D 投入强度以及资金投入强度这三个层面来体现，对应的指标分别为"高新技术产业新产品开发经费支出""高新技术产业 R&D 经费内部支出""高新技术产业引进技术经费支出""高新技术产业技术改造经费支出"。而创新成果则主要通过"高新技术产业新产品销售收入"和"高新技术产业有效发明专利数"两个指标来反映。

协调性测度指标。考虑到数据的可获得性及高新技术产业发展的区域性，以区域高新技术产业高质量发展的一个测度指标作为区域经济协调发展程度的一个指标。区域经济发展的协调性主要从人口协调性、产业结构协调性及城乡发展协调性三个方面来体现。其中，人口协调性对应的指标是"人口老龄化率"；产业结构的协调性对应指标是"区域第三产业增加值占 GDP 比重"和"区域服务业增加值占第三产业的比重"；城乡发展协调性对应的指标是"区域城乡收入差距"。

绿色发展水平测度指标。考虑到数据的可获得性及产业发展的区域性，将区域绿色发展水平纳入到区域新技术产业高质量发展的评价体系中。区域绿色发展水平主要从区域绿色管理能力、区域绿化水平及区域污染处理能力三方面来衡量。其中，区域绿色管理能力对应的具体指标有"环保支出占财政支出的比重"和"环境污染治理投资占地区生产总值比重"；区域绿化水平对应的具体指标有"人均绿地面积"，区域污染处理能力对应的具体指标有"一般工业固体废物综合利用率""生活垃圾无害化处理率"和"城市污水治理能力"。

开放性测度指标。区域高新技术的开放性，主要从高新技术产业的五个指标来反映高新技术产业的开放程度，其指标分别为"高新技术产业出口交货值""高新技术产业外资企业数""高新技术产业主营业务收入中外资企业占比""高新技术产业外资企业新开工项目""高新技术产业外资企业新增固定资产投资额"。

共享性测度指标。考虑到数据的可获得性及产业发展的区域性，本书将区域发展共享性作为区域高新技术产业共享性的衡量指标。衡量区域共享性主要有七个具体指标，即"居民人均可支配收入""每万人拥有病床位数""人均拥有图书藏书量""每十万人拥有艺术表演团体机构个数""普通高校生师比""城镇职工基本医疗保险参保人数占总人口的比重""每万人拥有公共交通车辆数"。

有效性测度指标。区域经济发展的效率也在一定程度上反映了区域产业效率性，因此区域高新技术产业效率的衡量指标中也包含了反映区域经济发展效率的具体指标。衡量区域高新技术产业效率性的具体指标有四个，即"高新技术产业项目建成投产率""高新技术产业固定资产交付使用率""区域劳动生产率""城乡登记失业率"。

二、综合评价的步骤

通过收集 2007～2016 年我国 30 个省市高新技术产业的有关数据，测算出各省市高新技术产业的高质量发展水平，进而对其进行相应的分析。步骤如下：

第一步，指标标准化。不同指标的计量单位以及指标的方向存在着差异，因此，在进行数据分析前，要对所有的指标进行标准化处理。考虑到数据分布及极端值的影响，而且本书所用的数据是时间序列数据，因此使用静态的标准化处理是不合适的，因此，先对各二级指标进行动态标准化处理，然后求出标准正态分布的累积概率，再将其乘以 100，原始数据的取值范围就会变为 0～100。具体公式如下：

正指标：$y_{ijt} = 100 \times \Phi\left(\dfrac{x_{ijt} - \bar{x}_j}{s_j}\right)$

逆指标：$y_{ijt} = 100 \times \left[1 - \Phi\left(\dfrac{x_{ijt} - \bar{x}_j}{s_j}\right)\right]$

其中，x_{ijt} 为第 i 区域第 t 年在二级指标 j 的原始值，y_{ijt} 为第 i 区域第 t 年在二级指标 j 上的标准值；$\bar{x}_j$ 和 s_j 分别为 30 个省市样本期内在指标 j 上的平均值与标准差；函数 $\Phi(x)$ 为 x 的标准正态累积概率分布值。

第二步，确定指标权重。由于本书针对的是时间立体数据（也即面板数据），故而使用一般静态综合评价方法并不合理，因此，我们应用一种动态的客观赋权法，即"纵横向"拉开档次法确定各项的指标权重。"纵横向"拉开档次法来确定权重，就是通过指标观测值能最大限度地体现被评价对象之间的差异程度，该综合评价过程具有透明性而且评价结果具有客观可比性。

设对于 n 个区域，取 m 个评价指标 x_1，x_2，x_3，$\cdots$，x_m，且按时间顺序。t_k（$k = 1，2，3，\cdots，N$）时刻的综合评价值为 $z_i(t_k)$，则该时刻的评价函数如下：

$$z(t_k) = \sum_{j=1}^{m} \omega_j y_{ij}(t_k)，\quad k = 1，2，3，\cdots，N；i = 1，2，3，\cdots，n$$

其中，m 为指标个数，ω_j 为指标 j 的权重。权重系数确定的理论基础是在时间序列的立体数据上能够最大限度地体现被评价对象之间的差异程度。其中各区域在时序立体数据上的整体性差异，可以用 $z_i(t_k)$ 的总离差平方和来表示，公式如下：

$$\delta^2 = \sum_{K=1}^{N} \sum_{i=1}^{n} (z_i(t_k) - \bar{z})^2 = \sum_{k=1}^{N} [\omega^T H \omega] = \omega^T \sum_{k=1}^{N} H_k \omega = \omega^T H \omega$$

式中，$\omega = (\omega_1，\omega_2，\cdots，\omega_m)^T$，$H = \sum_{K=1}^{N} H_k$，且 $H_k = A_k^T A_k$（$k = 1，2，\cdots$，

N)，且

$$A_k = \begin{bmatrix} x_{11}(t_k) & \cdots & x_{1m}(t_k) \\ \vdots & \cdots & \vdots \\ x_{nl}(t_k) & \cdots & x_{mm}(t_k) \end{bmatrix}$$

限定 $\omega^T\omega = 1$，当标准特征向量对应的是矩阵 H 的最大特征值时，δ^2 取最大值。矩阵 H 的最大特征值所对应的特征向量就是"拉开档次法"所确定的权重系数，并将其进行归一化处理。测算结果如表 5 – 8 之权重部分。

高新技术产业高质量发展综合指数测算。最后利用综合指数法进行逐项加权汇总来计算各省市的高新技术产业高质量综合发展指数。

三、高新技术产业高质量发展指数的测算和分析

（一）综合指数测算结果

利用综合指数法测算全国 30 个省份高新技术产业高质量综合发展指数并对其进行排序，测算结果如表 5 – 9 所示。

表 5 – 9　2007 ～ 2016 年高新技术产业综合发展指数及排名

省份	2007 年		2008 年		2009 年		2010 年		2011 年	
	综合值（%）	排序	综合值（%）	排序	综合值（%）	排序	综合值（%）	排序	综合值（%）	排序
北京	68.60	2	66.30	3	63.82	3	62.18	3	63.66	3
天津	55.36	6	55.65	6	55.70	6	56.57	6	51.57	8
河北	42.81	16	43.88	17	44.84	13	43.34	15	41.76	18
山西	40.18	20	40.76	21	39.82	21	42.01	19	41.38	21
内蒙古	43.56	16	43.91	15	41.81	18	43.28	16	41.72	19
辽宁	46.82	11	49.56	8	49.34	8	46.41	11	48.77	9
吉林	44.35	14	45.54	12	45.08	12	46.13	12	47.38	10
黑龙江	49.36	9	46.29	10	46.72	10	47.36	9	43.78	13
上海	63.78	4	62.27	4	60.60	4	60.76	4	62.51	4
江苏	67.29	3	71.88	2	74.97	1	74.32	1	76.07	1
浙江	56.82	5	57.13	5	58.73	5	60.33	5	61.77	5
安徽	38.87	23	37.22	26	38.38	24	37.32	26	40.60	23
福建	44.64	13	45.79	11	47.91	9	48.41	8	52.52	6
江西	37.41	27	44.25	14	44.67	14	42.29	18	43.62	14
山东	49.54	8	52.23	7	53.27	7	52.75	7	52.28	7
河南	41.71	19	41.83	18	43.87	15	39.98	22	38.22	25

续表

省份	2007 年		2008 年		2009 年		2010 年		2011 年	
	综合值（%）	排序	综合值（%）	排序	综合值（%）	排序	综合值（%）	排序	综合值（%）	排序
湖北	37.80	26	38.75	25	40.97	20	40.34	21	42.63	17
湖南	35.34	28	35.98	27	36.68	28	37.24	27	37.01	26
广东	71.49	1	73.12	1	71.22	2	72.75	2	71.21	2
广西	34.86	29	34.65	30	37.27	27	37.43	24	36.83	27
海南	39.61	21	35.65	28	38.30	25	37.39	25	44.35	12
重庆	38.42	25	41.29	19	39.67	22	39.41	23	43.32	15
四川	42.38	18	41.23	20	46.28	11	44.47	14	41.08	22
贵州	38.79	24	39.20	23	38.09	26	35.72	28	32.75	30
云南	38.92	22	39.09	24	36.02	29	35.39	29	36.02	28
陕西	43.70	15	42.92	17	41.51	19	40.73	20	39.54	24
甘肃	33.69	30	35.60	29	34.75	29	33.88	30	32.94	29
青海	50.30	7	44.4	13	41.89	21	46.63	10	46.43	11
宁夏	46.74	12	40.04	22	38.47	23	42.80	17	43.00	16
新疆	47.51	10	47.76	9	42.68	16	45.71	13	41.70	20

省份	2012 年		2013 年		2014 年		2015 年		2016 年	
	综合值（%）	排序	综合值（%）	排序	综合值（%）	排序	综合值（%）	排序	综合值（%）	排序
北京	65.03	3	67.60	3	67.90	3	60.57	4	61.77	4
天津	51.09	7	51.31	7	50.44	9	49.54	8	48.35	8
河北	42.19	16	42.58	18	41.23	20	43.89	14	44.56	15
山西	39.84	21	40.12	22	40.05	24	40.49	24	42.8	20
内蒙古	41.54	18	41.09	19	41.87	19	42.09	20	45.84	9
辽宁	50.05	8	48.27	9	50.51	8	50.90	7	40.64	22
吉林	47.56	10	43.81	12	43.39	14	43.56	16	45.11	12
黑龙江	46.95	12	44.19	11	43.98	13	43.86	15	44.47	16
上海	61.50	5	56.35	6	57.25	5	56.55	5	55.15	5
江苏	77.56	1	77.55	1	77.40	1	77.19	1	76.16	1
浙江	61.71	4	62.21	4	64.39	4	65.51	3	64.93	3
安徽	39.03	25	39.36	24	40.73	22	40.77	22	39.87	23

续表

省份	2012 年		2013 年		2014 年		2015 年		2016 年	
	综合值（%）	排序	综合值（%）	排序	综合值（%）	排序	综合值（%）	排序	综合值（%）	排序
福建	49.35	9	50.51	8	50.99	7	47.61	9	49.72	7
江西	43.83	14	39.03	26	37.38	26	36.78	27	39.04	25
山东	55.79	6	58.04	5	55.13	6	55.88	6	53.59	6
河南	39.28	24	39.88	23	40.34	23	42.61	18	43.10	18
湖北	42.05	17	43.15	14	44.18	12	46.12	11	44.91	13
湖南	39.3	23	40.61	20	42.70	18	43.04	17	42.90	19
广东	69.83	2	70.55	2	68.69	2	69.16	2	70.23	2
广西	36.87	27	36.41	27	36.57	28	36.44	28	38.36	28
海南	39.95	20	39.10	25	37.20	27	35.89	29	38.16	29
重庆	43.53	15	42.59	17	44.95	10	45.31	13	45.26	11
四川	47.54	11	45.2	10	44.56	11	46.36	10	44.75	14
贵州	33.11	30	32.45	30	34.01	30	37.39	26	38.89	27
云南	36.62	28	35.98	28	35.61	29	35.03	30	37.36	30
陕西	39.37	22	40.25	21	43.00	16	46.03	12	45.68	10
甘肃	34.22	29	35.95	29	37.98	25	39.99	25	39.03	26
青海	45.72	13	43.18	13	43.04	15	42.09	19	44.07	17
宁夏	37.69	26	42.76	16	42.75	17	41.99	21	39.14	24
新疆	41.24	19	43.11	15	41.18	21	40.60	23	41.36	21

（二）高新技术产业发展现状及动态分析

根据综合指数法测算全国 30 个省份高新技术产业高质量发展的综合指数排名，结果如表 5-9 所示，从区域高新技术产业高质量发展指数及排名可以看出，在 2007~2016 年高新技术产业高质量综合发展指数排名中，北京、上海、广东、江苏、浙江五省市一直保持在前六名，且这五个省市高新技术产业高质量综合发展指数明显高于其他省市，表明高新技术产业的高质量发展水平与经济发展水平之间存在着正相关关系，也在一定程度上显示了高新技术产业的发展与经济发展水平之间存在着良好互动关系。

根据 2016 年高新技术产业高质量综合发展指数，将全国 30 个省份高新技术高质量发展水平划分为四个层次，利用 Arcgis 10.3 软件绘制出四个层次区域地理分布图。从分布图可以看出，我国高新技术产业高质量发展水平的空间分布情况。高新技术产业高质量发展水平位于第一层次与第二层次的省市主要集中在东南沿海地区，高新技术产业高质量发展水平位于第三层次与第四层次的省市主要集中在中西部地区，表明我国东部沿海地区经济高质量发展水平明显高于中西部地区。对各层次深入分析可得，第一层次有北京、江苏、浙江、广东四个地区；第二层次有天津、山东、上海、福建四个区域；从前两个层次各省市经济发展状况来看，山东与福建比较特殊；通过对山东与福建两省二级指标进行深入分析，发现两省的高新技术创新能力指标比较高，尤其是高新技术产业新产品开发经费支出、高新技术产业新产品销售收入、高新技术产业 R&D 经费内部支出、高新技术产业技术改造经费支出等指标突出。由此可见，山东与福建两省政府通过投入大量研发经费来培育高新技术产业的创新能力，但从高新技术产业的创新成果来看，两省的高新技术产业有效发明专利数量却没有明显增长。综上所述，地方政府不应该只是一味地增大投入经费来增强区域高新技术产业创新能力，而更应该注重区域高技术产业发展效率的提升。

通过对 2006~2016 年一级指标指数与高新技术产业高质量综合发展综合指数的变化趋势（见图 5-4）进行分析，发现我国高新产业高质量发展综合指数总体上呈现一种曲折上升的趋势。从创新、协调、绿色、开放、共享、有效 6 个一级指标指数变化趋势来看，一级指标指数在 2006~2016 年保持在一个平稳的状态，且其涨幅与波动并不大，而且 6 个一级指标指数大小排序也一直保持不变，即创新指数 > 共享指数 > 绿色指数 > 协调指数 ≈ 开放指数 > 有效指数。由此表明，我国区域高新技术产业的创新能力在高新技术产业高质量发展中起着重要支撑作用。

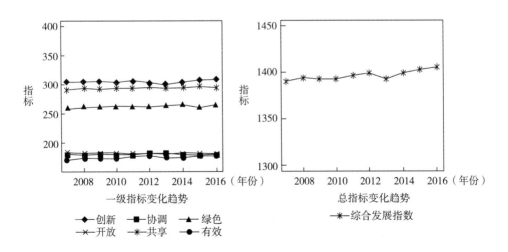

图 5-4　2006~2016 年六个一级指标与总指标变化趋势

对我国30个省份高新技术产业高质量发展一级指标中的创新指标进行深入分析（见表5－10）可以得出，广东省的创新指数是最高的，江苏省高新技术产业的创新指数次之；进一步分析广东省创新指标内8个二级指标可知，广东省创新能力指标内8个二级指标相对来说都很高；观察江苏省创新指标内8个二级指标可知，江苏省的"高新技术产业有效发明专利数"与"高新技术产业引进技术经费支出"两个指标的指数相对较低，表明江苏省在发明专利申请以及引进技术等方面比较薄弱，可见江苏省要想进一步提升区域高新技术产业创新能力，应将提高区域发展专利申请以及科研经费的投入作为重点关注方向。

表5－10　2016年高新技术产业创新指标内8个二级指标指数　　单位:%

省份	高新技术产业新产品开发经费支出	高新技术产业新产品销售收入	高新技术产业R&D人员折合全时当量	高新技术产业R&D经费内部支出	高新技术产业有效发明专利数	高新技术产业引进技术经费支出	高新技术产业技术改造经费支出	高新技术产业研发机构从业人员数
北京	6.831	6.466	5.853	7.128	6.904	6.195	4.164	5.323
天津	4.932	6.320	5.392	5.419	5.235	5.823	3.591	5.015
河北	4.794	4.450	5.181	4.813	5.014	4.781	4.010	4.942
山西	4.199	3.987	3.973	4.022	4.731	4.653	3.519	4.326
内蒙古	4.212	4.050	3.697	4.052	4.672	4.653	3.591	4.209
辽宁	4.833	4.566	4.302	4.742	5.047	4.653	5.607	5.080
吉林	4.328	4.178	3.895	4.091	4.759	4.653	3.935	4.441
黑龙江	4.568	4.046	4.186	4.470	4.793	4.653	4.357	4.441
上海	7.675	5.570	6.818	7.531	6.579	5.518	3.751	5.733
江苏	11.546	12.565	12.304	11.664	8.199	7.921	12.525	11.935
浙江	8.252	8.197	10.315	9.024	6.291	4.998	9.169	8.900
安徽	5.368	5.417	5.429	5.197	5.441	4.716	4.409	5.570
福建	6.184	6.392	6.672	6.794	5.531	6.670	12.516	6.274
江西	4.849	4.678	4.447	4.479	4.873	4.700	3.953	5.136
山东	8.177	8.525	9.326	9.321	6.320	5.196	11.160	8.165
河南	4.908	8.618	6.004	5.328	5.002	4.672	4.695	5.774
湖北	6.397	4.985	5.783	6.463	5.772	5.570	4.459	5.268
湖南	5.032	5.675	5.643	5.059	4.968	4.653	9.418	5.217
广东	12.690	12.683	12.595	12.725	12.384	11.841	11.405	12.554
广西	4.220	4.062	3.755	3.991	4.733	4.653	3.688	4.296

续表

省份	高新技术产业新产品开发经费支出	高新技术产业新产品销售收入	高新技术产业R&D人员折合全时当量	高新技术产业R&D经费内部支出	高新技术产业有效发明专利数	高新技术产业引进技术经费支出	高新技术产业技术改造经费支出	高新技术产业研发机构从业人员数
海南	4.177	3.929	3.723	3.900	4.711	4.653	3.540	4.241
重庆	4.879	5.561	4.674	4.873	4.841	4.697	4.117	4.770
四川	6.303	5.528	6.104	6.523	5.680	5.381	6.899	5.283
贵州	4.528	4.103	4.121	4.325	4.912	4.659	4.038	4.529
云南	4.214	3.961	3.717	3.911	4.726	4.689	3.686	4.261
陕西	5.915	4.591	6.387	6.245	5.186	4.787	6.942	5.215
甘肃	4.167	4.012	3.738	3.902	4.708	4.653	3.563	4.268
青海	4.129	3.940	3.596	3.834	4.664	4.653	3.510	4.183
宁夏	4.155	4.018	3.706	3.904	4.681	4.653	3.626	4.319
新疆	4.144	3.977	3.612	3.879	4.668	4.653	3.570	4.210

（三）东、中、西部区域高新技术产业高质量发展对比分析

1. 东、中、西部地区划分

我国东、中、西部区域的划分始于1986年第六届全国人民代表大会第四次会议，1997年第八届全国人民代表大会第五次会议又将重庆市列入直辖市，到目前为止，我国根据区域经济发展的差异性将全国31个省份分为东、中、西部三大区域。其中，东部地区包括北京、江苏、浙江、上海、辽宁、天津、广东、福建、山东、河北和海南11个省市；中部地区包括湖南、山西、安徽、黑龙江、吉林、河南、湖北、江西8个省份；西部地区包括重庆、贵州、西藏、青海、宁夏、广西、内蒙古、四川、陕西、云南、新疆、甘肃12个省市。由于西藏数据的缺失，本书的西部地区只包括11个省市。

2. 东、中、西部地区高新技术产业高质量发展趋势比较

通过对2007~2016年东、中、西部地区高新技术产业高质量综合发展指数的变化趋势进行对比分析（见图5-5）可得，东部地区高新技术产业高质量发展水平明显高于中、西部地区。2007~2016年，东部地区高新技术产业高质量发展水平总体没有很大波动。从中、西部地区高新技术产业高质量综合发展指数对比来看，在2008年之前中部地区高新技术产业高质量发展水平落后于西部地区；而2008年之后中部地区高新技术产业高质量发展水平一直领先于西部地区。

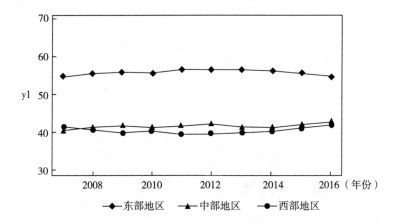

图 5 – 5　2007～2016 年东、中、西部地区高新技术产业高质量发展趋势

对东部区域内的 11 个省市高新技术产业高质量发展综合指数进一步分析（见表 5 – 11），2007～2016 年，江苏、浙江、福建、山东、河北五个省份的高新技术产业高质量发展综合指数有所提升，且江苏省的增幅相对较大，即从 2007 年的 67.29% 增长到 2016 年的 76.16%，增幅为 8.87%；从 2007～2016 年江苏省 6 个一级指标的指数变化来看，区域共享性指标指数与高新技术产业效率指标指数的增长幅度较大，而创新指标指数存在下降趋势。由此可见，江苏省高新技术产业高质量发展水平提升的动力主要来源于高新技术产业效率的提升。北京、天津、辽宁、上海、广东、海南 6 个省市的高新技术产业高质量综合发展指数均呈现下降趋势，其中，天津市高新技术产业高质量综合发展指数降幅较大，即从 2007 年的 55.36% 下降到 2016 年的 48.35%。对天津市 6 个一级指标的指数进行深入分析可得，区域协调性指标指数呈现增长趋势，而其他 5 个指标指数呈现下降趋势，且降幅最大的是区域共享性指标指数。由此表明，天津市高新技术产业高质量发展水平下降的主要原因是区域共享水平的下降。

表 5 – 11　2007～2016 年东部地区高新技术高质量发展综合指数　　　单位:%

省份	2007 年	2008 年	2009 年	2010 年	2011 年	2012 年	2013 年	2014 年	2015 年	2016 年
北京	68.6	66.3	63.82	62.18	63.66	65.03	67.6	67.9	60.57	61.77
天津	55.36	55.65	55.7	56.57	51.57	51.09	51.31	50.44	49.54	48.35
河北	42.81	43.88	44.84	43.34	41.76	42.19	42.58	41.23	43.89	44.56
辽宁	46.82	49.56	49.34	46.41	48.77	50.05	48.27	50.51	50.9	40.64
上海	63.78	62.27	60.6	60.76	62.51	61.5	56.35	57.25	56.55	55.15

续表

省份	2007 年	2008 年	2009 年	2010 年	2011 年	2012 年	2013 年	2014 年	2015 年	2016 年
江苏	67.29	71.88	74.97	74.32	76.07	77.56	77.55	77.4	77.19	76.16
浙江	56.82	57.13	58.73	60.33	61.77	61.71	62.21	64.39	65.51	64.93
福建	44.64	45.79	47.91	48.41	52.52	49.35	50.51	50.99	47.61	49.72
山东	49.54	52.23	53.27	52.75	52.28	55.79	58.04	55.13	55.88	53.59
广东	71.49	73.12	71.22	72.75	71.21	69.83	70.55	68.69	69.16	70.23
海南	39.61	35.65	38.3	37.39	44.35	39.95	39.1	37.2	35.89	38.16

总结可得，2007~2016 年，东部地区高新技术产业高质量发展综合指数总体没有太大波动，但东部区域内各省份高新技术产业高质量发展综合指数却呈现很大波动现象。其中，江苏、浙江、福建、山东、河北五省份高新技术产业高质量发展水平有所提升，其中江苏省高新技术产业高质量发展综合指数增幅最大，且高新技术产业效率提升是江苏省高新技术产业高质量发展水平提升的主要原因。北京、天津、辽宁、上海、广东、海南六省市高新技术产业高质量发展水平皆呈现下降趋势，且天津市高新技术产业高质量发展水平降幅最大，天津市高新技术产业高质量发展水平的下降是区域共享性下降的主要原因。

对中部区域内的 8 个省份高新技术产业高质量发展综合指数进一步分析（见表 5-12）可以看出，2007~2016 年，山西、吉林、安徽、江西、河南、湖北、湖南 7 个省份高新技术产业高质量发展水平均呈现增长趋势，而黑龙江省高新技术产业高质量发展水平出现了一定程度的下降。进一步深入分析可得，湖南省高新技术产业高质量发展综合指数增幅最大，表明湖南省高新技术产业的创新能力和高效率对高新技术产业高质量发展起到重要的支撑作用。通过对黑龙江省高新技术产业高质量发展综合指数内的 6 个一级指标进行分析得出，黑龙江省高新技术产业高质量发展下降的主要原因是区域绿色水平的下降。

表 5-12 2007~2016 年中部地区高新技术高质量发展综合指数 单位:%

省份	2007 年	2008 年	2009 年	2010 年	2011 年	2012 年	2013 年	2014 年	2015 年	2016 年
山西	40.18	40.76	39.82	42.01	41.38	39.84	40.12	40.05	40.49	42.80
吉林	44.35	45.54	45.08	46.13	47.38	47.56	43.81	43.39	43.56	45.11
黑龙江	49.36	46.29	46.72	47.36	43.78	46.95	44.19	43.98	43.86	44.47
安徽	38.87	37.22	38.38	37.32	40.60	39.03	39.36	40.73	40.77	39.87
江西	37.41	44.25	44.67	42.29	43.62	43.83	39.03	37.38	36.78	39.04
河南	41.71	41.83	43.87	39.98	38.22	39.28	39.88	40.34	42.61	43.10

续表

省份	2007 年	2008 年	2009 年	2010 年	2011 年	2012 年	2013 年	2014 年	2015 年	2016 年
湖北	37.80	38.75	40.97	40.34	42.63	42.05	43.15	44.18	46.12	44.91
湖南	35.34	35.98	36.68	37.24	37.01	39.3	40.61	42.7	43.04	42.90

对西部区域内的 11 个省市高新技术产业高质量发展综合指数进行深入分析（见表 5-13）可见，2007~2016 年，四川、重庆、贵州、陕西、甘肃、广西、内蒙古 7 个省市高新技术产业高质量发展综合指数均呈现增长趋势，而云南、青海、宁夏、新疆 4 个省份高新技术产业高质量发展综合指数呈现下降趋势。通过 11 个省市的高新技术高质量发展综合指数进行深入分析可得，重庆市高新技术产业高质量发展水平的增幅最大；从重庆市 6 个一级指标指数来看，区域共享性指标指数和区域开放性指标指数增幅最大，由此可见，区域共享性和区域开放水平的提高是重庆市高新技术产业高质量发展水平增长的主要原因。新疆高新技术产业高质量发展水平降幅最大，且在新疆的 6 个一级指标中，高新技术产业有效性指标的降幅最大，表明新疆高新技术产业高质量发展水平下降的主要原因是效率的下降。

表 5-13　2007~2016 年西部地区高新技术高质量发展综合指数　　单位:%

省份	2007 年	2008 年	2009 年	2010 年	2011 年	2012 年	2013 年	2014 年	2015 年	2016 年
四川	42.38	41.23	46.28	44.47	41.08	47.54	45.2	44.56	46.36	44.75
重庆	38.42	41.29	39.67	39.41	43.32	43.53	42.59	44.95	45.31	45.26
贵州	38.79	39.2	38.09	35.72	32.75	33.11	32.45	34.01	37.39	38.89
云南	38.92	39.09	36.02	35.39	36.02	36.62	35.98	35.61	35.03	37.36
陕西	43.70	42.92	41.51	40.73	39.54	39.37	40.25	43.00	46.03	45.68
甘肃	33.69	35.60	34.75	33.88	32.94	34.22	35.95	37.98	39.99	39.03
青海	50.30	44.40	41.89	46.63	46.43	45.72	43.18	43.04	42.09	44.07
宁夏	46.74	40.04	38.47	42.80	43.00	37.69	42.76	42.75	41.99	39.14
新疆	47.51	47.76	42.68	45.71	41.70	41.24	43.11	41.18	40.60	41.36
广西	34.86	34.65	37.27	37.43	36.83	36.87	36.41	36.57	36.44	38.36
内蒙古	43.56	43.91	41.81	43.28	41.72	41.54	41.09	41.87	42.09	45.84

总结可得，我国东部区域高新技术产业高质量发展水平基本波动不大，中部地区高新技术产业高质量发展水平呈现略微上涨的趋势，西部地区高新技术产业高质量发展水平呈现略微下降的态势。通过对东、中、西部区域内各省市高新技

术产业各指标进行深入分析得出，在东部地区，江苏省高新技术产业效率提升与天津市区域共享水平下降，两者增幅与降幅持平是东部区域高新技术产业高质量发展水平保持稳定的主要原因；在中部地区，湖南省高新技术产业创新能力和效率的提升对中部区域高新技术产业高质量发展的增长起着重要支撑作用；在西部地区，新疆高新技术产业有效性指标的下降是西部地区高新技术产业高质量发展下降的主要原因。

四、提升高新技术产业高质量发展水平的政策建议

（一）结论

首先利用动态标准化对原始数据进行标准化处理，然后利用"拉开档次法"计算我国 2007～2016 年 30 个省份高新技术产业高质量发展综合指数，并依据综合发展指数对我国 30 个省份高新技术产业高质量发展水平进行排序，最后利用 ArcGIS 10.3 软件将我国 2016 年高新技术产业高质量综合发展指数进行可视化，以此为基础来分析目前我国高新技术产业高质量发展水平的地理分布情况。为了全方位、多角度地分析我国各省份高新技术高质量发展水平变化的深层原因，本书先对我国高新技术产业高质量发展水平进行静态与动态分析，然后对东、中、西部高新技术产业高质量发展水平进行对比分析，得到的主要结论如下：

第一，2007～2016 年我国高新技术产业高质量发展综合指数整体上呈现上升趋势，且高新技术产业创新能力指数的贡献最大。

第二，目前，我国东部沿海地区高新技术产业高质量发展综合指数明显高于中、西部地区，且广东与江苏两省高新技术产业创新能力是我国高新技术产业创新能力的重要支撑。

第三，地方政府不应该一味地增大投入经费来增强区域高新技术产业创新能力，而更应该注重区域高新技术产业发展效率的提升。

第四，2007～2016 年，江苏省高新技术产业效率提升与天津市区域共享水平下降，这两者的增幅与降幅相平衡是我国东部区域高新技术产业高质量发展水平保持稳定的主要原因；湖南省高新技术产业的创新能力和效率的提升对我国中部区域高新技术产业高质量发展水平的提升起到重要支撑作用；新疆高新技术产业有效性指标的下降是西部地区高新技术产业高质量发展下降的主要原因。

（二）政策建议

首先，研究不仅证实了我国高新技术产业高质量发展综合指数整体呈现上升趋势，同时还发现创新是高新技术产业发展的主要驱动力，另外我国东部沿海地区高新技术产业高质量发展综合指数明显高于中西部地区，其主要原因也是东部沿海地区高新技术产业的创新能力明显高于中西部地区。由此预示着对各区域高新技术产业而言，要通过增强区域高新技术产业的创新驱动力来助力产业转型升级，从而推动区域高新技术产业高质量发展。

其次，本书研究结果显示地方政府通过投入大量科研经费在培育地方创新能力，而成果却不是很理想；通过与创新能力较高的区域进行对比，得出政府应该将区域高新技术产业的发展效率放在重要位置，而不应一味地通过增加地方财政支出水平来提升高新技术产业的科技创新能力。

最后，东部地区高新技术产业高质量发展的主要瓶颈是天津市较低的区域共享水平，可见东部地区应着重解决天津市的区域共享发展问题；中部地区高新技术产业高质量发展的主要贡献者是湖南省创新能力和效率的提升，可见中西部地区应注重各区域的协同发展，通过各区域的优势互补协同发展，来提升中西部地区高新技术产业高质量发展水平。

第五节　高质量发展：以江苏为例

一、江苏省经济高质量发展总体测度分析

利用变异系数法和主成分分析法相结合构成变异系数—主成分评价模型，对江苏省 13 个地级市经济高质量发展展开综合评价，综合评价结果如表 5 – 14 所示。

对比 2017 年江苏省 13 个地级市的 GDP 与高质量发展排序（见表 5 – 14），通过分析可以看出，苏州、南京、无锡三市的 GDP 排序与经济高质量发展排序一样，南通、徐州、盐城、泰州、淮安五市的 GDP 排名高于经济高质量发展排序。常州、扬州、镇江、连云港、宿迁五市的 GDP 排序低于经济高质量发展排序。

表 5 – 14　2017 年江苏省 13 个地级市经济高质量发展综合评价结果与 GDP 排序

城市	总指数（％）	经济高质量发展排名	GDP 排名
苏州市	79.50	1	1
南京市	50.08	2	2
无锡市	48.58	3	3
常州市	38.59	4	5
南通市	37.96	5	4
镇江市	28.10	6	10
扬州市	27.28	7	8
徐州市	26.70	8	6

续表

城市	总指数（%）	经济高质量发展排名	GDP 排名
盐城市	23.24	9	7
泰州市	22.85	10	9
连云港市	22.43	11	12
宿迁市	21.06	12	13
淮安市	20.89	13	11

　　为了观察江苏省 13 个地级市经济高质量发展情况，将所有城市综合得分绘制成直方图（见图 5 - 6）。江苏省 13 个地级市经济高质量发展评价平均总指数为 34.40%，其中 8 个城市（占比约为 61.5%）总指数集中在 20.8% ~ 28.10%，这表明总体经济高质量发展整体水平一般，仍有待改善；指数最高的是苏州市，总指数为 79.50%，有 3 个城市总指数超过 48.58%，排在前三位的依次是苏州市、南京市、无锡市，总指数明显高于平均水平，这三个地级市经济相对发达，其中，苏州市、南京市、无锡市三市都属于苏南地区。由此可见，苏南地区经济高质量发展水平比其他区域高。排在第一位的总指数是排在最后一位的 3.81 倍；前三位平均总指数为 59.39%，后三位平均总指数为 21.46%，前三位总指数是后三位总指数的 2.77 倍，表明 2017 年江苏省 13 个地级市经济高质量发展水平存在较大差异。

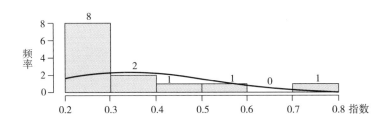

图 5 - 6　江苏省 13 个地级市经济高质量发展综合指数直方图

　　进一步分析各维度的总指数（见表 5 - 15）可知，在创新能力维度高质量评价中，最高分为 0.9279 分，最低分为 0.1004 分，第一位的得分是排在最后一位的 9.24 倍，前三位平均得分为 0.6769 分，后三位平均得分为 0.1278 分，前三位平均分是后三位平均的 5.3 倍，这表明江苏省 13 个地级市创新能力水平存在很大差异。

表 5-15 2017 年江苏省 13 个地级市经济高质量发展城市各维度得分及排名

城市	总得分	排名	创新得分	排名	协调得分	排名	绿色得分	排名	开放得分	排名	共享得分	排名	有效得分	排名
苏州市	0.7950	1	0.9279	1	0.4437	9	0.5311	2	1	1	0.8266	1	0.6489	2
南京市	0.5008	2	0.4403	4	0.1206	13	0.8297	1	0.4434	2	0.7442	2	0.9576	1
无锡市	0.4858	3	0.6224	2	0.3694	11	0.4594	4	0.3675	3	0.5762	4	0.6377	4
常州市	0.3859	4	0.4805	3	0.2717	12	0.4270	6	0.1980	5	0.5163	5	0.6456	3
南通市	0.3796	5	0.2526	7	0.5174	7	0.3966	7	0.2247	4	0.5798	3	0.4481	5
镇江市	0.2810	6	0.1825	10	0.5736	6	0.4474	5	0.0743	6	0.3272	7	0.4100	6
扬州市	0.2728	7	0.2864	5	0.4974	8	0.5279	3	0.0437	11	0.3262	8	0.3246	7
徐州市	0.267	8	0.2582	6	0.7139	4	0.3455	8	0.0643	9	0.2716	11	0.2577	9
盐城市	0.2324	9	0.1951	8	0.7842	2	0.1269	12	0.0491	10	0.2674	12	0.1924	11
泰州市	0.2285	10	0.1642	11	0.4369	10	0.1977	11	0.0731	7	0.3529	6	0.3099	8
连云港	0.2243	11	0.1004	13	0.8010	1	0.0976	13	0.0527	8	0.2937	9	0.1886	12
宿迁市	0.2106	12	0.1848	9	0.7568	3	0.2918	9	0.0014	13	0.2383	13	0.0951	13
淮安市	0.2089	13	0.1188	12	0.5869	5	0.2556	10	0.0286	12	0.2813	10	0.2250	10

在协调维度评价中，最高分为 0.8010 分，最低分为 0.1206 分，第一位得分是排在最后一位的 6.64 倍，前三位平均得分为 0.7807 分，后三位平均得分为 0.2539 分，前三位平均分是后三位的 3.07 倍，这表明江苏省 13 个地级市经济发展协调性存在较大差异。在绿色维度评价中，最高分为 0.8297 分，最低分为 0.0976 分，第一位的得分是排在最后一位的 8.5 倍，前三位平均得分为 0.6296 分，后三位平均得分为 0.1407 分，前三位平均分是后三位的 4.47 倍，这表明江苏省 13 个地级市绿色发展水平存在很大差异。在开放维度评价中，最高分为 1分，最低分为 0.0976 分，第一位的得分是排在最后一位的 10.25 倍，前三位平均得分为 0.6036 分，后三位平均得分为 0.0246 分，前三位平均分是后三位的 24.54 倍，表明江苏省 13 个地级市经济发展开放水平存在巨大差异，并呈现两极分化的局面。在共享维度评价中，最高分为 0.8266 分，最低分为 0.2383 分，第一位的得分是排在最后一位的 3.47 倍，前三位平均得分为 0.7169 分，后三位平均得分为 0.2591 分，前三位平均分是后三位的 2.77 倍，表明江苏省 13 个地级市经济发展的共享水平存在较大差异，但总体水平比较接近。在有效维度评价中，最高分为 0.9576 分，最低分为 0.0951 分，第一位的得分是排在最后一位的 10.07 倍，前三位平均得分为 0.7507 分，后三位平均得分为 0.1587 分，前三位平均分是后三位的 4.73 倍，表明江苏省 13 个地级市经济发展的有效性水平存在较大差异，但总体水平比较接近。

二、江苏省三大区域经济高质量发展具体分析

（一）三大区域经济高质量发展对比分析

从苏南、苏中、苏北三大区域来看（见表5-16），苏南地区总得分平均分为0.478分，高于江苏省平均得分0.344分，说明苏南区域经济高质量发展水平相较于其他两个区域处于较高水平；从六个评价维度分析，除协调维度评价外，苏南区域在其他五个维度的评价分值都是最高的，由此可见，苏南区域经济发展的协调性有待改善；从协调维度评价来看，苏北区域的得分最高，苏南区域的得分最低，表明苏北区域经济发展的协调性比较好。

表5-16 江苏省三大区域经济高质量发展整体及各维度测度平均分值

区域	总得分	创新维度	协调维度	绿色维度	开放维度	共享维度	有效维度
苏南	0.478	0.481	0.378	0.483	0.422	0.616	0.600
苏中	0.295	0.311	0.590	0.300	0.104	0.352	0.365
苏北	0.240	0.175	0.643	0.324	0.040	0.293	0.249

（二）苏南经济高质量发展

苏南经济高质量发展具体数据如表5-17所示。

表5-17 苏南区域经济高质量发展六个维度中二级指标指数

总目标	一级指标	二级指标	苏州市	南京市	无锡市	常州市	镇江市
高质量发展总指数	创新	高新技术产业产值	0.2186	0.0731	0.0900	0.0775	0.0482
		有R&D活动企业数	0.0795	0.0430	0.1516	0.0706	0.0232
		专利申请授权量	0.2126	0.1206	0.1069	0.0525	0.0455
		本年R&D活动经费内部支出合计	0.2180	0.0708	0.1412	0.0806	0.0324
		科学研究人员	0.1992	0.1328	0.1328	0.1992	0.0332
	协调	城乡居民人均可支配收入差距	0.0186	0.0000	0.0514	0.0527	0.0633
		城乡居民人均消费水平差距	0.0000	0.0081	0.0257	0.0591	0.0884
		城乡居民恩格尔系数差距	0.2570	0.0000	0.1595	0.0266	0.3279
		第三产业增加值占GDP比重	0.0587	0.1066	0.0604	0.0564	0.0355
		男女人数的协调度	0.1093	0.0058	0.0724	0.0769	0.0584
	绿色	人均公园绿地面积	0.0090	0.0856	0.0541	0.0541	0.2388
		建成区绿化覆盖率	0.0277	0.1387	0.0801	0.0832	0.0801
		污水处理率	0.0596	0.0799	0.1002	0.0908	0.0664
		无害化处理厂日处理能力	0.4347	0.5255	0.2250	0.1990	0.0622

续表

总目标	一级指标	二级指标	苏州市	南京市	无锡市	常州市	镇江市
高质量发展总指数	开放	地区进出口总额	0.1834	0.0341	0.0459	0.0166	0.0044
		外贸依存度	0.1469	0.0352	0.0567	0.0309	0.0129
		接待境外旅游者人数	0.1678	0.0707	0.0468	0.0162	0.0059
		实际使用外资	0.0796	0.0639	0.0638	0.0358	0.0191
		旅游外汇收入	0.1836	0.0626	0.0332	0.0115	0.0060
		境外协议投资	0.1344	0.1040	0.0681	0.0457	0.0120
		境外投资新批项目数	0.1044	0.0729	0.0532	0.0413	0.0140
	共享	居民人均可支配收入	0.1225	0.1123	0.1055	0.0867	0.0674
		每万人拥有医院、卫生院床位数	0.1002	0.0834	0.0913	0.0612	0.0000
		人均拥有公共图书馆藏量	0.1680	0.1842	0.0840	0.0706	0.0735
		人均住房建筑面积	0.0155	0.0218	0.0378	0.0676	0.0286
		商品房销售建筑面积	0.1488	0.0904	0.0620	0.0445	0.0071
		居民恩格尔系数	0.0566	0.0601	0.0454	0.0482	0.0433
		每万人拥有医师数	0.0367	0.0781	0.0490	0.0329	0.0138
		每万人拥有公共交通车辆	0.0719	0.0930	0.0451	0.0599	0.0461
		人均拥有道路面积	0.1064	0.0209	0.0560	0.0446	0.0475
	有效	人均GDP	0.2173	0.1749	0.2139	0.1736	0.1447
		人均固定资产投资	0.0540	0.2502	0.1420	0.2362	0.1233
		城镇化率	0.0710	0.0977	0.0718	0.0546	0.0493
		城镇登记失业率	0.0951	0.0951	0.0856	0.0951	0.0856
		自来水综合生产能力（万吨/日）	0.2115	0.3398	0.1243	0.0861	0.0072

从表5-17可以看出：苏州在创新、开放、共享三个维度的得分值均最高，南京在有效、绿色两个维度的得分值均最高，镇江在六个维度上的得分值均是最低的。

苏州市经济高质量发展总体得分较高，从苏州市一级指标的六个维度来看，协调维度评价指数相较于其他五个维度分值较低，对苏州市协调维度中的5个二级指标进一步深入分析（见表5-17）可得，"城乡人均消费水平差距"指标指数最低，表明苏州市城乡差距较大，且是苏州市经济高质量发展协调度较低的重要原因。

从南京市一级指标的六个维度来看，协调维度评价指数最低，对南京市协调维度中的5个二级指标进一步深入分析（见表5-17）可得，"城乡恩格尔系数差距""城乡人均可支配收入"两指标指数最低，恩格尔系数反映的是居民的消费结构，表明南京市城乡居民消费结构的差异程度较大，可见南京市城乡居民贫富差距较大。

　　从无锡市一级指标的六个维度来看，六个维度差异不是很大，但相较于其他五个维度，协调维度指标指数较低；对无锡市协调度中的 5 个二级指标进一步深入分析（见表 5 - 17）可得，"城乡人均消费水平差距"指标指数最小，表明无锡市城乡居民人均消费差距是无锡市经济高质量发展不协调的主要原因。

　　从常州市一级指标的六个维度来看，创新与开放两维度评价指数较低；对常州市创新维度中的 5 个二级指标进一步深入分析（见表 5 - 17）可得，"高新技术产业产值"与"有 R&D 活动企业数"两个指标指数较小，表明常州市经济创新能力较低的原因主要是有 R&D 活动企业数较少，进而说明常州市企业创新能力依然有待提高。对常州市开放维度中的 8 个二级指标进行深入分析（见表 5 - 17）可得，"旅游外汇收入"指标指数最小，可见常州市开放维度指标较低的主要原因是境外旅游收入的降低。

　　从镇江市一级指标的六个维度来看，虽然镇江市六个维度相较于其他 4 个市都比较低，但就六个维度对比来看，创新和开放两个维度评价指数较低；对镇江市创新维度中的 5 个二级指标进行深入分析（见表 5 - 17）可得，"有 R&D 活动企业数"指标指数最小，表明镇江市经济创新能力较低主要原因是有 R&D 活动企业数较少，进而说明镇江市企业创新能力依然有待提高。对镇江市开放维度中的 8 个二级指标进行深入分析（见表 5 - 17）可得，"接待境外旅游者人数"与"旅游外汇收入"两个指标指数较小，表明镇江市开放维度指标较低的原因是旅游业吸引国外游客人数较低。

　　（三）苏中经济高质量发展

　　苏中经济高质量发展具体数据如表 5 - 18 所示。

表 5 - 18　苏中区域经济高质量发展六个维度中二级指标指数

总目标	一级指标	二级指标	南通市	扬州市	泰州市
高质量 发展总 指数	创新	高新技术产业产值	0.1029	0.0519	0.0697
		有 R&D（研究与试验发展）活动企业数	0.0022	0.0816	0.0341
		专利申请授权量	0.0639	0.0428	0.0242
		本年 R&D 活动经费内部支出合计	0.0504	0.0436	0.0362
		科学研究人员	0.0332	0.0664	0.0000
	协调	城乡居民人均可支配收入差距	0.0660	0.0888	0.0784
		城乡居民人均消费水平差距	0.0412	0.1050	0.0776

总目标	一级指标	二级指标	南通市	扬州市	泰州市
高质量发展总指数	协调	城乡居民恩格尔系数差距	0.2836	0.2748	0.1418
		第三产业增加值占 GDP 比重	0.0406	0.0288	0.0367
		男女人数的协调度	0.0860	0.0000	0.1024
	绿色	人均公园绿地面积	0.2388	0.2298	0.0360
		建成区绿化覆盖率	0.0955	0.1109	0.0555
		污水处理率	0.0623	0.0569	0.0664
		无害化处理厂日处理能力	0.0000	0.1303	0.0398
	开放	地区进出口总额	0.0187	0.0046	0.0059
		外贸依存度	0.0290	0.0086	0.0138
		接待境外旅游者人数	0.0170	0.0057	0.0031
		实际使用外资	0.0398	0.0140	0.0242
		旅游外汇收入	0.0092	0.0052	0.0025
		境外协议投资	0.0774	0.0000	0.0026
		境外投资新批项目数	0.0336	0.0056	0.0210
	共享	居民人均可支配收入	0.0503	0.0436	0.0418
		每万人拥有医院、卫生院床位数	0.0805	0.0188	0.0583
		人均拥有公共图书馆藏量	0.0515	0.0534	0.0286
		人均住房建筑面积	0.0424	0.0407	0.0830
		商品房销售建筑面积	0.1167	0.0271	0.0259
		居民恩格尔系数	0.0426	0.0266	0.0391
		每万人拥有医师数	0.0168	0.0046	0.0115
		每万人拥有公共交通车辆	0.0811	0.1115	0.0000
		人均拥有道路面积	0.0978	0.0000	0.0646
	有效	人均 GDP	0.1048	0.1180	0.0971
		人均固定资产投资	0.0409	0.1322	0.0947
		城镇化率	0.0308	0.0312	0.0263
		城镇登记失业率	0.0856	0.0000	0.0856
		自来水综合生产能力	0.1861	0.0432	0.0062

从表 5-18 可以看出：从南通市一级指标的六个维度来看，开放维度评价指数最低，通过对南通市开放维度中的 7 个二级指标进行深入分析（见表 5-18）可得，"旅游外汇收入"指标指数最低，表明南通市开放指数比较低的原因是境

外旅游的收入较低。

从扬州市一级指标的六个维度来看，开放维度评价指数最低，通过对扬州市开放维度中的 7 个二级指标进行深入分析（见表 5 - 18）可得，"境外协议投资"指标指数最低，可见扬州市开放维度指标指数较低的原因是境外投资较低。

从泰州市一级指标的六个维度来看，创新与开放两个维度指标指数均较低，通过对泰州市创新维度中的 5 个二级指标进行深入分析（见表 5 - 18）可得，"科学研究人员"指标指数最低，表明泰州市在科研人才方面比较欠缺，因此，政府应该出台相应的政策来吸引科研及高端人才。通过对泰州市开放维度中的 7 个二级指标进行深入分析（见表 5 - 18）可得，"境外协议投资"指标指数最低，可见泰州市开放维度指数较低的原因是境外投资较低。

（四）苏北经济高质量发展

苏北经济高质量发展具体数据如表 5 - 19 所示。

表 5 - 19 苏北区域经济高质量发展六个维度中二级指标指数

总目标	一级指标	二级指标	徐州市	盐城市	淮安市	连云港市	宿迁市
高质量发展总指数	创新	高新技术产业产值	0.0685	0.0370	0.0155	0.0202	0.0000
		有 R&D 活动企业数	0.0449	0.0630	0.0167	0.0000	0.0188
		专利申请授权量	0.0268	0.0246	0.0129	0.0085	0.0000
		本年 R&D 活动经费内部支出合计	0.0517	0.0374	0.0072	0.0053	0.0000
		科学研究人员	0.0664	0.0332	0.0664	0.0664	0.1660
	协调	城乡居民人均可支配收入差距	0.1238	0.1230	0.1015	0.1186	0.1487
		城乡居民人均消费水平差距	0.1209	0.1478	0.1060	0.0887	0.1238
		城乡居民恩格尔系数差距	0.2216	0.3013	0.1861	0.3102	0.2570
		第三产业增加值占 GDP 比重	0.0361	0.0209	0.0384	0.0147	0.0000
		男女人数的协调度	0.2114	0.1911	0.1549	0.2689	0.2272
	绿色	人均公园绿地面积	0.0451	0.0000	0.0405	0.0180	0.0811
		建成区绿化覆盖率	0.1048	0.0555	0.0555	0.0000	0.0801
		污水处理率	0.0515	0.0217	0.0501	0.0000	0.0596
		无害化处理厂日处理能力	0.1443	0.0497	0.1094	0.0796	0.0710
	开放	地区进出口总额	0.0028	0.0033	0.0010	0.0031	0.0000
		外贸依存度	0.0005	0.0049	0.0023	0.0171	0.0000
		接待境外旅游者人数	0.0030	0.0054	0.0015	0.0017	0.0000
		实际使用外资	0.0250	0.0082	0.0157	0.0061	0.0000

总目标	一级指标	二级指标	徐州市	盐城市	淮安市	连云港市	宿迁市
高质量发展总指数	开放	旅游外汇收入	0.0031	0.0057	0.0009	0.0013	0.0000
		境外协议投资	0.0200	0.0152	0.0065	0.0171	0.0014
		境外投资新批项目数	0.0098	0.0063	0.0007	0.0063	0.0000
	共享	居民人均可支配收入	0.0155	0.0246	0.0171	0.0105	0.0000
		每万人拥有医院、卫生院床位数	0.0923	0.0642	0.0662	0.0479	0.0745
		人均拥有公共图书馆藏量	0.0105	0.0200	0.0344	0.0334	0.0000
		人均住房建筑面积	0.0000	0.0344	0.0458	0.0882	0.0544
		商品房销售建筑面积	0.0621	0.0381	0.0272	0.0000	0.0223
		居民恩格尔系数	0.0294	0.0189	0.0308	0.0175	0.0000
		每万人拥有医师数	0.0199	0.0122	0.0176	0.0153	0.0000
		每万人拥有公共交通车辆	0.0295	0.0332	0.0175	0.0534	0.0424
		人均拥有道路面积	0.0123	0.0218	0.0247	0.0275	0.0446
	有效	人均GDP	0.0444	0.0337	0.0291	0.0105	0.0000
		人均固定资产投资	0.0547	0.0345	0.0700	0.0804	0.0000
		城镇化率	0.0218	0.0181	0.0115	0.0131	0.0000
		城镇登记失业率	0.0856	0.0856	0.0618	0.0761	0.0951
		自来水综合生产能力	0.0512	0.0207	0.0526	0.0085	0.0000

从表5-19可以看出：从徐州市一级指标的六个维度来看，创新和开放两个维度指标指数较低，对徐州市创新维度中的5个二级指标进行深入分析（见表5-19）可得，"专利申请授权量"指标指数最低，表明徐州市创新维度指标指数较低的主要原因是专利申请量较低。对徐州市开放维度中的7个二级指标进行深入分析（见表5-19）可知，"外贸依存度"指标指数最低，表明徐州市经济开放水平较低的原因是对外贸易较少。

从盐城市一级指标的六个维度来看，开放维度指标指数最低，对盐城市开放维度指标指数进行深入分析（见表5-19）可得，"地区进出口总额"指标指数最低，表明盐城市开放水平较低的原因是地区进出口较低。

从淮安市一级指标的六个维度来看，创新、有效、绿色三个维度指标指数较低，对淮安市创新维度指标中的5个二级指标进行深入分析（见表5-19）可知，"本年R&D活动经费内部支出合计"指标指数最低，表明淮安市经济发展的创新能力较低的主要原因是政府对科研经费支出较低。对淮安市有效维度指标中的5个二级指标进行深入分析（见表5-19）可得，"人均GDP""人均固定资产投资""城镇化率""自来水综合生产能力"4 个指标指数都很低，由此可见，淮安市经济效率整体都比较低。对淮安市绿色维度指标中的 4 个二级指标进行深入分析（见表 5 - 19）可得，"人均公园绿地面积"指标指数最低，可见淮安市绿色水平较低的主要原因是城市绿化水平较低。

从连云港市级指标的六个维度来看，创新与开放两个维度指标指数较低，对连云港市创新维度指标中的 5 个二级指标进行深入分析（见表 5 - 19）可得，"有 R&D 活动企业数"指标指数最低，表明连云港市创新能力较低的原因是区域内企业创新研发投入较少。对连云港市开放维度指标中的 7 个二级指标进行深入分析（见表 5 - 19）可得，"接待境外旅游者人数"指标指数最低，可见连云港市境外游客较少是开放程度较低的重要原因。

从宿迁市一级指标的六个维度来看，创新和开放两个维度指标指数较低，对宿迁市创新维度中的 5 个二级指标进行深入分析（见表 5 - 19）可得，"高新技术产业产值""专利申请授权量""本年 R&D 活动经费内部支出合计"三个指标指数较低，可见宿迁市经济创新能力较低的原因是区域企业创新投入较低，以及科研投入较低。对宿迁市开放维度中的 7 个二级指标进行深入分析（见表 5 - 18）可得，"地区进出口总额""外贸依存度""接待境外旅游者人数""实际使用外资""旅游外汇收入""境外投资新批项目数"6 个指标指数均很低，可见宿迁市开放水平总体上都很低，且宿迁市若想提高区域经济高质量发展水平，则应该进一步扩大区域开放度。

三、提升江苏省经济高质量发展水平的对策建议

近几年来，国家陆续推出了"一带一路"倡议、长三角一体化发展战略、推动长江经济带发展战略等。而江苏正是国家战略实施的交汇叠加省份，这不仅使江苏的高质量发展具有了千载难逢的历史机遇，更使得江苏的高质量发展具有了得天独厚的优势。为此，江苏一方面要牢牢把握住这千载难逢的历史机遇，另一方面要更好地利用这得天独厚的优势，以"机遇 + 优势 + 实力"为重要动力，不断推动江苏高质量发展走在全国前列。具体地说，就是：

（一）借势"一带一路"交汇点建设，进一步扩大对外开放

江苏要站在国家大力提高开放水平的高度，借"一带一路"建设这一探索全球经济治理新模式、构建人类命运共同体的国家平台之势，通过"一带一路"交汇点建设，进一步扩大江苏城市创新体系的开放度，促进江苏与世界各国在引资与引智、引技等方面的更深层次的交流和合作，不断强化和优化江苏在全球空间范围内资源要素的配置效率，为实现江苏高质量发展提供创新驱动支撑；通过加强与"一带一路"沿线国家和地区的务实合作，以大项目建设积极推动江苏参与中国主导全球价值链的构建，争取在金融合作、经贸投资、人文交流、基础

设施等领域取得实质性的更高程度上的突破，为江苏高质量发展的实现提供良好的全球城市网络资源和国际环境。

（二）借机长江经济带协同发展，进一步提升绿色发展和区域协调发展水平

对于长江经济带发展，习近平总书记在 2018 年 4 月 26 日下午主持召开的"深入推动长江经济带发展座谈会"上明确指出：推动长江经济带发展需要正确把握好五个关系："第一，正确把握整体推进和重点突破的关系，全面做好长江生态环境保护修复工作。第二，正确把握生态环境保护和经济发展的关系，探索协同推进生态优先和绿色发展新路子。第三，正确把握总体谋划和久久为功的关系，坚定不移将一张蓝图干到底。第四，正确把握破除旧动能和培育新动能的关系，推动长江经济带建设现代化经济体系。第五，正确把握自身发展和协同发展的关系，努力将长江经济带打造成为有机融合的高效经济体。"为此，江苏要深刻领会，并以此为引领，将绿色发展作为高质量发展的普遍形态，坚持生态优先，增强各项措施的关联性和耦合性，实现整体推进和重点突破的相统一；将推动经济结构和经济发展方式的实质转变作为中心，实现在发展中保护、在保护中发展的相统一；将推动长江经济带发展动力转换作为关键，彻底摒弃以投资和要素投入为主导的老路，实现新动能和新经济体系的相统一；将江苏打造成为引领全国高质量发展生力军作为一种责任，要有"一盘棋"思想，通过协调发展、有机融合、错位发展，形成整体合力，实现自身发展和协同发展的相统一，以进一步提升绿色发展和区域协调发展水平，从而奋力写好推动江苏高质量发展走在全国前列新篇章。

（三）借力长三角区域经济一体化发展，加快形成更高能级的创新体系和产业体系

借助长三角一体化发展战略上升为国家战略的这一契机，积极并深度参与科创走廊的建设，推动苏州对接上海科创中心建设，制定出重大科技专项扶持配套政策，并以此作为重大的着力点，在大数据、人工智能、航空发动机以及量子通信等重点领域加大基础研发投入，攻克核心技术，并形成以核心为主的技术创新体系，从而提高科技源头的创新能力；打造苏州工业园区的品牌建设，支出苏州临港常熟科技产业园、上海数字经济产业园建设等，支持苏滁现代产业园、中新苏嘉现代产业园发展，加快先行启动区与上海的全面深度融合，优化嘉昆太、青昆吴和环淀山湖等战略合作机制，促进吴江等邻沪地区深入对接上海，并以产业园区为基点，推动新兴产业扩容增效，推进园区拓展功能、提升能级，以形成更高能级的产业体系，从而为江苏高质量发展提供高质量的产业支撑。要主动加强与长三角兄弟省市的合作，有效推进长三角一体化示范区建设，不断提高一体化程度。

第六章

长江经济带绿色高质量发展水平实证研究

  长江经济带横跨我国东、中、西部，由上海市、江苏省、浙江省、安徽省、江西省、湖北省、湖南省、重庆市、四川省、云南省、贵州省11省市组成，以占全国21%的区域面积承载着全国40%的人口和45%的经济总量，是我国综合实力最强、战略支撑作用最大的区域之一。

  "探索出一条生态优先、绿色发展新路子"，"使长江经济带成为引领我国经济高质量发展的生力军"，不言而喻，长江经济带就是要走出一条绿色发展与高质量发展的耦合协调发展之路。然而，就长江经济带发展的现实而言，一方面，绿水青山就是金山银山虽已成为全社会的普遍共识，但仍有些人的认识不全面、不深入，并没有完全成为各级政府、企业、公众的行动自觉；另一方面，高质量发展所依存的发展方式转变、布局和结构调整、新旧动能转换还不能完全跟上，致使高质量发展和绿色发展的内在统一性和关联度尚难完全形成。因此，有必要对长江经济带绿色发展与高质量发展的耦合协调发展进行深入有效的研究，以期进一步掌握长江经济带绿色发展与高质量发展的耦合协调发展水平，发现其中存在的问题并找出存在问题的原因，从而为长江经济带高质量发展和绿色发展耦合协调发展调控提供理论支撑。

第一节 耦合协调发展的实证研究结果

一、数据来源

  本书评价指标的数据主要来源于全国及长江经济带各省份2007~2017年的统计年鉴，主要包括《中国统计年鉴》（2006~2017）、《中国环境统计年鉴》（2006~2017）、全国各省份2006~2017年统计年鉴、《长江经济带发展统计年鉴》（2007~2017）、2007~2017年相关国民经济和社会发展统计公报等。

二、数据处理

  本书采用均值化处理方式对所有数据进行无量纲化处理。采用离散系数法确定各二级指标和一级指标权数。各指标标准值均为全国同类指标值。

三、计算结果

表6-1显示了长江经济带11省市高质量发展水平；表6-2显示了长江经济带11省市绿色发展水平；表6-3显示了长江经济带11省市高质量发展与绿色发展的耦合度水平；表6-4显示了长江经济带11省市高质量发展与绿色发展的综合评价指数；表6-5则显示了长江经济带11省市高质量发展与绿色发展的耦合协调度水平。

表6-1　2007~2017年长江经济带11省市高质量发展水平综合指数　单位：%

年份 省市	2007	2008	2009	2010	2011	2012	2013	2014	2015	2016	2017	均值
上海	165.6	180.1	203.8	236.9	252.0	267.5	304.9	286.1	304.4	332.6	341.2	261.4
江苏	146.7	164.4	166.6	187.5	201.9	214.8	215.4	231.5	240.4	255.0	291.6	210.5
浙江	100.7	108.1	111.8	128.2	137.2	146.1	149.7	157.3	169.1	183.7	214.8	146.1
安徽	39.5	46.0	48.3	58.2	62.3	62.6	64.0	69.6	79.6	87.1	101.5	65.3
江西	38.9	44.5	46.3	44.6	50.3	54.2	52.9	56.2	58.74	64.9	71.6	53.0
湖北	44.0	45.8	48.9	56.3	79.2	76.8	85.5	109.8	126.5	129.8	135.6	85.3
湖南	39.6	40.1	40.5	44.3	51.4	51.9	53.1	57.2	59.4	67.1	83.6	53.5
重庆	39.1	42.1	42.6	53.6	62.1	67.0	65.2	84.5	81.02	96.1	101.8	66.9
四川	51.6	52.8	54.5	61.0	61.7	69.2	71.7	75.9	87.2	94.8	103.5	71.3
贵州	23.8	22.8	25.1	27.2	28.6	30.3	29.6	32.9	35.9	42.7	50.6	31.8
云南	31.1	33.9	35.0	37.0	39.8	44.2	43.0	45.7	51.49	55.1	71.6	44.4
均值	65.5	71.0	74.9	85.0	93.3	98.7	103.2	109.7	117.6	128.1	142.5	99.0

表6-2　2007~2017年长江经济带11省市绿色发展水平综合指数　单位：%

年份 省市	2007	2008	2009	2010	2011	2012	2013	2014	2015	2016	2017	均值
上海	91.9	124.8	122.0	109.8	107.3	188.9	141.8	119.1	125.7	216.5	188.3	139.7
江苏	127.2	136.9	144.2	150.0	146.0	136.7	114.2	151.1	185.1	194.2	172.9	150.8
浙江	114.3	85.6	148.6	67.3	126.8	204.5	126.8	197.8	179.6	190.7	128.1	142.7
安徽	130.0	136.4	127.7	107.2	102.9	91.0	97.6	113.6	85.7	109.8	121.7	111.2

续表

省市 \ 年份	2007	2008	2009	2010	2011	2012	2013	2014	2015	2016	2017	均值
江西	116.7	134.2	99.0	93.8	123.9	147.4	89.2	78.7	75.7	72.1	125.0	105.1
湖北	106.6	109.3	84.2	104.9	79.2	112.2	119.5	149.3	117.1	122.4	127.7	112.0
湖南	108.4	108.5	100.4	92.8	114.4	113.7	147.7	125.0	114.9	111.9	112.8	113.7
重庆	105.1	118.5	116.8	131.1	160.2	132.0	130.4	132.9	163.5	93.7	131.2	128.7
四川	182.1	175.5	172.3	161	188.5	175.2	166.4	173.5	174.5	163.8	155.1	171.6
贵州	124.4	106.6	113.5	90.1	92.6	122.3	114.7	125.6	115.1	106.9	96.1	109.8
云南	125.1	180.8	128.6	105.5	185.5	81.9	90.6	104.7	115.3	88.2	70.3	116.0
均值	121.1	128.8	123.4	110.3	129.8	136.7	121.7	133.7	132.0	133.7	129.9	127.4

表 6-3 2007~2017 年长江经济带 11 省市高质量发展与
绿色发展的耦合度　　　　　　　单位:%

省市 \ 年份	2007	2008	2009	2010	2011	2012	2013	2014	2015	2016	2017	均值
上海	0.96	0.98	0.97	0.93	0.92	0.99	0.93	0.91	0.91	0.98	0.96	0.95
江苏	1.00	1.00	1.00	0.99	0.99	0.98	0.95	0.98	0.99	0.99	0.97	0.98
浙江	1.00	0.99	0.99	0.95	1.00	0.99	1.00	0.99	1.00	1.00	0.97	0.99
安徽	0.85	0.87	0.89	0.96	0.97	0.98	0.98	0.97	1.00	0.99	1.00	0.95
江西	0.87	0.86	0.93	0.93	0.91	0.89	0.97	0.99	0.99	1.00	0.96	0.94
湖北	0.91	0.91	0.96	0.95	1.00	0.98	0.99	0.99	1.00	1.00	1.00	0.97
湖南	0.89	0.89	0.91	0.94	0.92	0.93	0.88	0.93	0.95	0.97	0.99	0.93
重庆	0.89	0.88	0.89	0.91	0.90	0.95	0.94	0.97	0.94	1.00	0.94	0.93
四川	0.83	0.84	0.85	0.89	0.86	0.90	0.92	0.92	0.94	0.96	0.98	0.90
贵州	0.73	0.76	0.77	0.84	0.85	0.80	0.81	0.81	0.85	0.90	0.95	0.83
云南	0.80	0.73	0.82	0.88	0.76	0.95	0.93	0.92	0.92	0.97	1.00	0.88
均值	0.88	0.88	0.91	0.92	0.92	0.94	0.94	0.94	0.95	0.98	0.98	0.93

表6-4　2007～2017年长江经济带11省市高质量发展与

绿色发展的综合评价指数　　　　　单位:%

年份 省市	2007	2008	2009	2010	2011	2012	2013	2014	2015	2016	2017	均值
上海	-0.24	0.57	0.41	0.14	0.10	0.83	0.39	0.20	0.25	0.80	0.65	0.46
江苏	0.87	0.86	0.92	0.86	0.75	0.58	0.24	0.68	0.89	0.89	0.66	0.76
浙江	0.10	-0.85	0.46	-0.99	0.95	0.74	0.84	0.87	0.99	1.00	0.46	1.00
安徽	-0.80	-0.93	-0.83	-0.33	-0.15	0.45	0.13	-0.75	0.94	-0.96	0.14	-0.58
江西	-0.51	-0.89	0.04	0.22	-0.78	-1.00	0.44	0.79	0.87	0.97	-0.99	-0.21
湖北	-0.23	-0.33	0.56	-0.22	1.00	-0.82	-0.96	0.38	0.91	0.96	0.97	-0.98
湖南	-0.27	-0.28	-0.01	0.25	-0.54	-0.53	-1.00	-0.87	-0.65	-0.64	-0.97	-0.54
重庆	-0.17	-0.58	-0.54	-0.92	-0.90	-1.00	-0.40	-0.77	-0.55	0.90	0.12	-0.99
四川	-0.87	-0.90	-0.90	-0.91	-0.73	-0.69	-0.72	-0.59	-0.33	-0.16	0.13	-0.69
贵州	-0.58	-0.17	-0.35	0.27	0.21	-0.58	-0.40	-0.67	-0.45	-0.24	0.16	-0.28
云南	-0.64	-0.98	-0.74	-0.17	-0.94	0.59	0.32	-0.17	-0.57	0.49	1.00	-0.53
总体	-0.30	-0.41	-0.09	-0.16	-0.10	-0.13	-0.16	-0.08	0.21	0.36	0.21	—

表6-5　2007～2017年长江经济带11省市高质量发展与

绿色发展耦合协调度　　　　　单位:%

年份 省市	2007	2008	2009	2010	2011	2012	2013	2014	2015	2016	2017	均值
上海	0.48	0.74	0.63	0.36	0.30	0.91	0.60	0.43	0.47	0.89	0.79	0.66
江苏	0.93	0.93	0.96	0.92	0.86	0.75	0.48	0.81	0.94	0.94	0.80	0.86
浙江	0.31	0.92	0.67	0.97	0.97	0.86	0.91	0.93	1.00	1.00	0.67	0.99
安徽	0.82	0.90	0.86	0.57	0.39	0.67	0.36	0.85	0.97	0.98	0.37	0.75
江西	0.67	0.88	0.19	0.45	0.84	0.94	0.65	0.88	0.93	0.99	0.98	0.45
湖北	0.46	0.55	0.74	0.46	1.00	0.90	0.97	0.62	0.95	0.98	0.98	0.97
湖南	0.49	0.50	0.11	0.49	0.71	0.70	0.94	0.90	0.78	0.79	0.98	0.71
重庆	0.38	0.71	0.69	0.92	0.90	0.97	0.97	0.86	0.72	0.95	0.34	0.96
四川	0.85	0.87	0.88	0.90	0.79	0.79	0.81	0.74	0.56	0.39	0.35	0.79
贵州	0.65	0.36	0.52	0.47	0.42	0.68	0.57	0.73	0.62	0.46	0.39	0.48
云南	0.72	0.85	0.78	0.39	0.85	0.75	0.55	0.40	0.73	0.69	1.00	0.68
总体	0.62	0.75	0.64	0.63	0.73	0.81	0.71	0.74	0.79	0.82	0.70	0.76

第二节　耦合协调发展的实证分析

一、长江经济带11省市高质量发展与绿色发展水平分析

由表6-1的最后一列可以看出，上海、江苏、浙江3省市的高质量发展水平综合指数较高，分别为261.4%、210.5%和146.1%，除此之外，其他8省市的高质量发展水平综合指数均较低，最低的是贵州，仅为31.8%，各个省市高质量发展水平综合指数的差异显示出了长江经济带11省市内部高质量发展的差异性和不平衡性。但令人可喜的是，2007～2017年，长江经济带11省市各年的高质量发展水平综合指数均值呈现了逐年提高的趋势，由2007年的65.5%提高到了2017年的142.5%，尤其是自2013年以来，高质量发展水平综合指数更是连续提升，均超过了100%，充分显现了长江经济带11省市高质量发展的良好势头。

与此同时，作为高质量发展重要基础的绿色发展，在长江经济带11省市也取得了优良的战绩。由表6-2最后一列可以看出，长江经济带11省市的绿色发展水平较高，均超过了100%，其中最高的是江苏，达到了150.8%，最低的是江西，仍超过了100%，达到了105.1%；由表6-2最后一行也可看出，2007～2017年，长江经济带11省市各年的绿色发展水平值也较高，均超过了100%，其中最高的年份是2012年，为136.9%，最低的年份是2010年，为110.3%。这表明，"探索出一条生态优先、绿色发展新路子"的格局正在长江经济带11省市中全面形成。

二、长江经济带11省市高质量发展与绿色发展关系的分析

这一关系分析可从两方面展开：一是计算相关系数以说明两者相关关系的强弱。本书分别计算了2007～2017年长江经济带高质量发展水平综合指数和绿色发展水平综合指数之间的相关系数以及长江经济带11省市高质量发展水平综合指数和绿色发展水平综合指数之间的相关系数，分别如表6-6和表6-7所示。从中可以看出，其结果并不乐观。表6-6对角线结果显示，2007～2015年，两者的相关系数均不显著，直到2016年和2017年，两者的相关系数值才在0.8以上，呈现出显著相关的特征；表6-7对角线显示，也只有上海、江苏、湖北3省市的相关系数显著，但其值仅在0.61～0.69，是一种中度相关的关系。这一结果表明，促进长江经济带11省市高质量发展和绿色发展的耦合协调发展将任重而道远。二是可通过按绝对值计算每行相关系数的均值和每列相关系数的均值以说明两者之间胁迫效应的状况。其中按绝对值计算每行相关系数的均值——其大小可说明绿色发展对高质量发展的胁迫效应的高低。而按绝对值计算每列相关系数的均值——其大小可说明高质量发展的胁迫效应对绿色发展的高低。其结果分别如表6-6和表6-7的最后一列和最后一行所示。表6-6最后一列结果显示，在2015年以前，绿色发展对高质量发展的胁迫效应并不是很强烈，但在2016年和2017年，绿色发展对高质量发展的胁迫效应则强烈地表现了出来，这应当与长江经济带11省市坚决贯彻习近平总书记站在时代和全局高度所提出的"推动长江经济带发展必须从中华民族长远利益考虑，把修复长江生态环境摆在压倒性位置，共抓大保护、不搞大开发，努力把长江经济带建设成为生态更优美、交通更顺畅、经济更协调、市场更统一、机制更科学的黄金经济带，探索出一条生态优先、绿色发展新路子"的伟大发展战略有关。但也应该看到，高质量发展对绿色发展的胁迫效应还依然较低，2006~2017年，其水平仅在0.26~0.30。不仅如此，从11省市之间的情况看，绿色发展对高质量发展胁迫效应高的（其值在0.60以上）也仅有上海、江苏和云南；高质量发展对绿色发展胁迫效应高的还没有。这也充分显示出长江经济带要真正走出一条高质量发展和绿色发展耦合协调发展之路的复杂性和艰巨性。

表6-6　长江经济带高质量发展水平与绿色发展水平的相关系数（按时间计算）

年份	2007	2008	2009	2010	2011	2012	2013	2014	2015	2016	2017	总体
2007	-0.25	-0.25	-0.28	-0.29	-0.32	-0.30	-0.33	-0.33	-0.32	-0.33	-0.31	0.30
2008	-0.13	-0.12	-0.12	-0.14	-0.17	-0.15	-0.15	-0.18	-0.17	-0.18	-0.18	0.15
2009	0.34	0.33	0.31	0.31	0.25	0.28	0.24	0.23	0.23	0.24	0.28	0.28
2010	0.19	0.19	0.17	0.17	0.16	0.16	0.16	0.19	0.18	0.18	0.17	0.18
2011	-0.04	-0.03	-0.06	-0.07	-0.11	-0.08	-0.11	-0.11	-0.13	-0.13	-0.10	0.09
2012	0.61*	0.59	0.59	0.59	0.57	0.59	0.59	0.57	0.57	0.58	0.57	0.58
2013	0.25	0.21	0.22	0.24	0.23	0.24	0.26	0.25	0.26	0.27	0.25	0.24
2014	0.30	0.28	0.25	0.26	0.27	0.27	0.24	0.29	0.31	0.30	0.34	0.28
2015	0.47	0.45	0.41	0.42	0.41	0.43	0.38	0.44	0.42	0.42	0.46	0.43
2016	0.90**	0.88**	0.88**	0.88**	0.88**	0.88**	0.87**	0.87**	0.88**	0.88**	0.89**	0.88
2017	0.81**	0.81**	0.81**	0.81**	0.82**	0.82**	0.82**	0.83**	0.83**	0.83**	0.81**	0.82
总体	0.28	0.30	0.29	0.29	0.27	0.27	0.27	0.28	0.28	0.28	0.29	—

注：* 表示在0.05水平（双侧）上显著相关；* * 表示在0.01水平（双侧）上显著相关。

表6-7 长江经济带高质量发展水平与绿色发展水平的相关系数（按地区计算）

省市	上海	江苏	浙江	安徽	江西	湖北	湖南	重庆	四川	贵州	云南	总体
上海	0.69*	0.71*	0.71*	0.70*	0.78**	0.61*	0.69*	0.69*	0.73*	0.73*	0.71*	0.70
江苏	0.59	0.67*	0.68*	0.74**	0.70*	0.75**	0.65*	0.71	0.74**	0.73*	0.68*	0.69
浙江	0.51	0.48	0.44	0.41	0.52	0.57	0.39	0.55	0.48	0.39	0.38	0.46
安徽	-0.57	-0.42	-0.38	-0.37	-0.33	-0.44	-0.26	-0.40	-0.37	-0.22	-0.25	0.37
江西	-0.40	-0.26	-0.26	-0.29	-0.22	-0.43	-0.17	-0.35	-0.34	-0.22	-0.15	0.28
湖北	0.54	0.58	0.56	0.51	0.53	0.61*	0.54	0.64*	0.59	0.51	0.52	0.56
湖南	0.46	0.32	0.29	0.22	0.28	0.35	0.26	0.31	0.26	0.15	0.20	0.28
重庆	0.23	0.22	0.18	0.19	0.12	0.22	0.13	0.14	0.10	0.03	0.13	0.15
四川	-0.56	-0.57	-0.60	-0.60	-0.56	-0.43	-0.57	-0.51	-0.61*	-0.62*	-0.62*	0.57
贵州	-0.15	-0.19	-0.21	-0.28	-0.15	-0.06	-0.22	-0.10	-0.13	-0.23	-0.22	0.18
云南	-0.65*	-0.61*	-0.63*	-0.58	-0.59	-0.53	-0.59	-0.60	-0.65*	-0.62*	-0.61*	0.61
总体	0.48	0.46	0.45	0.44	0.43	0.46	0.41	0.46	0.45	0.41	0.41	—

注：*表示在0.05水平（双侧）上显著相关；**表示在0.01水平（双侧）上显著相关。

三、耦合度分析

从表6-3最后一行所显示的2007~2017年耦合度的均值看，其值在0.88~0.98，表现出逐年上升的态势，总体来看，是一直位于高水平耦合阶段。这也意味着长江经济带11省市高质量发展和绿色发展之间彼此形成的相互作用正得到不断有序的发挥，且相互之间的搭配关系程度也日益得到了加强，尤其是2016年和2017年，其均值达到了0.98，显现了"共抓大保护、不搞大开发"的巨大的政策效应。但也要看到，在11省市间其态势却是不尽相同，这可从所绘制的长江经济带11省市耦合度折线图（见图6-1）看出。其态势不同，说明长江经济带11省市高质量发展和绿色发展之间耦合方式的不同，有着自身的耦合特点和轨迹。再从表6-3最后一列所显示的长江经济带11省市耦合度的均值看，除贵州为0.83和云南为0.88低于0.9外，其他9个省市的耦合度均在0.9以上，最高的浙江省则达0.99，其高水平的耦合特征较为明显。这也表明长江经济带11省市自身的高质量发展体系和绿色发展体系之间保持了较强的相互影响的关系。一方面，高质量发展的变化信息能够通过耦合系统较为及时地传导给绿色发展体系；另一方面，绿色发展体系也能根据耦合系统的指令做出相应的调整，为高质量发展提供强大的支撑。随着绿色发展的大力推进，绿色发展体系将更加完备，也必将不断地为高质量发展带来更多的机遇与条件，从而有效地推动高质量发展和绿色发展的耦合协调发展。

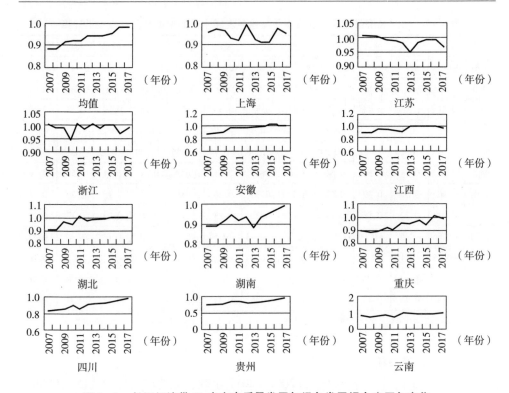

图6-1　长江经济带11省市高质量发展与绿色发展耦合度历年变化

四、耦合协调度分析

一方面，正如前文所述，耦合度分析仅仅反映了高质量发展与绿色发展之间由无序走向有序的趋势，而无法反映出之间所具有的整体功效与协调功效；另一方面，不同时期或不同地区的高质量发展水平和绿色发展水平之间不可能做到完全一致，但是在计算中，二者的耦合度却有可能完全相同，这表明在不同的水平下，高质量发展体系和绿色发展体系都可能或可以实现较好的耦合度，凸显出耦合度的高低与高质量发展和绿色发展水平高低无关的不足。由此决定，仅仅依据耦合度的分析还不够，还需要进行耦合协调度的分析。耦合协调度分析不仅可以有效地反映出高质量发展体系与绿色发展体系所具有的复杂交错、动态变化和水平的不平衡的特性，而且能够全面地反映出高质量发展体系与绿色发展体系两者之间所达到的整体功效与协调功效。

将表6-5的长江经济带11省市高质量发展与绿色发展耦合协调度的值与表3-3的耦合协调度评价标准相对照，可以获得表6-8的结果。

表6-8 2007~2017年长江经济带11省市高质量发展与绿色发展耦合协调等级

年份 省市	2007	2008	2009	2010	2011	2012	2013	2014	2015	2016	2017	总体
上海	濒临 失调	中级 协调	初级 协调	轻度 失调	轻度 失调	优质 协调	初级 协调	濒临 失调	濒临 失调	良好 协调	中级 协调	初级 协调
江苏	优质 协调	优质 协调	优质 协调	优质 协调	良好 协调	中级 协调	濒临 失调	良好 协调	优质 协调	优质 协调	良好 协调	良好 协调
浙江	轻度 失调	优质 协调	初级 协调	优质 协调	优质 协调	良好 协调	优质 协调	优质 协调	优质 协调	优质 协调	初级 协调	优质 协调
安徽	良好 协调	优质 协调	良好 协调	勉强 协调	轻度 失调	初级 协调	濒临 失调	良好 协调	优质 协调	优质 协调	轻度 失调	中级 协调
江西	初级 协调	良好 协调	严重 失调	濒临 失调	良好 协调	优质 协调	初级 协调	良好 协调	优质 协调	优质 协调	优质 协调	濒临 失调
湖北	濒临 失调	勉强 协调	中级 协调	濒临 失调	优质 协调	优质 协调	优质 协调	初级 协调	优质 协调	优质 协调	优质 协调	优质 协调
湖南	濒临 失调	勉强 协调	严重 失调	濒临 失调	中级 协调	中级 协调	优质 协调	优质 协调	中级 协调	中级 协调	优质 协调	中级 协调
重庆	轻度 失调	中级 协调	初级 协调	优质 协调	优质 协调	优质 协调	优质 协调	良好 协调	中级 协调	优质 协调	轻度 失调	优质 协调
四川	良好 协调	良好 协调	良好 协调	优质 协调	中级 协调	中级 协调	良好 协调	中级 协调	勉强 协调	轻度 失调	轻度 失调	中级 协调
贵州	初级 协调	轻度 失调	勉强 协调	濒临 失调	濒临 失调	初级 协调	勉强 协调	中级 协调	初级 协调	濒临 失调	轻度 失调	濒临 失调
云南	中级 协调	良好 协调	中级 协调	轻度 失调	良好 协调	中级 协调	勉强 协调	濒临 失调	中级 协调	初级 协调	优质 协调	初级 协调
总体	初级 协调	中级 协调	初级 协调	初级 协调	中级 协调	良好 协调	中级 协调	中级 协调	中级 协调	良好 协调	中级 协调	中级 协调

从表6-8可以看出：

第一，2007~2017年，长江经济带的11省市在高质量发展和绿色发展的耦合协调方面，可谓是形态各异、形势复杂，10个耦合协调等级中的8个等级都不同程度地出现过。这一方面验证了高质量发展和绿色发展的耦合协调发展过程的复杂交错、动态变化和水平的不平衡性，另一方面也说明了要想真正走出一条高质量发展和绿色发展的耦合协调之路的艰巨。

第二，总体上看，2007～2017年，长江经济带11省市的高质量发展和绿色发展的耦合协调等级处于中级协调层次。但在省市之间却是协调等级层次差异比较明显。在11省市中，浙江、湖北、重庆为优质协调，江苏为良好协调，安徽、湖南、四川为中等协调，上海、云南为初级协调，而江西、贵州则为濒临失调。耦合协调发展差异比较明显，显现出各地高质量发展和绿色发展的耦合协调发展在资源、政策、工作重心等方面的禀赋、特征以及由无序走向有序的着力点等多方面的差异也比较明显。

第三，在同一等级上，各自表现也有所不同。即使在共同表现为优质协调的浙江、湖北、重庆3省市中，其差异也十分明显：浙江的高质量发展与绿色发展综合评价指数（T）为大于0的正值一类，说明其优质协调是一种高质量发展与绿色发展整体水平较高基础上的优质协调；而湖北、重庆则相反，其高质量发展与绿色发展综合评价指数俱为小于0的负值，尽管这两个省市也表现出的是优质协调，但只能说明是一种高质量发展与绿色发展整体水平较低基础上的优质协调。初级协调也表现出类似的情形，上海属于高质量发展与绿色发展整体水平较高基础上的初级协调，云南则属于高质量发展与绿色发展整体水平较低基础上的初级协调。由于安徽、湖南、四川3省份的高质量发展与绿色发展综合评价指数也俱为负值，因此也是高质量发展与绿色发展整体水平较低基础上的中级协调。江西、贵州则为濒临失调，形势显得更为严峻。

第四，上海的协调等级与其拥有的经济地位十分不相符。上海作为经济大市、经济强市，在绿色发展与高质量发展的耦合协调发展方面却表现为初级协调，与上海的经济地位相去甚远。究其原因在于，其高质量发展大大超越了绿色发展，这点可从其高质量发展综合指数高于绿色发展综合指数看出。2007～2017年，最小超出37.7%（2007年），最大超出178.7%（2015年），超出100%的年份共有7个，平均超出121.7%。显然，一味地考虑高质量发展水平，而使绿色发展水平与其相差很大，两者也是很难达到很好的协调的。

总之，长江经济带11省市的高质量发展和绿色发展的耦合协调发展任务艰巨，形势不容乐观。显然，对于这些问题，应引起各方的高度关注。

第三节　耦合协调发展的建议

一、将提高土地利用率和劳动力素质放在首位

根据高质量发展中提高产出效益与绿色发展的作用机理来看，由于我国仍存在着部分土地分配不均和劳动力分配不均的问题，因此，要将两个问题相结合进

行分析，将矛盾的各自特殊性转向共性。

目前，在我国现行的土地利用上出现了一些全新的问题：①土地资源总量还不够清晰。我国的土地利用总体规划数据，是以分辨率约 3 米的遥感卫星拍摄的影像为依据的，共开展了两次调查。在此基础上，构建了我国新一轮的土地利用总体规划（2006~2020 年）数据库，为提高土地利用的有效性提供了保障。但也面临着一个问题，即分辨率约 3 米的遥感卫星拍摄的影像所呈现出的精度还不是那么高，加之其他因素的直接影响，使其准确度进一步降低。在这样的情况下，各类土地资源的利用现状以及相关规划的具体执行情况，就不能真实有效地全面掌握。②土地的利用方式更多还是粗放型的，并没有实现真正意义上的由粗放型到集约型的本质的转变。这主要由在具体制定土地利用的总体规划中，我国很多地区并没有针对土地资源的供应和经济发展内在的需求进行相关关系的探究和分析，规划内容缺乏科学性和前瞻性引起。例如，浙江、河北、江苏、福建、山东等相关地区，近些年来正是因为其经济发展速度过快，直接的结果就导致了新增建设用地指标严重突破具体的规划目标，集约节约土地严重不足。③各地区相关发展战略的实施与土地利用总体规划的矛盾日益严重。现在各地区正处于经济转型的最关键时期，出台了很多各种类型的发展战略，对于各地区的发展起了重要的作用。但不管哪一项战略的推进，都绕不开土地利用的问题。在我国，城乡规划是与土地利用总体规划有着最为紧密联系的法定规划，其中一项重要功能就是在执行过程中针对土地资源要素进行科学合理的配置，在控制城乡空间上，它与国土管理具备一致性。在城乡规划中，用地功能分区"主要是有针对性地结合具体城市的整体发展规划，针对各类用地的具体情况和内在需求来有效明确的"。但在不同类型的规划及上下级的规划之间，又是各自独立形成的，加之目的性和功利性都很强，使得相互之间并不具备严格深入的内在控制联系，所以具体的一些规划往往有着比较大的弹性。更有甚者，在很多环节、很多时候还往往存在着过度变通。一般而言，一个城市的总体规划所明确的城镇用地规模及范围，要比土地利用总体规划的管控方案大出很多。这既有在相关发展战略推进的过程中，土地利用总体规划本身所显露出的不够科学合理的问题，更有各地区不严格执行的问题。也正因为如此，土地利用规划就难以"真正意义上实现用地数量、位置、性质等一系列相关规划的有效衔接"。所以，不断调整土地利用规划，也就成为各级政府需要付出很多精力要去解决的一件大事。但不论怎样，其结果最终导致的都是使耕地保护面临严峻的形势。

从二者的作用机理来看，要使高质量发展对于绿色发展呈现正面耦合机理，则需要通过合理的土地机制和劳动力分配机制来运行。过度利用土地会导致土地资源的加速稀缺；劳动力分配不均会导致产业结构比例失衡或使得短期的摩擦性失业人口增加。因此，需要劳动力的合理分配与土地资源分配相互结合才能完成两者互相协调发展的耦合模式。

对区域的土地进行合理的划分就需要先了解一个特定区域的第一、第二和第三产业所占比重，在保证不使第一、第二产业失衡的前提下，加快产业的转型，给予第三产业企业更多的土地进行发展。在发展第三产业的同时推进高新技术产业的发展，使更多产业朝高质量发展模式去运行。同时，需要对区域的劳动力进行再教育，使第一、第二产业的劳动力在第一、第二产业转型的同时，向第三产业给予后援，这可大大降低摩擦性失业率。在进行再教育的同时，进一步提高劳动者的素质，使其对城市环境与绿色发展的相关概念有进一步的认识和鉴定。对于政府而言，对于各企业的污染排放整治机制进行等级划分，大型企业排放量大，对其划分等级要求高，相应地，中小型企业需要发展，但同时需要进行污染排放治理，对其划分合适的等级，最后将这些划分等级的企业集中，按照产业和排放量相结合的形势对其继续分配相应的土地，最后分配相应的高素质劳动力。

综上所述，要使产出效益提高就需要对劳动者进行再教育，提高劳动者的素质，进一步加深劳动者的绿色发展观念。再有，一方面，要根据各地区实际情况，以及时有效地适应新时代新背景的发展为基本要求，进一步完善和调整土地利用总体规划内容，做到上下结合、横向衔接，从根本上有效推进经济发展和人口、资源、环境互相协调、有机配合，推动高质量发展和绿色发展的耦合协调发展；另一方面，要更加重视土地的集约节约，切实可行地利用科技创新成果提高土地的利用效率，使有限的土地发挥更大的作用。与此同时，也要切实维护土地利用总体规划的严肃性，确保耕地保护的红线不被突破。同时，对各类工厂和企业进行规模和排放等级划分，整合后分配相应的土地再对其分配相应的劳动力，以便逐步向人力分配结合土地资源分配的发展模式迈进。

二、继续加强节能减排的科技创新

加强节能减排，离不开科技创新，离不开自主创新能力的提高。在节能减排过程中，我国企业还是大量地利用国外技术，但由于种种原因，在这一过程中，企业的自主创新能力并没有得到同步提升。我国在自主创新能力方面的不足，已经成为制约节能减排、推动产业结构升级的一大潜在因素。

同时，还需要自主研发本国所需的环境质量检测及管理治理的技术设备，以及在产业链生产的能源消耗领域中进一步地进行技术改革。做到在环境治理的同时不加大能源的消耗，并增加能源二次或多次利用的途径，利用可循环能源来替代不可再生能源的利用。

最后，在增加高新技术产业比重的同时，对这些高新技术产业制定合适的门槛，过低的门槛会导致过多资源的浪费而提高不了生产效率，过高的门槛会导致区域科技创新发展不足。做到绿色发展的节能减排的同时带动高质量发展的科学技术进步，带动区域更多高新技术企业投入科技创新，从而进一步优化城市的整体环境，进一步节能减排，使生产效率高效化、绿色化和多元化。

三、持续推进绿色金融体系的改革发展

随着我国经济增长进入高质量发展的新常态，高能耗引发的环境问题日渐加剧，其制约了我国经济的可持续发展。为了能从根本上改变这种局面，实现绿色、低碳发展，经济增长方式从粗放型转向集约型现已势在必行。近年来，世界各国纷纷提出了绿色发展的时间表，就在 2016 年 G20 峰会上，中国以主席国身份首次强调了绿色金融的重要性，并在 2018 年再次明确指出了绿色金融对可持续发展的意义。

现代社会，金融作为生产活动的润滑剂，是社会资源配置重要的工具，所以，想要绿色发展首先就要建立绿色金融体系，并可以从两方面进行分析探究。其一，从供给侧来讲，绿色金融通过对高耗能、高污染、高危险的"三高"产业作用，将负面外部效应进行内部化，提高其融资的经济和时间成本，切断或缩减金融支持从而抑制其发展。其二，从需求端来讲，通过绿色金融，正外部效应被显著内部化，进而对"三低"项目降低融资成本，形成投资偏好，助力绿色产业发展。可见，绿色金融助力产业转型升级是中国金融未来的发展方向，通过对传统金融体系和生态环境保护的协调统一，绿色金融有望引致新金融业态、新产业形态的出现。

目前我国绿色金融发展成效显著，但仍处于初期起步阶段。政策信号不明确，方法论和指标体系并不完善，金融机构的积极性不高等各种因素，首当其冲的仍是要解决构建绿色金融体系的难题。在此背景下，深入研究绿色金融的发展逻辑和演进路径，提出我国持续推进绿色金融实践的未来发展方向，不仅契合供给侧结构性改革和绿色发展战略，而且对更好地发挥金融在服务实体经济中的作用，以及从根本上实现我国经济的转型升级具有重要的现实意义。

四、继续加大产业开放协调发展力度

在经济新常态的背景下，要使资源配置和经济效益达到最大化，就必须进行合理的产业结构调整。在统筹一个区域第一、第二和第三产业的协调发展的同时，也需要将产业进行开放。

在高质量发展和绿色发展的耦合作用机理的条件下，一个区域需要开放吸收更多的第三产业，且是环境友好型产业，相对于第一、第二产业而言，第三产业，尤其是生产性服务业的比重要大幅上升，以缩小与第二产业之间的比重差距。将第一、第二产业和部分第三产业形成紧密结合的产业链，使得各产业间彼此互通而不是孤立发展，使整个"产业生态"进一步的协调发展。满足发展协

调后，增长质量继续稳步前进，而在第三产业发展的同时，对产业间的污染排放以及废水废气治理方面提供技术支持，并将各个产业的治理环节联合到一起，形成区域间的产业环境治理链，通过将相同的治理问题整合，进行更快更高效的方式进行治理，在不失去增长质量的同时对环境治理作出新一步的改革创新，最后，进一步推进供给侧结构性改革，为产业生产减少不必要的能源消耗。

加强区域之间的产业合作，形成特定区域的特定产业模式，集中管理，使之高效化、规模化生产，同时对集中的产业区域可提高环境治理管理的门槛，进一步优化环境。

五、不断完善对外开放法律体系

2018 年 4 月 10 日，习近平总书记在博鳌亚洲论坛年会开幕式上发表主旨演讲，总结道："实践证明，过去 40 年中国经济发展是在开放条件下取得的，未来中国经济实现高质量发展也必须在更加开放条件下进行。"

如果说，"人口红利"是中国改革开放 40 多年来所取得巨大成就的一大秘诀，那么，也可以说，对外开放是中国崛起的一大法宝。也正因如此，习近平总书记又向世界作出郑重承诺："我要明确告诉大家，中国开放的大门不会关闭，只会越开越大！"

中国开放的大门只会越开越大！这就要求我们要为越开越大的开放提供可靠的保障，而其中法律保障无疑是最为可靠的保障之一。因此，我们要在不断完善对外开放法律体系上做足文章。

首先，是要不断完善扩大市场准入方面的法律体系。所谓扩大市场准入，主要是针对境外资本的开放。必须在充分认证对境外资本开放市场带来好处的同时也可能带来的各种风险的前提下，进一步扩大境外资本在更多领域的市场准入。有必要对外资准入负面清单作进一步的压缩。

其次，是要不断完善对外商投资管理的法律体系。对高污染、高耗能的外商要制定相应的门槛。为使门槛不能太高，要出台相应的环境管理机制，适用于外商投资的各类企业机制，对外商投资的企业进行集中管理，对外商造成的各种环境污染进行集中治理，对外商投资的企业能源消耗进行管控。在保证第一、第二产业类的外商投资比重下提高对高新技术产业的外商的引进，并与国内的高新技术产业向融合适应，取其精华，去其糟粕。这需要加强外商引进的法律体系，制定合理的法律机制，带动区域外商企业的良好发展，从而促进该地区产业的良性循环发展。同时，为吸引更多外商来华投资，制定相应的鼓励机制，从而使其与环境保护的法律机制相适应，避免减少外商投资企业数量。

最后，是要不断完善境外游客的管理机制。对客流量较大的地区进行区间段管理，分流量，避拥堵；对客流量较小的地区进行绿色生态改造，完善绿色城市生态系统体系，吸引更多的外来游客，分散客流量较大的区域，将绿色开放和游客管理相结合，使之协调发展。

总之，"回顾历史，开放合作是增强国际经贸活力的重要动力。立足当今，开放合作是推动世界经济稳定复苏的现实要求；放眼未来，开放合作是促进人类社会不断进步的时代要求"。遵循习近平总书记的指示，我国将在开放合作的大道上越走越宽广。

六、大力推进共享制度的建立健全

面对改革开放40余年所取得的巨大成果，必须让人民有更多的获得感和满足感，高质量发展必须是高质量的共享发展，这就是共享的题中之义。而要实现其目标，就必须大力推进共享制度体系的建立健全。

建立健全共享制度体系，是实现共享的前提条件。制度通常表现为一系列的规范和规则，它构成人们行为的一定的社会条件和社会环境，也为人们在不同范围、开展不同方式的行为奠定了一个相对稳定的行为规则框架。人们可以在这一规则框架内，预见自己和他人的行为结果，有利于增进彼此的合作与信任，从而形成稳定的社会环境。

建立健全共享制度体系，其中的一个重要内容就是所要建立健全的制度一定是一个合理的制度或制度体系。所谓合理的制度是指能够与一定的社会秩序相匹配的制度，如果该制度不能与其社会秩序相匹配，无法在该社会秩序中进行，即使已经获得了很多的物质财富，也难以实现共享；所谓合理的制度也一定是具有道德上的合理性和公正性的制度。制度的公正与否是衡量国家能否实现社会正义的基础性条件，一个道德上不具有合理性和公正性的制度本身就是一个坏制度，造成的必然是更坏的后果，在共享中，只能让共享徒有虚名，徒增烦恼。制度的道德上的合理性和公正性，为维系社会稳定、加强社会认同，进而促进社会发展提供了基础，也使制度得到大多数社会成员在价值观念上的认同和服从，从而形成一条维系制度体系正常运行的纽带的重要力量。

建立健全共享制度体系，其关键在于制度的自觉运行。制度的自觉运行成效如何是检验制度是否合理的重要标准。要保证制度的自觉运行，就要正确地认识和对待个体之间天然所具有的差异性，个体行为中自身思想所主导的分散性，社会资源不足所产生的有限性和思想道德观念、标准不一所引起的多样性，因为只有如此，才能让制度的运行保证自觉；要保证制度的自觉运行，还要充分地发挥制度对共享行为的引导作用，合理而有效地整合各种行为，因为只有如此，方能让制度的运行做到自觉。保证和做到共享制度的自觉运行，就需要建立强有力的机制，主要有两种机制：其一，宣传教育引导机制。要加强共享理念和共享制度的宣传，让更多的社会成员理解共享是什么，共享为什么，共享有什么，怎样才能做到、做好共享，从而让共享深入人心；要加强对广大社会成员的教育活动，深入普及共享的理念及相关制度知识，通过教育和引导民众对共享制度理解的加深，促进共享共识形成的加快，推动共享目标渗透入民众生活的每一个细节当中去，进而使每一个社会成员都能以主角的姿态积极参与到共建共享的制度进程中来。其二，民主协商的协商机制。民主协商是中国民主的重要组成部分，也是中国的独创。通过民主协商，可以让公民更广泛而有序地进行政治参与，只有在民主协商中让公民充分表达自己的愿望、反映诉求，才能真正做到维护民众利益，反过来，公民也才能真正做到自觉服从，进而在和谐层次上实现共享。因此，加快民主政治建设，应将建立公平、开放、多向度的利益表达机制，为不同阶层的群体提供公开、公平、公正表达利益的制度性平台放在重要位置，从而更好地引导人们理性地合理地表达利益诉求，以制度化的方式去解决矛盾，而不是冲突性的方式去化解矛盾。

总之，在共享发展过程中，要将建立健全共享制度体系作为共享发展的一项重要任务来抓，以制度为基础，以制度的自觉运行为手段，以制度运行的成效为检验标准，多方结合，使高质量和绿色发展继续朝正向耦合机理中运行。

第七章

长江经济带绿色高质量发展机制研究

第一节　长江经济带绿色高质量发展机制建设

正如第六章所分析的那样，2007～2017年，长江经济带11省市的高质量发展和绿色发展的耦合协调等级处于中级协调层次。但在各省市之间却是协调等级层次差异比较明显。在11省市中，浙江、湖北、重庆为优质协调，江苏为良好协调，安徽、湖南、四川为中等协调，上海、云南为初级协调，而江西、贵州则为濒临失调。耦合协调发展差异比较明显，显现出各地高质量发展和绿色发展的耦合协调发展的禀赋、特征、无序走向有序的着力点等方面的差异也比较明显。那么，处于整体中等耦合协调且差异较大的长江经济带各省市又该如何向着良好，乃至优质协调的目标迈进呢？这既需要依赖其高质量发展与绿色发展的强大的动力机制的建设，又需要依靠其高质量发展与绿色发展之间完善的协调机制的建设，这是使得两者之间保持和谐协调发展的关键所在。

一、绿色高质量发展的动力机制建设

在长江经济带绿色高质量发展进程中，对于所出现的各种问题，首先要解决其动力不足或失去动力甚至没有动力的问题，即动力机制问题。那么，长江经济带绿色高质量发展的动力机制又是什么呢？又该如何很好地去建立呢？这是关系长江经济带绿色高质量发展的一个重大问题。

（一）绿色高质量发展动力机制的内涵

动力机制是指推动事物发展的力量系统的作用机理及各力量之间相互作用的过程和方式。具体来说，动力机制的含义主要有两个方面：第一，推动事物发展的各动力间的相互作用、相互影响从而形成一个动力系统；第二，这个动力系统同时也会对事物产生作用，推动各事物发展和变化，形成作用机理。

结合长江经济带的高质量发展和绿色发展的耦合协调发展，我们认为长江经济带绿色高质量发展的动力机制就是指为推动长江经济带绿色高质量发展的动力

系统及各动力之间相互作用的过程以及相互作用的方式。具体包含两个部分：一是组成长江经济带绿色高质量发展动力系统的各个要素，二是各个要素之间的作用方式。

对于第一个问题，从长江经济带绿色高质量发展过程看，其动力来源主要集中在五个方面，即技术推动方面、需求拉动方面、政府驱动方面、企业家主动方面和自组织互动方面，其主体要素则是企业、高校、科研机构、政府和创新服务机构等，环境要素则是对耦合协调发展产生直接影响的资源、区位、政策、制度、文化等。

对于第二个问题，实质上就是主体要素和环境要素之间相互作用的方式。其简单结构如图7-1所示。

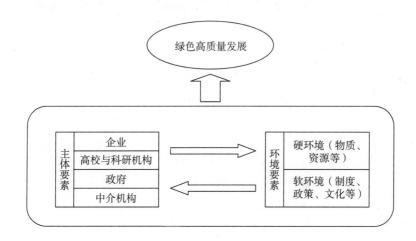

图 7 - 1　绿色高质量发展动力机制

(二) 绿色高质量发展的主体要素

绿色高质量发展的四大主体要素为企业、高校与科研机构、政府及中介机构。这四大要素虽然都能起到推动绿色高质量发展的作用，但是，它们所担任的具体角色是不同的。如表7-1所示，技术创新的主体是企业；科技知识的主要生产者和创新人才的主要培养者是高校和科研机构；知识传播与知识应用的桥梁是中介机构；而政府既是绿色高质量发展的直接参与者，也是通过和制定相关的政策与制度，来引导和规划绿色高质量发展的组织者。

1. 企业

企业是绿色高质量发展中最为重要的主体，它通过生产活动和科技创新活动对绿色高质量发展产生相应的作用。以科技创新为例。企业之所以都竞相进行科学技术创新，其动力就来源于科技创新可以为企业带来先于其他企业超额的利润，

表7－1　各主体从事的主要创新活动

创新主体	主要从事创新的类别
企业	技术创新、市场创新、制度创新、管理创新、文化创新、方法与手段创新
高校与科研机构	知识创新、文化创新、技术创新、人才创新
中介机构	管理创新、市场创新等
政府	管理创新、制度创新、方法与手段创新等

从而能够使企业在激烈的市场竞争中不仅立于不败之地，而且可以保持较强的优势。而就科技创新成果本身而言，也只有进入企业，才能转化为实实在在的产品，才能形成现实的生产力，最终才有可能产生经济效益，进而推动经济与社会的向前发展。

（1）技术创新的主体。企业是技术创新的主体。由企业自主经营、自负盈亏的市场属性所决定，在市场经济中，追求利润最大化构成企业最原始也是最大的动机，正是在这样的动机作用下，企业的技术创新成为推动其发展的最原始动力之一。成功的技术创新，既可以降低企业的生产成本，使企业在保持产品品质不变的情况下能够以较小的单位成本生产出更多的产品，以获取更多的利益，也可以使企业生产出某种新型产品，以市场上该类产品的独一性或先进性获得超额利润。而更多或超额利润的取得，正是企业在激烈的市场竞争中立于不败之地并持续保持优势的动力之所在。也正因为如此，企业在构成全部市场的要素中成为技术创新的最大生产者和需求者。

（2）实施科技成果转化的主体。企业同时也是实施科技成果转化中最为活跃且最具活力的主体。目前，我国科技成果转化的途径主要有三条：一是政府推动；二是科技成果所有者自动；三是市场拉动。实践证明，就其科技成果转化效率来说，无论是政府推动还是科技成果所有者自动，都远远不及市场拉动。之所以如此，就在于政府推动常常是一种自上而下的作用方式，而科技成果所有者自动又常常是目标性不强且被动的作用方式，前者极易形成"抬错轿子"，而后者则极易形成"不知所向"。但市场拉动，其实施的主体是企业，它们作为物质产品的直接生产者与服务的直接提供者，在追求利润最大化的驱使下，需要不断地利用各项科技创新成果来改进原有产品或创造新产品。它们最知道它们自己的薄弱环节在哪里，也最知晓它们自己的需求是什么，因此，在市场机制作用下，它们也能最快、最好地找到所需的科技创新成果。但先决条件是，预期利润要达到一定程度。否则，即使政府推动给它或科技成果所有者自动给它，它也会拒之千里或束之高阁。而当预期利润达到一定程度能符合它的预期，则无论付出多大代价，都能让科技成果顺利地转化。

2. 高校与科研机构

目前，我国的科研机构主要分两类：一类是依靠国家拨付资金的公共研究机构，它们的研究领域主要是集中在基础研究领域和对一国的经济、社会、军事等综合国力具有广泛影响的技术开发领域，该领域的特点具有研究周期长、所需经费巨大等特点；另一类是面向市场的企业化研究机构，它们的研究领域则随市场与客户的具体需求的不同而不同，更多的是为了解决某一具体问题或是解决某一具体难题，其特征是研究周期短、所需经费相对较小。

而高校则是专门培养人才的场所，除此之外，随着经济社会的发展，它们还具有科学研究、社会服务和文化传承的功能。由于国有公共研究机构的功能和高校的功能基本类似，可以将其归为高校一类。而将面向市场的企业化的科研机构视为一个所提供的产品为科研技术的特殊企业，这里所说的科研机构也正是指它。

高校与科研机构的作用主要有：

（1）创新人才培养主体。创新人才是一切创新活动中最宝贵的资源，也是最稀缺的资源。任何创新活动的开展都离不开创新人才的聚集，只有有了高质量的创新人才作为保障，一切创新活动才能顺利展开，才能取得最后和最优秀的科技创新成果。而创新人才需要培养。作为专门培养人才的场所，高校也正因此而生、因此而兴。所以，培养更多的创新人才是高校的第一职能，也是其天职。科技机构创新人才的培养与高校不同，它更多的是通过科研实践培养创新人才。

（2）创新知识培植主体。高校在教学活动中，以知识的加工和再加工培植创新知识；在科研活动中，以理论创新、方法创新培植创新知识；在社会服务活动中，结合企业和社会需要培植创新知识；在文化传承中，依据现代社会实际以汲取传统知识营养培植创新知识。所以，在创新知识的现有体系中，高校不仅是知识创新的主力军，也是知识创新最重要的场所。随着时代的发展、人类文明的进步，不断创新知识的高校所发挥的作用也越来越大。与高校不同的是，科技机构创新知识的培植，更多的是在科研实践中完成的。

（3）创新文化培育主体。创新文化是一个关于创新活动的价值体系。创新人才的培养以及创新知识的培植都离不开创新文化的培育。崇尚创新、敢于创新、善于创新等创新文化的培植和造就正是高校和科研机构在发展过程中的一大特质和重点。

3. 中介机构

中介机构是促进绿色高质量发展的一支不可忽视的重要力量，它是耦合协调发展的润滑剂、绿色发展和高质量发展的助推剂，同时也是构成联系和组织其他耦合协调发展要素的重要桥梁。目前我国主要有以下几种类型的中介机构，它们分别是科技中介服务机构、信息中介服务机构、金融中介服务机构、人才中介服务机构、其他中介服务机构（公关中介服务、管理咨询服务、产业协会）等。各种类型的中介机构主要是从两个方面推动绿色高质量发展：

（1）交易成本降低的主体。中介机构的主要目标在于利用自身的专业优势，根据所服务对象的需求，进行信息的收集与整理，从而制定专业的方案，进而为服务对象提供具有针对性，乃至唯一性的有价值的信息服务。相较于服务对象在市场中自身进行的信息搜寻工作而言，中介机构基于自身专业优势所提供的信息服务往往更有专业性、针对性，也更加全面、更加准确。有了中介机构的参与，企业也能够更加集中力量进行改善经营与科技研发等活动。所以，从价值工程的视角，中介机构参与其中，可以大大降低交易费用。降低交易费用正是大量中介机构得以生存和发展的重要动力之一。

（2）有效资源配置的主体。在推动绿色高质量发展过程中需要大量的资源，无论是大量的资金，还是高素质的人才，充分的信息，以及完善的知识储备缺一不可。就企业而言，现实的情况是，绝大部分的企业都难以同时具备这些资源条件。但是，如果企业有了中介机构的帮助，就可以从企业外部筹集获取企业难以获得的各种资源，从而推动企业的发展。例如，由中介机构为企业提供风险投资，再如由中介机构为企业提供流程再造的创新管理等服务，等等，就能切实帮助企业（特别是处于初创期的企业）解决资金不足和管理不善等方面遇到的问题。

4. 政府

政府既总体规划与管理着绿色高质量发展，又直接参与了绿色高质量发展；因此，政府既是绿色高质量发展的主体，又是绿色高质量发展的对象。角色的多重性必然会导致政府在绿色高质量发展过程中功能的多重性。

（1）耦合协调发展战略制定的主体。绿色高质量发展战略是促进绿色高质量发展的总体谋划，是从根本上决策了绿色高质量发展各个方面的问题。在制定该战略中，政府起着最主要的作用：它们既是绿色高质量发展战略的制定者，又是绿色高质量发展战略的执行者。对于地方政府来说，应当结合国家政策和本地区的经济社会发展状况、科技研究实力以及市场需求等实际，来制定高质量发展和绿色发展的耦合协调的发展战略。其内容主要有：战略制定的总体指导思想，绿色高质量发展的重点、步骤等。

（2）创新主体培育的主体。企业是创新主体。在市场经济条件下，创新主体的培育更多地依靠市场的作用，但也离不开"另外一只手"发挥作用。例如，在科技创新中，政府可以通过制定一系列政策和措施来鼓励和引导各类型企业参与科技创新等活动；同时也可以通过补贴、税收减免等优惠政策，来鼓励和引导企业建立属于自己的科技创新机构与部门、进行产品创新；还可以通过制定强有力的法律制度，来保障企业的创新成果不受侵犯；最后可以通过政策的倾斜，有意识地支持产、学、研之间建立广泛和深入的合作，全面增强企业自主创新能力，同时不断提高利用创新成果的效率。

（3）耦合协调发展网络维护的主体。绿色高质量发展是一项系统工程，其本身就是一个复杂的网络系统，其畅通性、安全性的保障需要依靠各主体要素的尽心维护。而其中政府则是该网络维护的主体，因为只有政府才具有权威性，也只有政府才能把握全局。除此以外，还需要新建立其他的一系列网络，这也需要依靠政府。在一个城市中诸如企业、高校、科研机构、政府与中介等各个耦合协调发展主体之间建立起一个更快捷畅通的网络，达到信息共享的情况下，使各个耦合协调发展主体之间建立起稳定的合作关系，进而全面提升了耦合协调发展效率。

（三）绿色高质量发展的环境要素

绿色高质量发展的环境要素包括硬环境和软环境两个方面，前者是指支撑绿色高质量发展的资源、能源、科技条件、信息条件、人才条件、城市基础条件等物质和资源性的条件；后者则是指包括了法律法规、政策制度以及文化等的耦合协调发展所必需的软环境。

1. 绿色高质量发展的硬环境

完备和良好的资源、能源、科技条件、信息条件、人才条件、城市基础条件等物质与资源性的条件等硬环境有效地保障了绿色高质量发展。通常情况下，一个资源、能源、科技条件、信息条件、人才条件、城市基础条件等物质与资源性的条件等硬环境较好的地方，其进行绿色高质量发展要更顺利些，而与之相反的则是困难重重。所以，要大力开展绿色高质量发展硬环境的改善与提升工作。

资源、能源等条件，对于有些地方是天生的富裕，而对于有些地方则是天然的贫乏。对于前者，一个重要的问题就是要利用好这些资源和能源，不断提升其利用效率，将其转化为促进绿色高质量发展的重要动力；而对于后者，则要积极地发挥国内和国外两个市场的作用，并充分利用自己所具有的优势，吸引更多的资源和能源为我所用，变不利为有利，为促进绿色高质量发展创造更加有利的条件，而不能使之成为制约促进绿色高质量发展的瓶颈。

科技条件、人才条件、信息条件、城市基础条件，同样也具有类似的情况。一方面，要充分利用好现有科技条件、人才条件、信息条件、城市基础条件，将其效用发挥到最大；另一方面，要另辟蹊径，走出一条符合自己实际的科技发展、人才吸引、信息化提升、城市基础设施建设之路，以特色、质量促进绿色高质量发展。要特别防止两种倾向：条件优裕地方的"浪费"倾向和条件贫乏地方的"就这样"倾向。相反，两个地方之间应积极开展合作，在某种程度下，应展开条件优裕地方支援条件贫乏地方的"国内主义"的大支援。在某种情况下，所展开的科技条件、人才条件的"国内主义"的大支援，比经济上的对口合作可能更为重要。

2. 绿色高质量发展的软环境

绿色高质量发展的软环境主要包括法律法规、政策制度和文化环境等方面的内容。一个地区的绿色高质量发展的软环境如何，同样对绿色高质量发展行为有着巨大的影响。

法律法规的重要作用在于保护和打击，保护各主体在绿色高质量发展中应当承担的权责和应当获取的利益，打击在绿色高质量发展中所有的违法行为。因此，一个良好的法律法规环境有利于保证绿色高质量发展的有序进行。

各种政策制度对绿色高质量发展起着更直接的引导作用，如高新技术产业支撑政策、金融政策、产权制度等。没有政策制度的高质量，也就无所谓发展的高质量；政策制度不是绿色的，同样，其发展也不可能是绿色的。因此，绿色高质量发展首先要求一个地方政府的政策制度必须也是耦合协调的政策制度，相反，一个支离破碎、相互矛盾的政策制度对一个地区的发展带来的只能是祸害。

文化氛围对绿色高质量发展的影响也十分重大。只有全社会都形成高质量发展、绿色发展以及两者之间耦合协调发展的共识，其发展才有基础，才能形成同心同德、同向同行的合力，从而促进绿色高质量发展。

总之，无论是硬环境还是软环境，它们都是绿色高质量发展的重要条件，起着促进和保障绿色高质量发展的十分重要的作用。因此，有必要营造一个良好的外部软、硬环境。

（四）绿色高质量发展动力机制的运行模式

1. 各主体要素要各司其职

在绿色高质量发展动力机制的运行中，作为重要的前提条件，就是要求各主体要素——企业、高校与科研机构、中介机构和政府部门等，各司其职，各尽其责，确保运转良好，功能得到有效发挥。根据"木桶理论"，绿色高质量发展动力机制运行水平的高低，将取决于其中"最短的那一块木板"。因此，对于任何主体要素来说，都不能有明显薄弱的地方，否则将会阻碍绿色高质量发展的进展。

2. 各主体要素之间要相互作用

要推动绿色高质量发展，仅依靠企业、高校与科研机构、中介机构和政府部门等主体要素自身的有效运作是不够的，更需要各主体要素之间展开密切的联系与合作，形成相互作用。在市场化高度发达的今天，现实决定了任何一个部门都不可能独立地完成经济与社会事务运作。不同部门相互合作，成为完成某一个任务或目标的重要特征。同样，要推动绿色高质量发展，企业、高校与科研机构、中介机构和政府部门各主体也不能各自为政，只有在密切的合作、相互作用的过程中，才能达成所预定的目标。能否合理对资源进行配置、能否有效地降低投资的风险、能否高质量地提高发展速度、能否最大限度地降低交易成本等问题的科学合理的解决，都将取决于各主体要素之间联系与合作程度的高低。可以说，绿色高质量发展正是在企业、高校与科研机构、中介机构、政府部门的相互配合、相互作用下不断推动前进的。

3. 主体要素与环境要素相互作用

一个经济系统除了系统各要素各司其职、相互作用外，还必须与环境发生各种能量的交换，形成与环境的互动，所以在绿色高质量发展中，不仅要考虑各个主体要素的运作与联系，还要考虑与环境要素的相互联系和作用。一方面，环境要素对主体要素的作为起着制约作用。事实是，一个地区所具有的物质、资源等硬环境，与法律法规、政策制度、文化氛围等软环境又无时无刻不在制约着各主体要素的作为。另一方面，环境要素对各主体要素的作为也起着促进作用，促进各主体要素在环境要素约束下，改变现有发展方式，改变现有管理方式，以创新驱动新发展；促进各主体要素不满足于现有硬环境、软环境，居安思危，以自己的行动和作为发展硬环境和软环境，这也就是人们常说的对资源、能源、科技条件、信息条件、人才条件、城市基础条件等物质与资源性的条件等硬环境和对法律法规、政策制度与文化氛围等软环境所产生的反作用。总之，绿色高质量发展需要在各主体要素与环境要素之间形成相互作用，只有如此，才能使绿色高质量发展动力机制的运行得以不断顺利进行。

根据以上分析我们可以大致描绘出绿色高质量发展动力机制的运行模式（见图 7-2）：

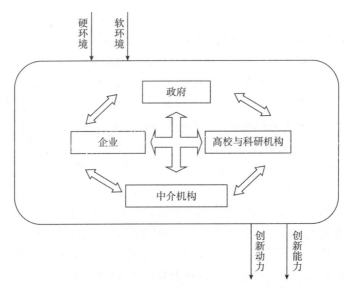

图 7-2 绿色高质量发展动力机制的运行模式

二、绿色高质量发展的协调机制建设

（一）绿色高质量发展协调机制的内涵

1. 协调

协调在汉语中的解释是搭配得适当或配合得适当。如果将绿色高质量发展作为一个系统看待，协调就是正确处理好这一系统内外的各种关系，为系统的正常运转创造良好的条件和环境，以促进绿色高质量发展这一目标的实现。

由于协调存在程度上的差异，可分为失调、低度协调、中度协调、良好协调、优质协调等属于不同层级的协调。

2. 机制

对于一个系统，机制是指系统内各要素之间的结构关系、系统与环境的关系的作用方式以及保证作用方式实施的运行方式。

3. 协调机制

由上述关于协调和机制的含义所决定，协调机制则是指以系统各要素之间的结构关系、系统与环境的关系处于某种协调层级为目标的正确处理好这些关系的作用方式以及保证这些作用方式能够实施的运行方式。

其结构如图 7－3 所示：

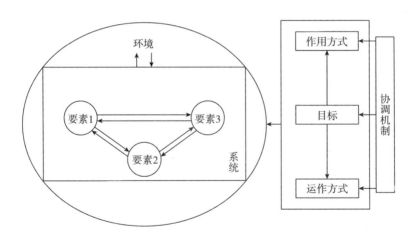

图 7－3　协调机制结构

所以，协调机制应具有三个基本特征：

（1）目标性。一定是以系统各要素之间的结构关系、系统与环境的关系处于某种协调层级为目标的协调。

（2）作用方式的特殊性。系统各要素之间的结构关系、系统与环境的关系处于何种状态，是有其作用方式施之于作用后而形成的。不同的作用方式会形成不同的系统各要素之间的结构关系和系统与环境的关系。之所以如此，是由作用方式的特殊性造成的，比如一个地区低度协调，则是由该地区属于低度协调的作用方式作用后而形成的结果，而另一个地区是良好协调，则是由该地区属于良好协调的作用方式作用后而形成的结果。

（3）运行方式的针对性。由于协调有失调、低度协调、中度协调、良好协调、优质协调等层级之别，所以其协调的目标则应是由低层级协调向高层级协调的协调，这就要求协调机制的运行方式也就是与保证该目标实现相匹配、相适应的运行方式，而不是脱离该目标而与之不相匹配、不相适应的运行方式，这也就使得运行方式具有了针对性的特征。

（二）绿色高质量发展协调机制的建立

1. 要建立对接协调机制

之所以要建立对接协调机制，其原因在于在绿色高质量发展进程中，各部门、各行业之间对总体目标、战略目标缺乏全局性的认识，信息沟通渠道不畅，对于各自的利益总是打着自己的小算盘，涉及各地方政府之间的事情，又总是缺乏有效的会商，其结果使得协调不力、效率不高、结果不理想。所以，为达成绿色高质量发展目标的实现，实施更加主动开放的战略，其中很重要的一点就是创新体制机制，形成与绿色高质量发展相适应相匹配的各部门、各行业、各政府之间的对接协调机制。

一要建立规划对接机制，加强规划对接，以高水平规划引领绿色高质量发展。规划起着总揽全局的作用。在一个地方政府内部，其所属的各部门、各行业要对标政府所制定的各种规划，以政府总规划修订部门各个规划，使之政府元素更加充分，政府意图更加突出，促进总规划和部门、行业规划的有机衔接和协调；整个长江经济带11省市的规划都要对标国家所制定的《长江经济带发展规划纲要》，以此为统领制定省市规划、部门规划、行业规划，促进《长江经济带发展规划纲要》与省市规划的全面对接。不仅限于此，在11省市之间，其规划也要形成相应的对接。没有规划的对接，也就不会有发展的协调。

二要建立利益对接机制，加强利益对接，以高效益有效平衡各方利益促进绿色高质量发展。所谓高效益，对于参与协调的各方的理解可能会有所不同。比如，在与上海的合作中，上海可能更多地表现为合作、投入中的高收益，而对于其他省份、地市，可能更多地表现为合作、投入中的高发展。只要各方各取所需而各美其美，就能使各方的利益达到平衡。如果连利益都不能得到协调，那么其协调的基础也将会失去。所以，建立利益对接机制，让各方各取所需而各美其美，应成为绿色高质量发展中贯彻始终的一个重要法则。

三要建立信息对接机制，加强信息对接，以高标准信息加快绿色高质量发展。切实在公共数据的信息化系统接口、数据标准、传输协议，公共服务的异地申请、异地办理、异地反馈，信用的跨区联合惩罚等方面形成有效对接，全面推动信息共享。

四要建立土地空间对接机制，加强土地供给、保障对接，以高嵌入形成"飞地"方式推动绿色高质量发展。要积极探索上海在各地建立存量和增量工业、科技项目用地供给、保障的体制机制，以打造上海产业、科技"飞地"为深度合作切入口，形成上海布局一批重大科技项目的各地实验区、建设一批技术研究和转化平台的各地示范区、深化完善一张共享共用科创资源网络的各地实践样本区，从而打响上海各地品牌，并使之成为各地高质量发展的重要引擎。

五要建立政府对接机制，加强各级政府、各职能部门间的对接，以高紧密的政府关系保障绿色高质量发展。要加强各层级之间的互访互往，密切相互之间的私人关系和工作关系，以此推动在决策层，能形成固定的议事机构，负责协商出台指导两地对接的政治性文件；在协调（对接）层，成立类似于市际合作协调（对接）委员会的机构，并在其内部建立直接向最高决策层负责的合作（对接）事项执行监督反馈机构；在执行层，在市际合作（对接）协调委员会下设若干对接合作专题执行委员会，专业负责具体对接事宜。

此外，还可通过市场机制的作用，在微观层面寻求对接的突破：一是利用分布在各地的央企、一些较有实力的国有企业、民企和专业的公司化运作的招商机构，建立相应的对接合作机制；二是积极发挥非官方组织在对接协调机制建立中的作用；三是积极鼓励更多的社会民间力量投入对接领域。

2. 要建立工作协调机制

之所以要建立工作协调机制，是因为所有的目标都是通过一项一项工作的完成而得以实现的。在绿色高质量发展进程中也不例外。由此决定，每一项工作效率如何、每一项工作质量如何，都事关目标达成的效率和质量。建立工作协调机制，是确保每一项工作按时按质完成的重要手段。

（1）定期会商。既包括系统内各部门、各行业、各单位的定期会商，也包括系统外相关部门、相关行业、相关单位的定期会商；既包括具有纵向上下级关系的各部门、各行业、各单位的定期会商，也包括具有横向联系的相关部门、相关行业、相关单位的定期会商。其形式又可以是按月召开的碰头会、按季召开的联席会议等。

（2）专题会商。根据工作需要不定期召开会议，研究专项工作推进中出现的突出问题。

（3）督促指导。督促指导各部门、各行业、各单位围绕相关文件确定的主要任务和政策措施，加大工作落实力度。

3. 要建立重大问题解决机制

对于事关全局、影响面广、易引起社会及对未来引起重大影响的问题，要建立重大问题解决机制。因为只有这些牵一发而动全身的重大问题解决了，其他的问题才能迎刃而解。

三、绿色高质量发展的保障机制建设

绿色高质量发展不可能自行产生，除了需要一系列一定的物质条件保障外，还需要在一整套相对完善的保障机制下才能实现。所以，也要不断加强绿色高质量发展的保障机制建设。

建立健全绿色高质量发展的保障机制需要各类主体要素即企业、高校与科研机构、中介机构、政府以及全社会的共同努力。绿色高质量发展的保障机制结构如图7-4所示。

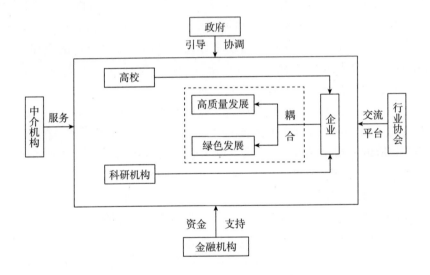

图7-4 保障机制结构

绿色高质量发展的保障机制具体包括：

（一）信任保障机制

绿色高质量发展需要在各合作主体间建立信任保障机制，让各主体的协调建立在充分信任的基础上。实践证明，在绿色高质量发展中，只有各主体彼此间建立并具备较高的诚信水平，才能使各主体彼此间达到信息共享，才可以使各主体彼此间更愿意进行沟通和交流，再付之行动以不断推进相互之间的协同、协调。其中一个较好的做法就是在协调之前，有必要对各主体彼此间的责任及利益需求进行明确界定，如果有涉及保密的信息，必须完善对其的保护措施。

（二）宏观政策保障体制

1. 法律保障机制

完善的法律保障机制可为绿色高质量发展提供良好的发展环境。各级地方政府应继续完善绿色发展与高质量发展紧密相关的各类法律法规和具体实施细则，使政府在绿色发展与高质量发展中真正实现制度化和常规化，以法律法规保证各项工作的有效开展。

2. 政策保障机制

要继续完善绿色发展与高质量发展所需的产业政策、人才政策、科技政策等；要进一步加强统筹协调，以完备的集中的系统的政策体系的形成加以保障；要加大各类政策的宣传力度，形成推进各类优良政策落实到位的强大合力。

（三）高校、科研机构保障机制

高校、科研机构是绿色高质量发展中重要的主体之一。它们所拥有的科研资源、人才、成果也是促进绿色高质量发展的重要资源。因此，如何切实保障高校、科研机构的利益，调动它们的积极性，也就成为事关绿色高质量发展到什么程度的重要因素。因此，要十分重视高校、科研机构保障机制的建立和健全。高校、科研机构保障机制主要有：

1. 科研资源流动保障机制

各级政府应积极鼓励和引导高校、科研机构的非人力资源以及人力资源的流动，特别是要继续建立健全相关政策，让一部分教师、科技人员在高等院校、科研机构与企业之间的双向流动和互动实质性地开展起来；让高校、科研机构的教师、科研人员携带科技成果或者有效专利创办科技型企业创办起来；以个人股份入股科技型企业入股起来；鼓励高等院校、科研机构与企业多方联动，建设人才"教育—培训—生产"基地，并以其双方都能在其中获得长远利益为保障建立长期合作关系，促进各方人力资源的交流与合作；以"企业设立大学奖学金、企业委托培养人才、校企联合培养"模式联合培养研究生等企业急需的高级专门人才。

2. 成果转化保障机制

只有将科技成果市场化、产业化，才能真正促进生产力的发展。所以，大力推动科技成果转化，是创新发展和高质量发展的必然要求。除了高校、科研机构应主动积极地加强科技成果转化外，各级政府还要为其提供可靠的保障机制：一是科技成果政府发布机制。政府可定期不定期地召开科技成果信息发布会、科技成果信息交流会、科技成果博览会等，对高校、科研机构的科技成果进行发布和介绍，便于与企业进行交流和向其转化。二是科技成果政府推荐机制。以科技服务载体、技术转移中心等为平台，政府可定向不定向地向企业负责推荐高校、科研机构的科技成果。三是科技成果政府购买机制。对于确实能对地方产业起到实质性推动的高等院校、科研机构的科技成果，可通过政府购买的方式加以购买，并交由对应的企业具体实施。四是科技成果政府保险机制。一方面，政府要同金融机构加强合作，二者共同设立成果转化风险的投资资金，降低成果转化参与方的责任风险；另一方面，政府要与企业加强合作设立"成果转化基金"，让更多的科技成果拥有者得到资金的支持。

（四）人才保障机制

人才是第一资源。无论是产业的竞争，还是科技的竞争，归根结底都是人才的竞争。由此决定，必须建立健全人才保障机制，使人才得到充分的发展。

1. 人才引进保障机制

在人才引进方面，目前，各级政府都制订了切实可行的人才引进计划，如在常州，有"龙城英才计划"等。但这只是人才引进的一部分，除此之外，各级政府还要在高等院校、科研机构的人才引进上给予大力的支持。高等院校、科研机构引进的人才不只是高等院校、科研机构的，它还是各级政府的人才，最终是为这一地方的产业、企业服务的。所以，各级政府有必要采取特殊政策在资金、政策等方面给予高等院校、科研机构人才引进上更大的支持。当然，高等院校、科研机构也应主动作为，充分利用各级政府提供的人才扶持政策，借助政府搭建的引才平台，争取各类人才基金支持，从而获得更多的人才。

2. 人才发展保障机制

对于青年科技人才，不仅要使用，还要做好人才培养工作，使其具有发展后劲。政府、高等院校、科研机构等应构建系统的青年科技人才培养体系，不仅要鼓励他们参加各种学术交流活动，引导其密切关注最新科技动态，而且要充分发挥高层次科技人才的经验优势，采取"扶、帮、带"在岗培训培养方式，加强对青年科技人才的培训培养，不断提升他们的创新能力，促进青年科技人才迅速成长起来。

3. 人才激励保障机制

在人才激励方面，一方面要形成尊重知识、尊重人才和鼓励创新的氛围，另一方面也要为各类人才提供优厚的工作条件和生活待遇，尤其是要提供宽松、自由的工作环境，再者还需重视对各类人才的精神奖励，重视对其能力、科研成果和杰出贡献的及时认可和褒奖，使得他们能够实现"科研成果得到社会重视和认可，通过科研实现自身人生价值"的科研梦。

（五）平台服务保障机制

公共服务平台最大的作用在于能降低主体之间各种交易成本，使各主体的资源利用效率提高，有利于协同创新组合的竞争力的形成。为此，政府要以大学科技园、科技企业孵化器、协同创新中心、协同创新网站等公共服务平台建设为抓手，构建以区域为核心、以网络空间为辅助平台的公共平台服务体系，以切实保障诸如信息咨询、接洽合作、监督、跟踪等一系列服务贯穿于整个绿色高质量发展的服务过程。

（六）资金保障机制

各级政府要确保中介机构、行业协会及相关社团组织在绿色高质量发展服务过程中资金的落实到位；要确保各部门、各单位工作资金的落实到位；要确保重大项目建设资金的落实到位；等等。没有相应资金的落实到位，无异于是画饼充饥，其结果也只能是水中捞月。

（七）组织、监督、考核保障机制

要确保绿色高质量发展，还需要组织、监督、考核等保障机制以及完善可操作的推进保障方案。

1. 组织的保障机制

可成立绿色高质量发展领导小组，下设市际合作协调（对接）委员会。一定要利用高层组织的权威性来确保绿色高质量发展。

2. 清单的保障机制

清单包括绿色高质量发展的任务清单、权责清单、负面清单等。要建立起绿色高质量发展的清单体系，明确其标准动作和自选动作。一定要利用清单管理的严肃性和强制性来确保绿色高质量发展。

3. 监督的保障机制

要建立动态监督机制，动态管理任务清单、权责清单、负面清单等并及时更新上述清单。一定要利用动态监督机制的适时性来强化绿色高质量发展的跟踪问效，确保各项目标的达成。

4. 考核的保障机制

要把绿色高质量发展的有关工作纳入政府和个人的考核范畴，优化激励考核办法。一定要利用考核的导向性和考核结果运用的有效性来确保绿色高质量发展相关措施的落实落地。

第二节　长江经济带绿色高质量发展机制的调整

一、长江经济带绿色高质量发展机制调整的基点

为研究方便，我们对第六章中的表 6 – 5 和表 6 – 8 重新进行了归类，并以各省市 2007 ~ 2017 年耦合协调度的平均值以及与此所对应的耦合协调等级作为机

制调整的基点，形成表 7 - 2。

表 7 - 2　2017 年长江经济带 11 省市绿色发展和高质量发展
耦合协调度和耦合协调等级

省市	耦合协调度	耦合协调等级
上海	0.66	初级协调
江苏	0.86	良好协调
浙江	0.99	优质协调
安徽	0.75	中级协调
江西	0.45	濒临失调
湖北	0.97	优质协调
湖南	0.71	中级协调
重庆	0.96	优质协调
四川	0.79	中级协调
贵州	0.48	濒临失调
云南	0.68	初级协调

显然，表 7 - 2 所显示的结果离长江经济带 11 省市真正走上绿色高质量发展之路还有着很大的差距，其绿色高质量发展可谓是任重而道远，还需要大力进行机制的调整。

二、长江经济带绿色高质量机制调整的初期目标

根据长江经济带 11 省市 2007～2017 年耦合协调度均值以及与此对应的耦合协调等级情况，将长江经济带 11 省市绿色高质量发展机制调整的初期目标分为三种情况：第一种情况是耦合协调等级在初级协调以上优质协调以下的，遵循渐进原则，将机制调整的初期目标仅定为由其所在协调等级向其上一层级机制调整，如上海的耦合协调等级为初级协调，则其机制调整的初期目标就定为上一级即中级协调；第二种情况是耦合协调等级已达优质协调的，遵循优化原则，如浙江，则其机制调整的初期目标定为进一步优化；第三种情况是耦合协调等级在初级协调以下的，遵循达标原则，如江西、贵州是濒临失调，则其机制调整的初期目标就定为初级协调。与此同时，考虑到耦合协调度是一个用上下限表示的区间数，所以对于作为机制调整的初期目标之一的耦合协调度就一律取其组中值，而已达到优质协调的，其耦合度则直接取上限为 1。长江经济带 11 省市绿色高质量发展机制调整的初期目标如表 7 - 3 所示。

表 7 - 3   2017 年长江经济带 11 省市绿色高质量发展
机制调整的初期目标

省市	耦合协调度调整的初期目标	耦合协调等级调整的初期目标
上海	0.75	中级协调
江苏	0.95	优质协调
浙江	1.00	进一步优化
安徽	0.85	良好协调
江西	0.65	初级协调
湖北	1.00	进一步优化
湖南	0.85	良好协调
重庆	1.00	进一步优化
四川	0.85	良好协调
贵州	0.65	初级协调
云南	0.75	中级协调

三、长江经济带绿色高质量发展机制调整模型

（一）机制调整模型的构建

设耦合协调度 C 的增长率为 $\dfrac{\Delta C}{C}$，耦合度 C_{XY} 的增长率为 $\dfrac{\Delta C_{XY}}{C_{XY}}$，综合评价指数 T 的增长率为 $\dfrac{\Delta T}{T}$。

对公式 $C = (C_{XY} \times T)^{\theta}$ 两边取对数，则有：

$\ln C = \theta (\ln C_{XY} + \ln T)$

对上式求时间（t）微分：

$$\frac{\partial \ln C}{\partial t} = \frac{\partial \theta (\ln C_{XY} + \ln T)}{\partial t} = \theta \left(\frac{\partial \ln C_{XY}}{\partial t} + \frac{\partial \ln T}{\partial t} \right)$$

而 $\dfrac{\partial \ln C}{\partial t} = \dfrac{\partial \ln C}{\partial C} \dfrac{\partial C}{\partial t} = \dfrac{\dfrac{\partial C}{\partial t}}{C} = \dfrac{\Delta C}{C}$

$$\frac{\partial \ln C_{XY}}{\partial t} = \frac{\partial \ln C_{XY}}{\partial C_{XY}} \frac{\partial C_{XY}}{\partial t} = \frac{\dfrac{\partial C_{XY}}{\partial t}}{C_{XY}} = \frac{\Delta C_{XY}}{C_{XY}}$$

$$\frac{\partial \ln T}{\partial t} = \frac{\partial \ln T}{\partial T} \frac{\partial T}{\partial t} = \frac{\partial T / \partial t}{T} = \frac{\Delta T}{T}$$

所以有：

$$\frac{\Delta C}{C} = \theta \frac{\Delta C_{XY}}{C_{XY}} + \theta \frac{\Delta T}{T}$$

又有：

$$\frac{\Delta C_{XY}}{C_{XY}} = \frac{1}{\theta} \frac{\Delta C}{C} - \frac{\Delta T}{T}$$

在实践中，我们总是希望$\frac{\Delta C_{XY}}{C_{XY}}$越大越好，其越大表明耦合度越高，耦合协调等级越高。因此，取最大值，即有：意味着耦合协调。

$$\max\left(\frac{\Delta C_{XY}}{C_{XY}}\right) = \frac{1}{\theta} \frac{\Delta C}{C} - \frac{\Delta T}{T} \tag{8-1}$$

而 $T = \dfrac{2(X-100)(Y-100)}{(X-100)^2 + (Y-100)^2}$

两边取对数，则有：

$$\ln T = \ln\left(\frac{2(X-100)(Y-100)}{(X-100)^2 + (Y-100)^2}\right) = \ln(2(X-100)(Y-100)) - \ln((X-100)^2 + (Y-100)^2) = (\ln 2 + \ln(X-100) + \ln(Y-100)) - \ln((X-100)^2 + (Y-100)^2)$$

对上式求时间(t)微分：

$$\frac{\partial \ln T}{\partial t} = \frac{\partial \ln 2}{\partial t} + \frac{\partial \ln(X-100)}{\partial t} + \frac{\partial \ln(Y-100)}{\partial t} - \frac{\partial \ln((X-100)^2 + (Y-100)^2)}{\partial t}$$

$$= \frac{\partial \ln(X-100)}{\partial X} \frac{\partial X}{\partial t} + \frac{\partial \ln(Y-100)}{\partial t} \frac{\partial Y}{\partial t} -$$

$$\left(\frac{\partial \ln((X-100)^2 + (Y-100)^2)}{\partial X} \frac{\partial X}{\partial t} + \frac{\partial \ln((X-100)^2 + (Y-100)^2)}{\partial Y} \frac{\partial Y}{\partial t}\right)$$

$$= \frac{\partial X/\partial t}{X} + \frac{\partial Y/\partial t}{Y} - \left(\frac{1}{(X-100)^2}(2(X-100))\frac{\partial X}{\partial t} + \frac{1}{(Y-100)^2}(2(Y-100))\frac{\partial Y}{\partial t}\right)$$

$$= \frac{\partial X/\partial t}{X} + \frac{\partial Y/\partial t}{Y} - \left(\frac{2\partial X/\partial t}{X-100} + \frac{2\partial Y/\partial t}{Y-100}\right)$$

$$= \frac{\partial X/\partial t}{X} + \frac{\partial Y/\partial t}{Y} - \left(\frac{2X}{X-100}\frac{\partial X/\partial t}{X} + \frac{2Y}{Y-100}\frac{\partial Y/\partial t}{Y}\right)$$

$$= \frac{\partial X/\partial t}{X} + \frac{\partial Y/\partial t}{Y} - \left(\frac{2X}{X-100}\frac{\partial X/\partial t}{X} - \frac{2Y}{Y-100}\frac{\partial Y/\partial t}{Y}\right)$$

而$\dfrac{\partial \ln T}{\partial t} = \dfrac{\partial \ln T}{\partial T}\dfrac{\partial T}{\partial t} = \dfrac{\partial T/\partial t}{T} = \dfrac{\Delta T}{T}$

则有：

$$\frac{\Delta T}{T} = \frac{\Delta X}{X} + \frac{\Delta Y}{Y} - \frac{2X}{X-100}\frac{\Delta X}{X} - \frac{2Y}{Y-100}\frac{\Delta Y}{Y})$$

$$= \left(1 - \frac{2X}{X-100}\right)\frac{\Delta X}{X} + \left(1 - \frac{2Y}{Y-100}\right)\frac{\Delta Y}{Y} \qquad (8-2)$$

在本书中，$\frac{\Delta X}{X}$、$\frac{\Delta Y}{Y}$分别为长江经济带绿色发展水平综合指数的增长率和长江经济带高质量发展水平综合指数的增长率。

可见综合评价指数 T 的增长率 $\left(\frac{\Delta T}{T}\right)$ 是关于 $\frac{\Delta X}{X}$、$\frac{\Delta Y}{Y}$ 的加权算术平均数，一般地，要求：

$$\left(1 - \frac{2X}{X-100}\right) + \left(1 - \frac{2Y}{Y-100}\right) = 1$$

也即：

$$\frac{2X}{X-100} + \frac{2Y}{Y-100} = 1 \qquad (8-3)$$

之于 $\frac{\Delta X}{X}$ 和 $\frac{\Delta Y}{Y}$，可视情况而定：

如果长江经济带绿色发展水平综合指数 2007～2017 年的平均增长率或长江经济带高质量发展水平综合指数 2007～2017 年的平均增长率不是小于等于 0，则可按不低于 2007～2017 年的平均增长率增长，即：

$$\frac{\Delta X}{X} \geqslant \sqrt[11]{\frac{X_{2017}}{X_{2007}}} \qquad (8-4)$$

$$\frac{\Delta Y}{Y} \geqslant \sqrt[11]{\frac{Y_{2017}}{Y_{2007}}} \qquad (8-5)$$

如果长江经济带绿色发展水平综合指数 2007～2017 年的平均增长率或长江经济带高质量发展水平综合指数 2007～2017 年的平均增长率小于等于 0，则可按不低于前年国民经济增长率增长，即：

$$\frac{\Delta X}{X} \geqslant g$$

$$\frac{\Delta Y}{Y} \geqslant g$$

式中，g 为国民经济增长率。

其他需要满足的则有：

$$X \geqslant 0, \quad Y \geqslant 0, \quad \frac{\Delta X}{X} \geqslant 0, \quad \frac{\Delta Y}{Y} \geqslant 0$$

综上所述，则机制调整模型为：

$$\max\left(\frac{\Delta C_{XY}}{C_{XY}}\right) = \frac{1}{\theta}\frac{\Delta C}{C} - \frac{\Delta T}{T} = \frac{1}{\theta}\frac{\Delta C}{C} - \left(1 - \frac{2X}{X-100}\right)\frac{\Delta X}{X} - \left(1 - \frac{2Y}{Y-100}\right)\frac{\Delta Y}{Y}$$

$$s.\,t.\begin{cases} \dfrac{2X}{X-100} + \dfrac{2Y}{Y-100} = 1 \\[3mm] \dfrac{\Delta X}{X} \geqslant \sqrt[11]{\dfrac{X_{2017}}{X_{2007}}} \ (\text{或}\ g) \\[3mm] \dfrac{\Delta Y}{Y} \geqslant \sqrt[11]{\dfrac{Y_{2017}}{Y_{2007}}} \ (\text{或}\ g) \\[2mm] X \geqslant 0 \\[1mm] Y \geqslant 0 \\[2mm] \dfrac{\Delta X}{X} \geqslant 0 \\[3mm] \dfrac{\Delta Y}{Y} \geqslant 0 \end{cases}$$

(二) 长江经济带 11 省市机制调整模型

1. 上海

模型为:

$$\max\left(\frac{\Delta C_{XY}}{C_{XY}}\right) = 6.82 - \left(1 - \frac{2X}{X-100}\right)\frac{\Delta X}{X} - \left(1 - \frac{2Y}{Y-100}\right)\frac{\Delta Y}{Y}$$

$$s.\,t.\begin{cases} \dfrac{2X}{X-100} + \dfrac{2Y}{Y-100} = 1 \\[3mm] \dfrac{\Delta X}{X} \geqslant 6.74 \\[3mm] \dfrac{\Delta Y}{Y} \geqslant 6.79 \\[2mm] X \geqslant 0 \\[1mm] Y \geqslant 0 \\[2mm] \dfrac{\Delta X}{X} \geqslant 0 \\[3mm] \dfrac{\Delta Y}{Y} \geqslant 0 \end{cases}$$

2. 江苏

模型为:

$$\max\left(\frac{\Delta C_{XY}}{C_{XY}}\right) = 5.23 - \left(1 - \frac{2X}{X-100}\right)\frac{\Delta X}{X} - \left(1 - \frac{2Y}{Y-100}\right)\frac{\Delta Y}{Y}$$

$$s.t. \begin{cases} \dfrac{2X}{X-100} + \dfrac{2Y}{Y-100} = 1 \\[3mm] \dfrac{\Delta X}{X} \geqslant 2.83 \\[3mm] \dfrac{\Delta Y}{Y} \geqslant 6.44 \\[3mm] X \geqslant 0 \\[3mm] Y \geqslant 0 \\[3mm] \dfrac{\Delta X}{X} \geqslant 0 \\[3mm] \dfrac{\Delta Y}{Y} \geqslant 0 \end{cases}$$

3. 浙江

模型为：

$$\max\left(\dfrac{\Delta C_{XY}}{C_{XY}}\right) = 0.51 - \left(1 - \dfrac{2X}{X-100}\right)\dfrac{\Delta X}{X} - \left(1 - \dfrac{2Y}{Y-100}\right)\dfrac{\Delta Y}{Y}$$

$$s.t. \begin{cases} \dfrac{2X}{X-100} + \dfrac{2Y}{Y-100} = 1 \\[3mm] \dfrac{\Delta X}{X} \geqslant 1.04 \\[3mm] \dfrac{\Delta Y}{Y} \geqslant 7.13 \\[3mm] X \geqslant 0 \\[3mm] Y \geqslant 0 \\[3mm] \dfrac{\Delta X}{X} \geqslant 0 \\[3mm] \dfrac{\Delta Y}{Y} \geqslant 0 \end{cases}$$

4. 安徽

模型为：

$$\max\left(\dfrac{\Delta C_{XY}}{C_{XY}}\right) = 6.67 - \left(1 - \dfrac{2X}{X-100}\right)\dfrac{\Delta X}{X} - \left(1 - \dfrac{2Y}{Y-100}\right)\dfrac{\Delta Y}{Y}$$

$$s.t. \begin{cases} \dfrac{2X}{X-100} + \dfrac{2Y}{Y-100} = 1 \\[2mm] \dfrac{\Delta X}{X} \geqslant 8.02 \\[2mm] \dfrac{\Delta Y}{Y} \geqslant 8.96 \\[2mm] X \geqslant 0 \\[2mm] Y \geqslant 0 \\[2mm] \dfrac{\Delta X}{X} \geqslant 0 \\[2mm] \dfrac{\Delta Y}{Y} \geqslant 0 \end{cases}$$

5. 江西

模型为：

$$\max \left(\frac{\Delta C_{XY}}{C_{XY}} \right) = 22.22 - \left(1 - \frac{2X}{X-100} \right) \frac{\Delta X}{X} - \left(1 - \frac{2Y}{Y-100} \right) \frac{\Delta Y}{Y}$$

$$s.t. \begin{cases} \dfrac{2X}{X-100} + \dfrac{2Y}{Y-100} = 1 \\[2mm] \dfrac{\Delta X}{X} \geqslant 0.63 \\[2mm] \dfrac{\Delta Y}{Y} \geqslant 5.70 \\[2mm] X \geqslant 0 \\[2mm] Y \geqslant 0 \\[2mm] \dfrac{\Delta X}{X} \geqslant 0 \\[2mm] \dfrac{\Delta Y}{Y} \geqslant 0 \end{cases}$$

6. 湖北

模型为：

$$\max \left(\frac{\Delta C_{XY}}{C_{XY}} \right) = 1.55 - \left(1 - \frac{2X}{X-100} \right) \frac{\Delta X}{X} - \left(1 - \frac{2Y}{Y-100} \right) \frac{\Delta Y}{Y}$$

$$
s.t. \begin{cases}
\dfrac{2X}{X-100} + \dfrac{2Y}{Y-100} = 1 \\[2mm]
\dfrac{\Delta X}{X} \geqslant 1.66 \\[2mm]
\dfrac{\Delta Y}{Y} \geqslant 10.77 \\[2mm]
X \geqslant 0 \\[2mm]
Y \geqslant 0 \\[2mm]
\dfrac{\Delta X}{X} \geqslant 0 \\[2mm]
\dfrac{\Delta Y}{Y} \geqslant 0
\end{cases}
$$

7. 湖南

模型为：

$$
\max \left(\frac{\Delta C_{XY}}{C_{XY}} \right) = 9.86 - \left(1 - \frac{2X}{X-100} \right) \frac{\Delta X}{X} - \left(1 - \frac{2Y}{Y-100} \right) \frac{\Delta Y}{Y}
$$

$$
s.t. \begin{cases}
\dfrac{2X}{X-100} + \dfrac{2Y}{Y-100} = 1 \\[2mm]
\dfrac{\Delta X}{X} \geqslant 0.36 \\[2mm]
\dfrac{\Delta Y}{Y} \geqslant 7.03 \\[2mm]
X \geqslant 0 \\[2mm]
Y \geqslant 0 \\[2mm]
\dfrac{\Delta X}{X} \geqslant 0 \\[2mm]
\dfrac{\Delta Y}{Y} \geqslant 0
\end{cases}
$$

8. 重庆

模型为：

$$
\max \left(\frac{\Delta C_{XY}}{C_{XY}} \right) = 2.08 - \left(1 - \frac{2X}{X-100} \right) \frac{\Delta X}{X} - \left(1 - \frac{2Y}{Y-100} \right) \frac{\Delta Y}{Y}
$$

$$\text{s. t.} \begin{cases} \dfrac{2X}{X-100} + \dfrac{2Y}{Y-100} = 1 \\[2mm] \dfrac{\Delta X}{X} \geqslant 2.04 \\[2mm] \dfrac{\Delta Y}{Y} \geqslant 9.09 \\[2mm] X \geqslant 0 \\[2mm] Y \geqslant 0 \\[2mm] \dfrac{\Delta X}{X} \geqslant 0 \\[2mm] \dfrac{\Delta Y}{Y} \geqslant 0 \end{cases}$$

9. 四川

模型为:

$$\max\left(\frac{\Delta C_{XY}}{C_{XY}}\right) = 3.79 - \left(1 - \frac{2X}{X-100}\right)\frac{\Delta X}{X} - \left(1 - \frac{2Y}{Y-100}\right)\frac{\Delta Y}{Y}$$

$$\text{s. t.} \begin{cases} \dfrac{2X}{X-100} + \dfrac{2Y}{Y-100} = 1 \\[2mm] \dfrac{\Delta X}{X} \geqslant 8 \\[2mm] \dfrac{\Delta Y}{Y} \geqslant 6.53 \\[2mm] X \geqslant 0 \\[2mm] Y \geqslant 0 \\[2mm] \dfrac{\Delta X}{X} \geqslant 0 \\[2mm] \dfrac{\Delta Y}{Y} \geqslant 0 \end{cases}$$

10. 贵州

模型为:

$$\max\left(\frac{\Delta C_{XY}}{C_{XY}}\right) = 17.71 - \left(1 - \frac{2X}{X-100}\right)\frac{\Delta X}{X} - \left(1 - \frac{2Y}{Y-100}\right)\frac{\Delta Y}{Y}$$

$$s.\ t. \begin{cases} \dfrac{2X}{X-100} + \dfrac{2Y}{Y-100} = 1 \\[2mm] \dfrac{\Delta X}{X} \geq 9.1 \\[2mm] \dfrac{\Delta Y}{Y} \geq 7.10 \\[2mm] X \geq 0 \\[2mm] Y \geq 0 \\[2mm] \dfrac{\Delta X}{X} \geq 0 \\[2mm] \dfrac{\Delta Y}{Y} \geq 0 \end{cases}$$

11. 云南

模型为：

$$\max\left(\frac{\Delta C_{XY}}{C_{XY}}\right) = 5.15 - \left(1 - \frac{2X}{X-100}\right)\frac{\Delta X}{X} - \left(1 - \frac{2Y}{Y-100}\right)\frac{\Delta Y}{Y}$$

$$s.\ t. \begin{cases} \dfrac{2X}{X-100} + \dfrac{2Y}{Y-100} = 1 \\[2mm] \dfrac{\Delta X}{X} \geq 8.9 \\[2mm] \dfrac{\Delta Y}{Y} \geq 7.88 \\[2mm] X \geq 0 \\[2mm] Y \geq 0 \\[2mm] \dfrac{\Delta X}{X} \geq 0 \\[2mm] \dfrac{\Delta Y}{Y} \geq 0 \end{cases}$$

（三）长江经济带 11 省市模型计算结果（见表 7-4）。

表 7-4 长江经济带 11 省市模型计算结果

序号	省市	机制调整结果（%）	
		ΔX	ΔY
1	上海	22.24	22.41
2	江苏	2.54	17.87
3	浙江	1.11	28.93

序号	省市	机制调整结果（%）	
		ΔX	ΔY
4	安徽	17.54	29.35
5	江西	6.22	56.25
6	湖北	1.56	10.10
7	湖南	0.57	11.13
8	重庆	5.97	26.41
9	四川	16.33	12.89
10	贵州	48.55	37.31
11	云南	57.10	50.60

从表 7-4 结果可以看出：

长江经济带 11 省市无论是在绿色发展方面，还是在高质量发展方面，都需要持续地加大机制调整的幅度和力度。但由于各地基础不同、情况不同，其机制调整的侧重点会有所区别：

（1）总体来看，长江经济带 11 省市在高质量发展方面的机制调整幅度要普遍高于绿色发展的机制调整幅度。

（2）贵州、云南需要在绿色发展和高质量发展两极持续地发力。

（3）江西则需要在高质量发展方面进一步加大机制调整幅度和力度。

（4）相较于高质量发展而言，上海则应该在绿色发展上更加关注些。

（5）江苏的机制调整目标是由良好晋级到优质，浙江的机制调整目标是在优质的基础上进一步优化，尽管机制调整目标有所差异，但在路径上较为一致，就是都需要在高质量发展上再有所突破；湖北、湖南、重庆也相似。

（6）与贵州、云南相比，安徽、四川尽管机制调整的幅度和力度要小些，但同样需要在绿色发展和高质量发展两极持续地发力。

总之，在未来的长江经济带 11 省市绿色高质量发展进程中，每一个省市都面临着艰巨的机制调整任务，都需要付出艰巨的努力。也只有这样，才能将长江经济带 11 省市绿色高质量发展的长征进行到底，直至取得最后的胜利。

第三节 全面推动长江经济带绿色
高质量发展的措施

新中国成立以来，长江经济带为国家的发展做出了巨大的贡献。根据《中国统计年鉴》公布的统计数据，1952 年长江经济带人口占全国比重为 46.55%，经济总量占全国比重为 39.2%，人口比重与经济总量比重之比为 1.188∶1；而到了 2018 年，长江经济带人口占全国比重为 42.91%，经济总量占全国比重为 44.76%，人口比重与经济总量比重之比为 0.959∶1，整个做了个颠倒，这也从另外一个视角表明，长江经济带有理由，也有责任在高质量的发展中继续走在全国前列，成为新时代高质量发展的生力军。

但也要看到，长江经济带在快速发展的同时，也面临着三个方面的挑战：

一是生态环境对经济发展所形成的制约的挑战。2018 年，习近平总书记在深入推动长江经济带发展座谈会上的讲话中，尖锐地指出：长江流域"生态环境形势依然严峻。流域生态功能退化依然严重，长江'双肾'洞庭湖、鄱阳湖频频干旱见底，接近 30% 的重要湖库仍处于富营养化状态，长江生物完整性指数到了最差的'无鱼'等级。沿江产业发展惯性较大，污染物排放基数大，废水、化学需氧量、氨氮排放量分别占全国的 43%、37%、43%。长江岸线、港口乱占滥用、占而不用、多占少用、粗放利用的问题仍然突出。流域环境风险隐患突出，长江经济带内 30% 的环境风险企业位于饮用水源地周边 5 千米范围内，生产储运区交替分布。干线港口危险化学品年吞吐量达 1.7 亿吨、超过 250 种，运输量仍以年均近 10% 的速度增长。同时，出现了一些新问题，比如固体危废品跨区域违法倾倒呈多发态势，污染产业向中上游转移风险隐患加剧，等等"。"长江真的病了，而且病得还不轻"，应该说，作为国家战略的长江经济带发展战略的实施，就是要按照习近平总书记所提出的"要把修复长江生态环境摆在压倒性位置，共抓大保护、不搞大开发，探索出一条生态优先、绿色发展的新路子"，而这正是有效治疗长江"病得还不轻"的对症良方。

二是长江流域经济发展不平衡对长江的生态环境保护所带来的挑战。贵州、云南地处长江上游，而上海、江苏则地处长江下游，前两个属于经济不发达地区，而后两个省份则是经济发达省市，以 2018 年人均地区生产总值为例，上海是贵州的 3.27 倍，是云南的 3.64 倍，江苏是贵州的 2.79 倍，是云南的 3.10 倍，在这样的差距下，上海、江苏对贵州、云南说：你们要将生态环境保护好，我们要过好日子。此时的贵州、云南又该如何回答呢？显然，贵州、云南的人民也要过好日子，也要大发展。更何况，还有长江经济带的其他兄弟省市呢。受此影响，这种地区间发展的不平衡性势必会对长江的生态环境保护带来更大、更多的压力，造成更大、更多的挑战。

三是增强长江黄金水道航运能力对长江的生态环境保护所带来的挑战。长江是"黄金水道"，不可能只让游客更多地在长江上欣赏两岸的风光，而不作为重要的运输通道，特别是上游地区，尽管现在那儿的铁路、航空、公路也较为发达，甚至在成都、重庆、武汉等地都开通了中欧班列，也打通了入海通道，但毕竟那里山路崎岖，交通运输条件还是远远不及平原地区来得方便、通畅，致使运输能力受到极大的限制。而运输能力的受制，就意味着生产能力的受制，实质就是获取人民币、美元、欧元等的受制。综观长江经济带上中游各省市的经济发展，不得不说在很大程度上，是与交通条件受制有着密切的关联。这是运输能力问题。还有一个问题是运输成本。在所有的运输成本中，水运依然是成本最低的运输方式，其他运输方式的运输成本是无法与水运相比的，所以，长江作为"黄金水道"仍是长江流域最为宝贵的运输通道，将来也仍然是人民赚取"黄金"的水道。所以，事实上，长江经济带的大发展需要不断增强长江"黄金水道"的航运能力。与此同时，受意识、航行中的技术、所运输产品的性质及航道的不同等级之间的衔接能力，甚至三峡的过坝通航能力等问题所限制，也极易会由于航运对长江生态环境产生影响，毕竟，两者的关系是一个负相关关系。

产生上述问题，究其原因，固然是由沿江产业发展惯性较大、污染物排放基数大所致，但更深层次的原因还在于长江经济带所属省市的政府、企业乃至民众还没有在思想上引起足够的重视，总以为仅靠我一个地方、一个企业、一个人减少污染物的排放，对长江的保护并不能起到太大的作用，还是 GDP 优先、生态环境保护让位于经济发展的传统思想在作怪。

显然，不仅仅是中央，长江经济带所属省市的政府、企业乃至民众都要十分重视这些问题，在大保护中寻求这些问题的解决途径并最终解决这些问题。只有这样，才能更好地推动长江经济带在"生态优先，绿色发展"的道路上走得更远，行得更稳。

一、在思想层面

要以习近平总书记提出的"推动长江经济带发展需要正确把握的五个关系"为纲领，谱写长江经济带绿色高质量发展新篇章。

习近平总书记于 2018 年 4 月 26 日下午主持召开了深入推动长江经济带发展的座谈会。在会上，习近平总书记提出，推动长江经济带发展需要正确把握五个关系：即"第一，正确把握整体推进和重点突破的关系，全面做好长江生态环境保护修复工作。第二，正确把握生态环境保护和经济发展的关系，探索协同推进生态优先和绿色发展新路子。第三，正确把握总体谋划和久久为功的关系，坚定不移将一张蓝图干到底。第四，正确把握破除旧动能和培育新动能的关系，推动长江经济带建设现代化经济体系。第五，正确把握自身发展和协同发展的关系，努力将长江经济带打造成为有机融合的高效经济体。"显而易见，这给长江经济带新的发展进一步指明了方向。为此，长江经济带的 11 省市要深刻领会，并以此为统率，在坚持长江经济带生态优先上，要切实增强各项政策、措施的关联性和耦合性，实现整体推进和重点突破相统一；在探索生态优先和绿色发展推进的新道路上，要着力推动经济结构转型升级以及经济发展方式的根本转变，实现在"发展中保护、在保护中发展"相统一；在发展蓝图上，要根据既定目标，制定相应的时间表、路线图，稳步前进，实现总体目标加快推进与阶段目标加速达成相统一；在推动长江经济带发展动力转换上，要彻底摒弃以投资和要素投入为主导的旧方式、老套路，以科技创新作为重要驱动力，实现新旧动能的相统一；在努力打造有机融合的高效经济体上，要有"一盘棋"的全局思想，要实现错位发展、协调发展、有机融合，从而形成整体合力，实现长江经济带的各省市自身发展和各省市之间的协同发展相统一，为书写长江经济带高质量发展与绿色发展耦合协调发展新篇章做出贡献。

二、在目标层面

11 省市要以"主战场""主动脉""主力军"为使命，谱写长江经济带绿色高质量发展发挥重要作用新篇章。

面向未来，总书记指出，长江经济带生态地位突出，发展潜力巨大，应该在践行新发展理念、构建新发展格局、推动高质量发展中发挥重要作用。

首先，11 省市要在使长江经济带成为我国生态优先绿色发展主战场上发挥重要作用。对此，11 省市要从生态系统整体性和流域系统性出发，以保持长江生态原真性和完整性为行动目标，以让破坏生态环境付出相应代价为行动纲领，

以加快建立生态产品价值实现机制为行动手段，努力建设人与自然和谐共生的绿色发展示范带，在使长江经济带成为我国生态优先绿色发展主战场上发挥重要作用。

其次，11 省市要在畅通国内国际双循环主动脉中发挥重要作用。对此，11省市要全面推进上、中、下游协同联动的共同体发展，要以引导下游地区资金、技术、劳动密集型产业向中上游地区有序转移，留住产业链关键环节和构建统一开放有序的运输市场作为畅通国内国际双循环主动脉的重要措施，以在国内国际双循环相互促进的新发展格局中找准各自的定位，求得全球开放市场中高质量"引进来"和高水平"走出去"的主动发展。

最后，11 省市要在成为引领经济绿色高质量发展主力军上发挥重要作用。

由"生力军"升级成了"主力军",体现得更多是长江经济带11省市在全国绿色高质量发展中的使命担当。对此,11省市要勇于创新,坚持把经济发展的着力点放在实体经济上,全面塑造创新驱动发展新优势。要加紧布局一批重大创新平台,加快突破一批关键核心技术,强化关键环节、关键领域、关键产品的保障能力,使加快产业基础高级化走在全国前列;要打造有国际竞争力的先进制造业集群,打造自主可控、安全高效并为全国服务的产业链供应链,使加快产业链现代化走在全国前列。

三、在规划层面

11省市要以全面对接上海为统揽,谱写长江经济带绿色高质量发展"一体化"新篇章。

绿色高质量的长江经济带发展,其龙头在上海。目前,在地处长江下游的安徽、江苏、浙江,通过全面对接上海以充分发挥上海国际大都市的龙头作用提升自身在科技进步、制度创新、产业升级、绿色发展等方面的发展水平,进而加快达成国际竞争新优势已成为其高质量发展新的共识。特别是随着《长三角一体化发展规划纲要》的实施,其共识正演变为趋势。那么,在地处长江经济带中游和上游的其他省份又是否要通过全面对接上海,进而加快自身的绿色高质量发展呢?通过研究,我们认为无论是对于江西、湖北、湖南、重庆、四川来说,还是对于贵州、云南而言,在规划上还是要与上海实现全面的对接。因为事实证明,与上海对接得好的,其科技进步、制度创新、产业升级、绿色发展等方面的发展也都是好的地区。为此,其他10个省市要以全面对接上海为统揽,在对接上海方案形成上,要紧扣上海已制定的落实《长江三角洲区域一体化发展规划纲要》的上海实施方案,结合自身优势,形成具有自身特色的对接上海实施方案;在对接上海领域上,要重点围绕上海已确定的区域协调发展、协同创新、基础设施、生态环境、公共服务、对外开放、统一市场"七个重点领域",以及长三角生态绿色一体化发展示范区、上海自贸试验区新片区和虹桥商务区"三个重点区域",努力实现以上海的发展促进自身的发展,以上海的高质量发展促进自身的高质量发展的"水涨船高"式的发展效应;要将重点推进"产业创新一体化、基础设施一体化、区域市场一体化、绿色发展一体化、公共服务一体化、省内全域一体化"六个一体化,并将其作为加强长江经济带的一体化协同发展的先导,实现"共性与个性相得益彰、合作与竞争辩证统一、集聚与辐射相辅相成"的一体化发展。

四、在路径层面

要以科技创新驱动为统领,谱写长江经济带绿色高质量发展动能转换新篇章。

推动绿色高质量发展的根本出路在于加快新旧动能转换。为此，要以科技创新驱动为统领，紧紧扭住科技领域"放管服"改革"牛鼻子"，加快产业链与创新链、资金链、政策链、人才链深度融合，走政、产、学、研、金、服、用一体化发展新路子，让更多的科技成果加快转化为现实的生产力，不断提高全要素生产率；要牢牢把握科技创新、体制创新双轮驱动"方向盘"，充分发挥重大平台的牵引作用、企业的主体作用、人才的支撑作用、高校和科研院所的领军作用，在涉及国家重大利益和重大战略的重点领域和关键技术上实现重大技术突破，引领新技术、新产业发展；要着力突破新旧动能转换瓶颈，利用现代科学技术实现对传统产业的改造和提升，加快"存量变革"；充分发挥出科技、人才、创新和资本的作用，培育并壮大新的经济体，加速"增量崛起"；加快推进信息化与工业化、制造业与服务业、军与民的深度融合，加深"变量突破"，进而谱写长江经济带绿色高质量发展动能转换新篇章。

五、在工作层面

要以《长江经济带发展规划纲要》为统制，谱写长江经济带绿色高质量发展工作的新篇章。

《长江经济带发展规划纲要》是"推动长江经济带发展重大国家战略的纲领性文件，指导长江经济带发展工作的基本遵循，凝聚各方面力量、推动长江经济带发展形成强大合力的行动指南"，具有高度的国家权威性和法律法规严肃性。为此，长江经济带的11省市要不断强化《长江经济带发展规划纲要》贯彻落实的硬约束力，绝不允许搞上有政策、下有对策，更不能搞选择性执行。并以此为统制，在促进推动长江经济带发展目标实现上，要进一步增强长江经济带11省市党政一把手"四个意识"，落实领导责任制；进一步调动各方力量，各省市应出台相关政策，鼓励并大力支持各类企业、社会组织参与到长江经济带发展的进程中来，推动长江经济带下游地区的人才、资金、技术向中上游地区流动；进一步强化体制机制，将党中央大政方针和决策部署转化为实施方案，推动目标实现；进一步激发内生动力，激励和倒逼企业自发推动转型升级。在促进江湖和谐、生态文明上，不仅要建立健全最严格的生态环境保护和水资源管理制度，而且要以最严厉的手段强化执法；要以先进的技术促进和强化长江全流域生态修复；要自觉尊重自然规律及河流演变规律，协调处理好江河湖泊、上中下游、干流支流等各方面关系，保护和改善整个流域的生态形态和服务功能，坚决地将坚持"生态优先、绿色发展，共抓大保护，不搞大开发"长江经济带发展的第一条件和最高使命贯彻到底；在促进长江经济带形成"一轴、两翼、三极、多点"发展新格局上，要让上海的龙头老大作用充分发挥出来，要让武汉、重庆等超大城市的引领作用充分凸显出来，要让南京、成都等特大城市的中心作用充分彰显出来，更要让合肥、长沙、贵阳等大城市的核心带动作用充分显现出来，以沿江综合立体交通走廊为支撑，坚持制度创新、科技创新，充分发挥各地区比较优势，推动重点领域和关键环节改革先行先试，实现产业分工协作和有序转移，防止低水平重复建设。与此同时，还要结合《长江经济带发展规划纲要》的具体实施情况，同时积极应对国内外发展环境的新变化，及时开展中期评估，结合新形势、新要求、新决策，对规划内容进行调整和逐渐完善，增强《长江经济带发展规划纲要》的适时性。

参考文献

［1］伯约恩·隆鲍格，奥里维耶·鲁宾，靖节．增长极限论［J］．国外社会科学文摘，2003（3）：3.

［2］长江三角洲区域一体化发展规划纲要上海实施方案［N］．证券时报，2019－06－22.

［3］常纪文．长江经济带如何协调生态环境保护与经济发展的关系［J］．长江流域资源与环境，2018，27（6）：1409－1412.

［4］陈昌兵．新时代我国经济高质量发展动力转换研究［J］．上海经济研究，2018（5）：16－24＋41.

［5］陈再齐，宋宗宏，李震，杨志云．广东省地市经济发展质量评价及政策建议［J］．新经济，2018（4）：16－21.

［6］程虹．竞争政策与高质量发展［J］．中国市场监管研究，2018（5）：9－13.

［7］迟福林．以高质量发展为核心目标建设现代化经济体系［J］．行政管理改革，2017（12）：4－13.

［8］丛晓男．耦合度模型的形式、性质及在地理学中的若干误用［J］．经济地理，2019（4）：18－25.

［9］邓宏兵．以绿色发展理念推进长江经济带高质量发展［J］．区域经济评论，2018（6）：4－7.

［10］丁涛，顾金亮．科技创新驱动江苏地区经济高质量发展的路径研究［J］．南通大学学报（社会科学版），2018，34（4）：41－46.

［11］范育鹏，乔琦，方琳．产业生态系统新型定量研究方法综述［J］．生态学报，2017，37（13）：4599－4609.

［12］方大春，马为彪．中国省际高质量发展的测度及时空特征［J］．区域经济评论，2019（2）：61－70.

［13］高红贵，刘忠超．中国绿色经济发展模式构建研究［J］．科技进步与对策，2013，30（24）：23－26.

［14］耿焜．产业集群生态化发展模式探讨——以苏南地区为例［J］．宏观

经济管理，2006（5）：60 – 62.

[15] 龚小波.湖南省老工业城市绿色转型的路径探索 [J].湖南社会科学，2015（1）：152 – 154.

[16] 顾海兵.经济形势的科学分析问题 [J].首都经济，2003（1）：37 – 38.

[17] 郭佳.长江经济带产业结构与生态环境协调发展研究 [J].全国流通经济，2018（25）：66 – 68.

[18] 郭守前.产业生态化创新的理论与实践 [J].生态经济，2002（4）：34 – 37.

[19] 黄娟，程丙.长江经济带"生态优先"绿色发展的思考 [J].环境保护，2017，45（7）：59 – 64.

[20] 黄速建，肖红军，王欣.论国有企业高质量发展 [J].中国工业经济，2018，12（10）：19 – 37.

[21] 金碚.关于"高质量发展"的经济学研究 [J].中国工业经济，2018（4）：5 – 18.

[22] 金碚.中国改革开放 40 年的制度逻辑与治理思维 [J].经济管理，2018，40（6）：5 – 16.

[23] 金辉.高质量发展有赖于深层次改革开放 [N].经济参考报，2018 – 07 – 11（6）.

[24] 金鉴明.绿色发展与生态文明——绿色转型可持续发展模式的探讨 [J].福建理论学习，2015（1）：4 – 9.

[25] 敬艳丽.中原经济区背景下的河南省产业生态化发展路径研究 [J].经济研究导刊，2019（16）：46 – 47.

[26] 卡马耶夫.经济增长的速度与质量 [M].湖北：湖北人民出版社，1983.

[27] 康梅.投资增长模式下经济增长因素分解与经济增长质量 [J].数量经济技术经济研究，2006（2）：153 – 160.

[28] 蓝庆新，韩晶.中国工业绿色转型战略研究 [J].经济体制改革，2012（1）：24 – 28.

[29] 李娣等.长株潭区域产业生态化发展评价与对策研究 [J].开放导报，2010（1）：101 – 105.

[30] 李光熙.产业要生态化 生态要产业化 [J].北京观察，2019（8）：14 – 15.

[31] 李华旭，孔凡斌，陈胜东.长江经济带沿江地区绿色发展水平评价及

其影响因素分析——基于沿江 11 省（市）2010 - 2014 年的相关统计数据 [J]．湖北社会科学，2017（8）：67 - 76.

[32] 李金昌，史龙梅，徐蔼婷．高质量发展评价指标体系探讨 [J]．统计研究，2019，36（1）：4 - 14.

[33] 李瑾．基于循环经济的产业生态化建设的发展研究 [J]．中小企业管理与科技，2019（4）：57 - 58.

[34] 李琳，张佳．长江经济带工业绿色发展水平差异及其分解——基于 2004 ~ 2013 年 108 个城市的比较研究 [J]．软科学，2016（11）：47 - 53.

[35] 李晓东，冯帆，周洪双．让巴蜀大地天蓝地绿水清——四川省生态文明建设和绿色发展纪实 [N]．光明日报，2017 - 07 - 15.

[36] 李晓西，潘建成．中国绿色发展指数的编制——《2010 中国绿色发展指数年度报告——省际比较》内容简述 [J]．经济研究参考，2011（2）：36 - 64.

[37] 李勇．绿色金融助力"双创"绿色化升级 [J]．人民论坛，2019（24）：96 - 97.

[38] 李正图．长江经济带理应率先迈向经济高质量发展阶段 [J]．区域经济评论，2018（6）：6 - 10.

[39] 廖瑞仲．新型现代都市生态经济产业研究 [J]．现代企业文化，2018（27）：314.

[40] 廖小平，孙欢，陆利军，熊敏．长株潭地区居民绿色素养状况调查与培育 [J]．湖南社会科学，2015（6）：88 - 93.

[41] 林小莉．长江经济带经济发展质量评价与空间分异研究 [D]．重庆工商大学，2016.

[42] 林兆木．关于我国经济高质量发展的几点认识 [J]．冶金企业文化，2018（1）：26 - 28.

[43] 刘纯彬，张晨．资源型城市绿色转型内涵的理论探讨 [J]．中国人口·资源与环境，2009，19（5）：6 - 10.

[44] 刘德海．绿色发展理念的科学内涵与价值取向 [J]．江苏社会科学，2017（3）：1 - 7.

[45] 刘和东，陈雷．高新技术产业集聚区生态系统演化机理研究 [J]．科技管理研究，2019，39（16）：199 - 204.

[46] 刘树成．论又好又快发展 [J]．经济研究，2007（6）：4 - 13.

[47] 刘亚建．我国经济增长效率分析 [J]．思想战线，2002（4）：30 - 33.

[48] 刘燕华．关于绿色经济和绿色发展若干问题的战略思考 [J]．中国科

技奖励，2010（12）：49－50.

［49］刘志彪．理解高质量发展：基本特征、支撑要素与当前重点问题［J］．学术月刊，2018，50（7）：39－45＋59.

［50］刘忠，张世道，朱惠东．国家创新驱动力测度及其经济高质量发展效应研究［J］．数量经济技术经济研究，2019，12（4）：3－23.

［51］柳晓玲，张晓芬．产业集群生态化发展模式探索——以辽宁沈阳为例［J］．辽宁工业大学学报（社会科学版），2015，17（1）：25－28.

［52］卢丽文，宋德勇，李小帆．长江经济带城市发展绿色效率研究［J］．中国人口·资源与环境，2016（6）：34－42.

［53］卢强，吴清华，周永章，等．工业绿色发展评价指标体系及应用于广东省区域评价的分析［J］．生态环境学报，2013（3）：527－534.

［54］陆根尧，盛龙，唐辰华．中国产业生态化水平的静态与动态分析——基于省际数据的实证研究［J］．中国工业经济，2012（3）：147－159.

［55］吕明元．生态型产业结构研究［M］．北京：人民出版社，2019.

［56］吕薇．绿色发展：体制机制与政策［M］．北京：中国发展出版社，2015.

［57］罗来军，文丰安．长江经济带高质量发展的战略选择［J］．改革，2018（6）：13－25.

［58］罗良文，赵凡．工业布局优化与长江经济带高质量发展：基于区域间产业转移视角［J］．改革，2019（2）：26－36.

［59］马世俊．加强生态建设促进我国农业持续发展［J］．农业现代化研究，1987（3）：2－5.

［60］马勇，黄智洵．长江中游城市群绿色发展指数测度及时空演变探析——基于 GWR 模型［J］．生态环境学报，2017（5）：794－807.

［61］彭斯震，孙新章．中国发展绿色经济的主要挑战和战略对策研究［J］．中国人口·资源与环境，2014，24（3）：1－4.

［62］任保平，李禹墨．新时代我国高质量发展评判体系的构建及其转型路径［J］．陕西师范大学学报（哲学社会科学版），2018，47（3）：105－113.

［63］任保平，文丰安．新时代中国高质量发展的判断标准、决定因素与实现途径［J］．改革，2018（4）：5－16.

［64］任海军，丁优佳．生态产业发展与绿色国民经济核算关系研究——以西部欠发达地区为例［J］．河北地质大学学报，2019，42（5）：109－115.

［65］任理轩．用新的发展理念引领发展行动［J］．新湘评论，2015（23）：34－36.

［66］任胜钢，袁宝龙．长江经济带产业绿色发展的动力找寻［J］．改革，2016（7）：55－64.

［67］史丹．绿色发展与全球工业化的新阶段：中国的进展与比较［J］．中国工业经济，2018（10）：4－18.

［68］宋国恺．新时代高质量发展的社会学研究［J］．中国特色社会主义研究，2018（5）：60－68.

［69］孙涛，周华川．虚拟经济视角产业排污治理区域生态环境质量评价研究［J］．广义虚拟经济研究，2019，10（1）：8－17.

［70］田秋生．高质量发展的理论内涵和实践要求［J］．山东大学学报（哲学社会科学版），2018（6）：1－8.

［71］推动长江经济带发展领导小组办公室．在习近平新时代中国特色社会主义思想指引下努力推动长江经济带发展［N］．人民日报，2018－01－05.

［72］王积业．关于提高经济增长质量的宏观思考［J］．宏观经济研究，2000（1）：11－17.

［73］王靖华，李鑫．以创新推动我国经济高质量发展的路径［J］．经济研究导刊，2018（28）：4－5.

［74］王军，李萍．新常态下中国经济增长动力新解——基于"创新、协调、绿色、开放、共享"的测算与对比［J］．经济与管理研究，2017，38（7）：3－13.

［75］王璐璐，虞虎，周彬．浙江省旅游产业与区域经济发展的耦合协调度分析［J］．地域研究与开发，2017（6）：87－92.

［76］王彤．中国区域经济高质量发展研究报告（2018）［M］．北京：经济管理出版社，2019.

［77］王一鸣．改革开放新时代与推动经济高质量发展［N］．学习时报，2017－11－16（3）.

［78］王永昌，尹江燕．论经济高质量发展的基本内涵及趋向［J］．浙江学刊，2019（1）：91－95.

［79］王永昌．高质量发展与品牌建设［J］．浙江经济，2019（8）：12－13.

［80］王勇，刘厚莲．中国工业绿色转型的减排效应及污染治理投入的影响［J］．经济评论，2015（4）：17－30＋44.

［81］王玉春．高技术产业及其不同发展阶段的厘定［J］．产业经济研究，2006（6）：75－77.

［82］韦伟．从区域竞争迈向高质量发展的区域合作［J］．区域经济评论，2018（5）：53－57.

[83] 魏杰，汪浩．转型之路：新旧动能转换与高质量发展［J］．国家治理，2018（21）：31－38.

[84] 魏敏，李书昊．新时代中国经济高质量发展水平的测度研究［J］．数量经济技术经济研究，2018，35（11）：3－20.

[85] 魏媛，王晓颖，吴长勇，等．喀斯特山区经济发展与生态环境耦合协调性评价——以贵州省为例［J］．生态经济，2018（10）：69－75.

[86] 温诺·托马斯，等．增长的质量［M］．北京：中国财政经济出版社，2001.

[87] 吴传清，邓明亮．科技创新、对外开放与长江经济带高质量发展［J］．科技进步与对策，2019，36（3）：33－41.

[88] 吴清秀．产业生态化与美丽乡村建设的互动发展思考［J］．农业经济，2019（9）：45－46.

[89] 吴晓华．把长江经济带建成高质量发展示范区［N］．学习时报，2017－06－18.

[90] 吴艳霞，罗恒．高质量经济视角下文化产业生态系统安全发展研究［J］．科技促进发展，2018，14（12）：1175－1185.

[91] 伍国勇，段豫川．论超循环经济——兼论生态经济、循环经济、低碳经济、绿色经济的异同［J］．农业现代化研究，2014（1）：5－10.

[92] 习近平总书记关于深入推动长江经济带发展的重要论述（摘录）［J］．新重庆，2019（7）．

[93] 夏光．"绿色经济"新解［J］．环境保护，2010（7）：8－10.

[94] 夏锦文．江苏经济高质量发展"拐点"：内涵、态势及对策［J］．现代经济探讨，2018（5）：1－5.

[95] 向书坚，郑瑞坤．中国绿色经济发展指数研究［J］．统计研究，2013（3）：72－77.

[96] 徐静．长江经济带城市经济空间联系与功能联系研究［D］．华东师范大学，2018.

[97] 徐忠．转向高质量发展靠的是制度竞争［N］．北京日报，2018－03－26（13）．

[98] 许岩．建立新的经济指标体系 科学引导经济发展［N］．证券时报，2017－12－16（A01）．

[99] 薛澜，张帆，武沐瑶．国家治理体系与治理能力研究：回顾与前瞻［J］．公共管理学报，2015，12（3）：1－12＋155.

[100] 杨楠．环渤海经济圈三省两市产业生态化与经济增长的关系——基于

面板数据的实证研究［J］．中国集体经济，2019（6）：24－26.

　　［101］杨仁发，李娜娜．产业集聚对长江经济带高质量发展的影响［J］．区域经济评论，2019（2）：71－79.

　　［102］杨仁发，王静．生产性服务业集聚能否提升中国制造业全球价值链地位？［J］．广西财经学院学报，2019，32（2）：1－11.

　　［103］杨树旺，吴婷，李梓博．长江经济带绿色创新效率的时空分异及影响因素研究［J］．宏观经济研究，2018（6）：106－117.

　　［104］杨雪星．新常态下中国绿色经济转型发展与策略应对［J］．福州党校学报，2015（1）：72－76.

　　［105］叶谦吉，罗必良．论经济、生态、社会三效益协同增长的生态农业成长阶段［J］．农业现代化研究，1988（2）：13－17.

　　［106］殷杰，郑向敏．长江经济带旅游产业生态系统安全评估与安全格局研究［J］．华东经济管理，2017，31（4）：60－65.

　　［107］袁文华，李建春，刘呈庆，等．城市绿色发展评价体系及空间效应研究——基于山东省17地市时空面板数据的实证分析［J］．华东经济管理，2017（5）：19－27.

　　［108］张海波．经济发展质量：经济学范畴与统计测度［M］．武汉：武汉大学出版社，2012.

　　［109］张红．长江经济带经济发展质量测度研究［D］．中国地质大学，2015.

　　［110］张厚美．生态产业化　产业生态化［J］．资源与人居环境，2018（9）：39－41.

　　［111］张建刚．推动我国经济迈向高质量发展［J］．红旗文稿，2018（10）：23－24.

　　［112］张萍．冲突与合作：长江经济带跨界生态环境治理的难题与对策［J］．湖北社会科学，2018（9）：61－66.

　　［113］张治栋，孟东涛．长江经济带产业集聚推动城镇化了吗？——基于108个地级市2005－2015年数据的实证分析［J］．华东经济管理，2018（6）：72－79.

　　［114］张治栋，秦淑悦．环境规制、产业结构调整对绿色发展的空间效应——基于长江经济带城市的实证研究［J］．现代经济探讨，2018（11）：79－86.

　　［115］钟茂初．长江经济带生态优先绿色发展的若干问题分析［J］．中国地质大学学报（社会科学版），2018，18（6）：7－22.

　　［116］周振华．经济高质量发展的新型结构［J］．上海经济研究，2018

(9)：31 - 34.

［117］周正柱. 长江经济带高质量发展存在的主要问题与对策 ［J］. 科学发展，2018 （12）：67 - 73.

［118］Badinger H. Output volatility and economie growth ［J］. Economics Letters, 2010, 106 （1）：15 - 18.

［119］Bai C, Ma H, Pan W. Spatial spillover and regional economie growth in China ［J］. China Economic Review, 2012, 23 （4）：989 - 990.

［120］Barror R J. Quality and quantity of economic growth ［R］. Santiago：Central Bank of Chile, 2002.

［121］Edward B. Barbier. Transaction costs and the transition to environmentally sustainable development ［J］. Environmental Innovation and Societal Transitions, 2011, 1 （1）：35 - 37.

［122］Ekins Paul. Trade Liberalisation, Economic Growth and the Environment ［J］. The Economic Journal, 2002, 112 （477）：F146 - F148.

［123］Ezcurra R, Pascual P, Rapun M. The dynamics of regional disparities in central and easterm Europe during transition ［J］. European Planning Studies, 2007, 15 （10）：1396 - 1421.

［124］Hicks, John Richard. James Edward Meade. 新古典派经济增长论 ［J］. 国外社会科学文摘，1963 （1）：1 - 3.

［125］Kuznets, S. Economic Growth of Nations：Total Output and Production Structure ［M］. Harvard, Cambridge, Mass, 1971.

［126］Papalia R B, Berarelli S. Nonlinearities in economic growth and dub convergence ［J］. Empirical Economics, 2013, 44 （3）：171 - 1202.

［127］Paul M. Weaver. Innovation in municipal solid waste management in England：policy, practice and sustainability ［J］. Int. J. of Innovation and Sustainable Development, 2005, 1 （1/2）.

［128］Qi J. Fiscal expenditure incentives, spatial correlation and quality of economic growth：Evidence from a Chinese province ［J］. International Journal of Business and Management, 2016, 11 （7）：191 - 201.

［129］T. E. Graedel and B. R. Allenby. Hierarchical metrics for sustainability ［J］. Environmental Quality Management, 2002, 12 （2）：21 - 30.